창의력을 키우는

엉뚱한 과학 호기심

창의력을 키우는

엉뚱한 과학 호기심

장뤼크 노티아스 지음
이정은 옮김

북스힐

"(…) 룻은 이렇게 의아해했다.
꼼짝하지 않고, 베일 아래로 눈을 반쯤 뜬 채.
대체 어느 신이, 어느 영원한 여름의 수확자가
떠나면서 무심하게 던져놓았을까.
저 별밭에 금으로 된 낫을."

빅토르 위고
〈잠든 보아즈Booz endormi〉, 『세기의 전설La Légende des siècles』,
1859년 5월 1일

나의 부모님께

티모테와 안톤을 위하여

차례

Contents

들어가는 말

우리가 사는 세상은 가끔 걱정스럽고 자주 이해하기 힘들지만, 다른 한편으로는 안심이 되고 때로는 유쾌하다……. 놀랍게 보일지 모르지만, 바로 파리의 경우가 그렇다. 그토록 짜증 나는 곤충은 어째서 우리에게 영감을 주고, 항공 기술이나 로봇 공학 같은 여러 영역에서 우리의 일상에 활용될 그토록 많은 보물을 감추고 있는 것일까? 코끼리는 어째서 사자보다 몸집이 더 크고, 그 사실은 어떤 점에서 흥미로울까? 불을 끄면 빛은 어디로 갈까? 순간 이동 기술은 현재 어느 수준에 와 있을까? 사람은 나이가 들면 왜 머리카락 색이 변할까? 방향 감각은 남성적인 능력이고, 몸을 긁으면 가려운 게 진정될까? 물고기는 물을 마실까? 돈에서는 어떤 특정한 냄새가 날까?

어렸을 때 루앙시를 내려다보는 생트카트린 언덕 위에 있는 학교에 갈 때면, 거인 가르강튀아가 걸터앉아 센강에 발을 담갔을지 모를 그 언덕에 선 내 눈앞에 겨울날 아침 풍경과 공룡의 세계, 잠든 거인과 미지의 생명체들이 사는 세계가 펼쳐지곤 했다.

불이 켜지거나 꺼진 창문이 있는 집과 건물들이 나에게는 그렇게 보였다. 은하수의 별들, 다른 사람들의 시선, 얼굴에 떠오른 표정들, 구름의 모양, 바람의 숨결, 굴러가는 구슬, 이 모든 것이 질문을 던질 소재였다.

호기심이 언제나 고약한 단점만은 아니다. 호기심은 우리의 행성인 지구와 거기에 사는 모든 형태의 생명체를 더 나은 방식으로 대하게 해줄, 아무런 선입견이나 확신 없이 그저 알고자 하는 갈망을 표현하기 때문이다.

그러므로 파리와 코끼리, 비누, 행성, 곰팡이, 빛 등에 감사할 따름이다. 우리의 행성, 우리의 포근한 보금자리인 지구도 고맙고, 이 세상에서 살아가는 생물들, 그 다채로움과 복잡함, 풍요로움, 마법도 감사하다. 우리가 살도록 맞이해주었고, 우리를 기쁘거나 불행하게 만드는 이 세상도. 세계의 지역과 풍광, 우리가 살아가는 땅과 그 지평선, 수평선도 감사하다. 그것들은 우리에게 너무도 많은 질문을 던지고, 우리 또한 그것들에 대해 스스로 무수한 질문을 던진다. 우리 작은 인간은 그런 존재다. 우리는 아주 작지만 큰 영향을 미치고 성가시게 끼어드는 존재다. 그러한 우리가 스스로 질문을 제기하는 것은 좋은 일이다.

내가 가본 모든 대륙에서 이런 질문들이 머릿속에서 떠나지 않았고, 나를 여기까지, 지식의 안개 속까지 이끌었다. 이때 없어서는 안 될 유일한 길잡이는 "더 잘 이해하기 위해 아는 법을 배우는 것, 그리고 또 그만큼 중요한 길잡이로서 더 잘 알기 위해 이해하는 법을 배우는 것"이다.

바로 이 생각이 수십 년 전부터 나를 이끌어왔다. 물론 세상은 과학일 뿐 아니라 시와 음악이며, 사랑과 정신성, 기쁨, 고통임을 잊지 않으면서……. 바로 이 책에서 그 이야기 중 몇 가지를 소개한다. 화롯가에 둘러앉아 이야기를 주고받듯.

내가 이 이야기들을 할 수 있게 해준 모든 사람에게 감사한다. (그런데 그들은 왜 그렇게 했을까?)

1

투명 인간이 될 수 있을까?

많은 존재가 이 세상에서 자신을 돋보이게 만드는 일에 계속 더없이 신경을 쓴다. 동물계에서든 식물계에서든 화려한 색깔과 매혹적인 노랫소리, 마음을 사로잡는 몸짓, 아름다운 또는 무시무시한 자태는 개체의 미래를 결정한다. 하지만 그 화려함 이면에는 유명한 격언, 행복하게 살려면 숨어 지내야 한다는 격언이 새겨져 있다. 그리고 자기 몸을 숨기는 모든 전략 중에서 남의 눈에 보이지 않는 것은 단연 최고의 전략이다. 이는 과학자들도 넘보는 꿈이다.

자연에서 눈에 보이지 않게 만드는 가장 멋진 사례는 제 모습을 바꿈으로써 다양한 배경에 녹아드는 동물이다. 어떤 동물들은 나뭇가지나 잎사귀, 바위를 흉내 낼 수 있지만 다른 변장은 하지 못한다. 그런데 (85종이 알려진) 카멜레온이나 문어, 살오징어, 갑오징어, 가자미의 경우는 그렇지 않다. 이들은 매우 빠르게 몸 색깔과 얼룩의 배치를 바꾸고 다양한 환경에 녹아들어 자신을 거의 보이지 않게 만들 수 있다.

이를 위해 그 동물들은 색소포라고 부르는 특수한 피부 세포를 사용한다. 색소포들에는 색깔이 있고, 둥그런 작은 근육 하나가 색소포를 둘러싸고 있다. 이 근육이 수축하면 색소들이 색소포의 중심으로 모여들어 거의 보이지 않는 작은 점이 된다. 그래서 색소포는 색이 연해진다. 반대로, 그 근육이 이완하면 색소들이 색소포의 표면에 골고루 분포해 색소포가 색소의 색깔을 띤다. 카멜레온은 색소포 층을 네 개 지니는데, 이는 각각 황색 소포(노란색), 적색소 세포(붉은색), 구아닌 색소포(푸른색), 멜라닌 색소포(검은색) 층이다. 이 색소 층 하나하나의 색 강도를 변화시킴으로써 카멜레온은 다양한 색조를 띤 여러 무늬를 만들 수 있다. 카멜레온의 몸 색깔 변화는 주로 신경계로 조절되지만 호르몬에 의해서도 조절되어 카멜레온의 기분에 영향을 받는다. 화가 난 카멜레온은 검은색이 되고 겁에 질린 카멜레온은 창백해진다. 카멜레온은 차분하면 초록색을 띤다. 암컷을 차지하려고 싸울 태세를 취하는 수컷은 붉은색과 푸른색으로 얼룩덜룩해진다.

인간은 그러한 특질을 재현하려고 시도하는데, 이를 위해 가령 전류가 통하면 색깔을 바꿀 수 있는 분자들을 사용한다. 이러한 통전 변색 중합체들은 이미 손목시계의 표시 장치나 각종 유리 등에 사용되고 있다. 코네티컷 대학교의 연구자들은 이것을 의복에 사용하는 기술도 개발했다. 그 의복의 섬유는 주황색과 붉은색에서 푸른색으로 변할 수 있는데, 연구자들은 현재 초록색에서 흰색으로 바뀌는 의복도 만들려고 노력 중이다. 즉 카멜레온 티셔츠를 제작하려는 것이다.

또 다른 시도로 일본 과학자들이 개발하는 투명 망토가 있다. 이 망토는 그것을 입은 사람의 뒤에 달린 작은 카메라를 활용한다. 카메라의 영상이 컴퓨터로 전송되고, 그 영상이 망토를 입은 사람 앞에 달린 영사기를 통해 망토에 투사된다. 망토에는 뒤에서 펼쳐지는 영상이 표시되고, 이로써 망토를 입은 사람이 배경에 얼마간 녹아든다. 이 옷은 자전거의 야광 반사판이나 일부 의복의 반사띠 등에 사용되는 역반사逆反射 소재로 만들어진다. 이 장치로 벽이나 자동차의 일부(예를 들어 주차할 때 자동차 뒷부분)를 '투명하게' 만들 수도 있을 것이다.

군사 분야도 이 기술에 잔뜩 눈독을 들인다. 고전적인 위장 기법 말고도 여러 기술 분야에서 진보가 이루어진 덕분에 스텔스라고 부르는 기술을 활용한 운송 수단이 개발되었다. 이 운송 수단은 레이더 탐지 정보를 줄이는 소재와 형태로 만들어진다. 비행기 B-2와 F-117로 대중에게 잘 알려진 이 스텔스 기술은 선박과 육상 운송 수단에도 확대되어 사용된다. 그리고 지금은 적외선 및 레이저 방공망에 포착되지 않는 기술을 개발하기 위해 여러 연구가 이루어지고 있다.

하지만 과학자들은 진정으로 보이지 않게 만드는 꿈을 실현하려 매진하고 있다. 이를 위해 양자물리학과 천체물리학이 동원된다. 영국의 수학자들은 텔레비전 시리즈물 〈스타 트렉Star Trek〉에 나오는 은하계 사이를 오가는 우주선이 안 보이게 하는 장치를 방정식으로 표현하려고 시도했다. 또 다른 연구자들은 금가루를 눈에 안 보이게 만드는 데 성공했다. 그들은 광파의 공진 현상(광파를 상쇄해서 광파가 어떤 물체에 반사되는 것을 막음)을 이용하거나 숨기려는 물체 가까이에서 빛이 마치 그 물체 주위로 미끄러지듯 휘게 만드는 장치를 개발하려 한다. 하지만 그러한 장치가 실제로 활용될지는 아직 불투명하다.

2

회색 머리카락은 왜 생길까?

다음은 과학에서 가장 황당한 수수께끼 중 하나다. 회색 머리카락은 엄연히 존재하지만(이는 우리 모두가 매일 주변에서 목격하고 확인할 수 있다) 회색 머리카락은 현재 아직 단 한 개도 찾아낼 수 없다. 왜냐하면 회색 머리카락은 존재하지 않기 때문이다. 하지만 회색 머리카락은 존재한다. 그야말로 머리카락을 쥐어뜯을 일이다.

'희끗희끗한' 멋진 머리카락은 사실 착시 현상이다. 이는 하얀 머리카락과 색깔 있는 머리카락이 섞인 결과다. 머리카락으로선 선택의 여지가 없기 때문이다. 머리카락은 색소를 지닌 채 자라거나 색소 없이 자란다. 이런 단순함 뒤에는 사실 많은 질문이 숨어 있다.

먼저 수치 몇 개를 제시하면, 사람은 평균적으로 머리카락이

10만~15만 개 있고, 그중에서 하루에 100~150개가 빠진다. 머리카락은 한 달에 평균 1센티미터 자란다. 사실 그 속도는 각자가 지닌 유전 형질에 따라 한 달에 0.7센티미터에서 2센티미터로 다양하다. 예를 들어 아시아 사람의 머리카락 털줄기는 대체로 매우 두툼하고 둥글며 깊숙이 박혀 있다(두피 속 7밀리미터). 그래서 튼튼하고 더 빨리 자란다. 아시아 사람의 머리카락은 자연 머리 가발 제조에 가장 많이 사용된다. 아프리카 사람의 머리카락은 두피에 더 얕게 박혀 있다(2.5밀리미터). 털줄기는 타원형으로 납작하며 나선 모양으로 꼬인다. 그래서 머리카락이 구불구불하게 꼬이며 더 천천히 자란다. 그 둘 중간에 유럽인 유형의 머리카락이 있다. 사람마다 정도가 다르게 둥글거나 납작해서 뻣뻣한 머릿결, 크게 구불거리는 머릿결, 곱슬곱슬한 머릿결, 가늘거나 두꺼운 털줄기 등 다양한 모습을 취한다. 자라는 속도는 빨라도 한 달에 1.5센티미터(1년에 18센티미터)가 넘는 경우는 드물다. 따라서 유럽인 성인의 전체 머리카락은 1년에 약 12킬로미터 자란다. 그리고 평생 100만~300만 개의 머리카락이 만들어진다.

머리카락은 작은 주머니 모양의 모낭에 박혀 있는데, 모낭은 머리카락을 만들고 혈관을 이용해서 머리카락에 영양을 공급하는 모태다. 머리카락 옆에 있는 작은 분비선인 피지선은 기름 성분을 약간 함유한 액체인 피지를 분비해서 머리카락을 외부의 공격으로부터 보호한다. 머리카락은 몇 년에 걸쳐 성장한다. 머리카락의 수명은 평균적으로 남자는 3년, 여자는 10년이다. 머리카락은 자라기를 멈춘 후 약 3개월 동안 유지되다가 모낭에서 새로운 머리카락이 자라면서 '배출'된다. 만일 모든 머리카락이 똑같은 리듬으로 자란다면, 우리는 정기적으로 대머리가 될 것이다.

색깔은 멜라닌으로 정해진다

평균 지름이 0.07~0.08밀리미터인 머리카락은 매우 단단한 섬유질 분자인 케라틴이 주성분이다. 그 덕분에 저항력이 큰데, 케라틴은 각질 세포keratinocyte라고 불리는 모근의 세포가 생성한다. 손톱을 구성하는 것이 바로 케라틴이다. 이것은 피부 표피 세포와 동물의 발굽에도 들어 있다. 머리카락 색깔은 멜라닌으로 결정되며, 멜라닌은 멜라닌 세포가 생성해 각질 세포로 전달된다.

멜라닌이 더 이상 없으면 머리카락이 하얘지는데, 멜라닌 색소 알갱이가 공기 방울로 대체되어 머리카락이 겉에서 흰색으로 보이는 것이다. 하지만 색깔이 있던 머리카락이 하얗게 변하지는 않으며, 애초에 흰 머리카락이 난다. 흰 머리카락은 보통 34세쯤에 처음 생긴다. 백발화(프랑스어로 카니시canitie. 어원은 '머리카락의 흰색'을 뜻하는 라틴어 'canities'다)라고도 부르는 머리카락이 하얗게 되는 현상의 원인으로는 몇 가지를 들 수 있다. 멜라닌 세포가 '소진'되거나 소멸해 멜라닌 생성을 멈춤으로써 백발화가 생길 수 있다. 하지만 생성된 멜라닌이 머리카락을 구성하는 역할을 담당하는 세포로 전달되지 않아 백발화가 생길 수도 있다. 멜라닌 세포와 각질 세포 사이에서 이렇게 전송이 중단되는 이유는 아직 정확히 알 수 없다. '갑작스레' 흰 머리 타래가 생기는 이유는 흰 머리카락들이 갑자기 엄청 빠르게 자라서가 아니라, 색깔 있는 머리카락들이 동시에 같은 부분에서 빠져 지금껏 '숨어 있던' 흰 머리카락들이 별안간 눈에 띄는 것이다. 여러 이유가 있겠지만 강렬한 감정 때문에 머리카락이 이렇게 갑자기 빠지는 것 같다.

하지만 흰 머리카락이 다시 색깔을 띠는 상황도 있다. 만성 부신 기능 부전 같은 특정한 질병의 경우나 방사선 치료를 받은 다음 머리카락이 다시 돋는 경우가 그렇다. 머리카락은 납이나 구리, 수은, 은, 비소, 코발트 같은 다양한 유독성 분자에 노출되면 색깔이 바뀔 수 있다. 그러면 붉은색이나 초록색, 푸른색, 검은색 색조를 띤다. 어떤 특정한 약을 먹어도 머릿결에 노란색이나 붉은색, 초록색 빛이 감돌 수 있다. 물론 머리 위에 높이 뜨는 무지개보다는 덜 기분 좋은 무지개일 것이다.

3

울면 왜 기분이 좋아질까?

"인간은 젊을 때 슬픔 없는 눈물을 흘리고, 나이가 들면 눈물 없는 슬픔을 지닌다."* 하지만 눈물의 세계는 단순한 슬픔을 넘

* 조제프 루Joseph Roux. 19세기 프랑스의 사제, 시인.

어서며 그보다 훨씬 더 복잡하다. 눈물은 단순히 짠물이 아니라 매우 복잡한 성분과 구조를 지닌 액체다. 그리고 심장 박동이나 땀, 얼굴의 홍조와 마찬가지로 마음에서 생기는 기쁨이나 고통 같은 감정을 드러낸다. 그렇기에 눈물은 여러 신화에서 중요한 위치를 차지한다.

고대 이집트 사람들은 인간이 태양신 레의 눈물에서 탄생했다고 생각했다. 잉카인은 하늘 신 비라코차가 눈물로 세상을 창조했다고 여겼다. "눈물의 비옥한 물이 만물의 원천이자 하늘과 나무, 얼굴 들이 비치는 거대한 저수지"이기 때문이다. 성경에서 그리스도는 웃는 모습을 보이지 않지만 눈물을 세 번 흘린다. 그러므로 눈물은 인간성의 표시다. 중세에는 신앙심 또는 은총에 겨워 우는 일이 좋게 생각되고 권장되었다.

눈물은 무엇보다 눈꺼풀에 윤활제 역할을 하고, 각막과 결막에 수분과 양분을 공급한다. 눈물은 눈물샘에서 끊임없이 만들어져 눈의 표면에 퍼져 흐른 다음, 한데 모여 눈물 길을 따라 비강으로 이동한다. 각막을 덮은 눈물막은 평균 10초마다 눈꺼풀을 깜빡일 때 새로 교체된다. 눈물막의 부피는 약 6밀리리터이고, 1분에 2.4밀리리터씩 만들어진다. 잠을 잘 때, 즉 눈이 감겨 있을 때 눈물샘은 눈물액이 저절로 흐르도록 가볍게 자극을 받고, 각막 가장자리를 흐르는 혈관은 산소를 원활히 공급하기 위해 확장된다. 이것이 잠에서 깼을 때 가끔 눈이 붉어진 이유다.

눈물액은 눈물샘 세포 안으로 피가 투과되어 만들어지는데,

이때 눈물샘 세포가 눈물액에 항균성 분자인 라이소자임 같은 몇 가지 요소를 더해 눈물액의 영양이 풍부해진다. 이렇게 하는 이유는, 정기적으로 재생되는 세포들로 이루어진 살아 있는 기관인 각막에는 혈관계가 없기 때문이다. 아무리 미세하더라도 혈관이 각막에 분포되어 있다면 시야를 방해할 것이다. 그래서 각막 세포가 기능하는 데 필요한 산소를 눈물액이 가져다준다.

눈물막은 몇 개의 층으로 이루어져 있다. 가장 바깥층에는 물이 자연스레 증발하지 않도록 기름 성분이 풍부하고, 중간층에는 산소와 이산화탄소가 풍부하다. 각막과 직접 접촉하는 안쪽 층은 단백질이 풍부한 점액과 비슷해 매우 끈적끈적하며 눈물막의 분포를 '제어'한다.

신경 임펄스

눈물액의 생성과 분비에 변화가 생기는 이유는 몇 가지가 있다. 바람, 추위 등 물리적인 이유 때문에 눈이 건조해지지 않도록 눈물액이 더 많이 생성될 수도 있다. 하지만 가장 흥미로운 이유는 감정과 연관된 경우다. 감정은 '이성의 뇌'인 신피질로 전달되기에 앞서 원시적인 '파충류' 뇌의 '지배를 받는다'.

강렬한 기쁨, 신체적 고통, 마음의 고통은 눈물샘에 눈물액의 분비를 늘리라고 명령 메시지를 일으킨다. 눈물액의 자연스러운 배출 경로(눈물 길)가 가득 차 포화 상태가 되면 눈물액은 눈에서 곧장 얼굴로 흘러내린다. 그렇게 해서 눈물이 흐르는 것이다. 이 눈물의 성분은 가령 양파 껍질을 벗길 때 흐르는 눈물과 다르다. 양파 껍질로 인한 눈물에는 감정으로 인해 생기는 눈물보다 단백질이 훨씬 적게 들어 있다. 감정으로 인해 생기는 눈물에는 호르몬이 많이 들어 있는데, 젖 분비를 촉진하는 프로락틴과 통증을 자연적으로 완화하는 류신 엔케팔린 호르몬이 포함되어 있다.

프로락틴은 여자가 사춘기부터 폐경에 이르기까지 남자보다 눈물을 평균적으로 네 배 더 많이 흘리는 부분적인 이유다. 12세쯤까지는 여자아이가 남자아이보다 더 많이 울지 않는다(프로락틴의 비율이 같다). 하지만 18세에는 여자가 남자보다 프로락틴을 60퍼센트 더 많이 분비한다.

눈물의 화학적 성분을 분석해보면 이로운 효과가 드러난다. 눈물이 생성되게 하는 신경 메시지로 인해 진통 완화 물질이 자연스럽게 생성되며, 스트레스를 받아서 생긴 스트레스 생성 분자 또는 독소 생성 분자가 눈물로 매우 잘 제거되기 때문이다.

어떤 연구에 따르면, 우는 것이 슬픔이나 분노를 약 40퍼센트 줄여준다. 그러니 눈물을 많이 흘릴지어다…….

4

우리는 신경 세포의 10퍼센트 이상을 사용할까?

한 세기가 넘도록 우리 뇌에 끈질기게 들러붙어 있는 고정 관념이 하나 있다. 바로 우리가 신경 세포의 10퍼센트만 사용한다는 생각이다.

이 신화는 아직도 널리 퍼져 있다. 주위 사람들한테 물어보면 알 수 있을 것이다. 그런데 무게가 1.5킬로그램인 뇌의 회백질과 거기에 담긴 약 300억 개의 신경 세포(신경계에는 신경 세포가 총 1,000억 개 있다)에 조금이라도 손상을 입으면 다양한 장애가 생긴다. 뇌는 우리 몸무게의 5퍼센트밖에 차지하지 않지만, 신체가 사용하는 산소의 20퍼센트를 소비한다. 만일 현재 뇌가 능력의 10퍼센트만 '가동'하는데 우리가 그 수치를 늘리고자 한다면, 신체가 사용하는 산소의 30~40퍼센트를 동원해야 할 것이다. 신체의 다른 기관들을 희생해가면서 말이다. 그리고 만일 우리가 정말로 뇌의 10퍼센트만 사용한다면, 이는…… 동물인 양의 뇌(140g)에 상응할 터이다.

비록 뇌의 기능에 관한 여러 지점이 아직도 상당히 불가사의하기는 하지만, 한 가지 사실만은 분명하다. '정상적인' 사람은 자신의 신경 세포를 100퍼센트 활용한다는 것이다.

은밀한 능력

그 10퍼센트 신화의 기원은 정확히 알 수 없으나 19세기 말에 시작된 것 같다. 그 시기에 알베르트 아인슈타인Albert Einstein이 자신의 두뇌 능력을 설명하기 위해 뇌 능력의 10퍼센트라는 수치를 이야기했다고 하지만, 이는 잘못된 정보일 가능성이 크다. 지

그문트 프로이트Sigmund Freud의 이론도 이 10퍼센트에 대한 생각을 뒷받침한 것처럼 보인다. 10퍼센트는 의식적인 영역인 반면에, '사용되지 않는' 90퍼센트에 방대한 무의식이 감추어져 있다는 것이다. 텔레파시나 염력, 또 다른 초능력이 있다고 주장하는 사람들은 자신의 '능력'을 설명하려고 우리가 사용하지 않는다는 뇌의 그 부분을 자주 거론한다. 자신이 그 부분을 활용해서 기이하고 은밀한 능력을 발휘하는 데 성공했다는 것이다.

현재는 영상 기법이 발달해 뇌가 생각하는 모습을 상당히 정교하게 즉석에서 '볼' 수 있는데, 그 영상에 따르면 실상은 그와 다르다는 것이 확인된다.

자기 뇌파 검사법

뇌파 검사법은 신경 세포의 전기 활동을 증폭시켜 뇌의 전반적인 활동을 측정하도록 해주는 기법이다. 이 기술로 코마 상태, 깊거나 얕은 수면, 서로 다른 여러 활동(독서와 음악 듣기 등) 상태를 구분할 수 있다. 한편 기능적 자기 공명 영상법fMRI은 뇌의 서로 다른 부위의 활동을 시각적으로 보게 해준다. 이 기법은 혈류량 측정에 기초한다. 활동 중인 뇌의 영역은 휴식 중인 영역보다 산소를 더 많이 소비한다. 그 영상의 해상도는 밀리미터 수준이고, 1초당 여러 장의 '사진'을 연속으로 촬영할 수 있다.

또 다른 강력한 기법인 자기 뇌파 검사법은 이름이 나타내듯 신경 세포의 전기 활동으로 만들어지는 매우 약한 자기장을 기록

한다. 그 공간 해상도는 약 2밀리미터 수준이지만, 이 기법의 최대 강점은 시간 해상도다. 시간 해상도가 밀리초 수준이어서, 이 기법으로 시간의 흐름에 따라 뇌의 활동 변화를 매우 정교하게 추적할 수 있다. 이 모든 기법을 활용해 측정한 결과, 신경 세포는 비록 어느 주어진 한 순간에 평균적으로 5퍼센트만 동시에 활동하지만, 그 100퍼센트가 전부 사용됨을 확인할 수 있었다.

10퍼센트라는 수치가 옳은 유일한 경우는, 뇌에 있는 주요한 세포의 두 범주가 이루는 비율인데, 그 두 세포는 신경 세포(총세포의 10퍼센트)와 거기에 영양을 공급하는 신경 아교 세포(총세포의 90퍼센트)다.

신경 세포의 100퍼센트가 활동한다는 사실이 곧 우리 능력을 더 개선할 수 없다는 뜻은 아니다. 양이 곧 질은 아니기 때문이다. 뇌의 능력은 근본적으로 신경 세포가 서로 만들어내는 수조 개의 연결, 그리고 그 연결망이 지닌 가소성, 즉 그 연결망이 진화하고 변모하는 능력에 달려 있다.

거미줄

3차원으로 된 신경 세포 연결망 거미줄은 생애 초기 몇 년에 걸쳐 구축된다. 하지만 그 상태 그대로 고정되는 것은 아니다. 그 거미줄은 평생 지속되는 학습과 기억 과정에 따라 계속 진화한다. 그러므로 그 연결들을 규칙적으로 활성화시키면 나중에 재활성화하기 쉽다는 사실이 확인되었다. 이것이 바로 사람들이 이따금 뇌를 훈련해야 하는 근육에 비유하고, 두뇌 훈련이나 코칭 프로그램이 큰 호응을 얻는 이유다.

하지만 뇌에 영향을 미치는 여러 질병은 퇴행성이라서, 그러한 질병에 걸리면 신경 세포가 서서히 활동 능력을 잃는다. 따라서 그 과정을 얼마간 늦출 수는 있지만 역행시킬 수는 없는 것 같다. 그런데 기존에 생각했던 것과 달리 뇌의 특정 부분들이 신경 세포를 재생하는 능력을 지녔다는 사실이 최근 발견되어 새롭고도 미래가 밝은 연구의 실마리가 열렸다.

신경 세포들을 잘 돌보자. 그 세포들이 우리를 돌봐주니까.

5

하품은 전염될까?

본론으로 들어가기에 앞서 일단 양해를 구한다. 이 글을 읽고 하품을 하게 될 것이 확실하니까. 독자들이 지루하게 느껴서가 아니라(아니기를 바란다), 하품에 대해 말하기만 해도 여러 사람이 하품을 하기 때문이다. 하품은 반사 행동이다. 따라서 조절할 수는 있어도 억제할 수는 없다. 하품을 스스로 억제하기란 거의 불가능하다. 아주 최근에야 하품의 기원과 의미, 유용함이 과학적으로 밝혀졌다.

(기린이 하품하는 모습을 결코 본 적이 없는 것 같아도) 포유류와

어류, 조류, 즉 모든 척추동물은 하품을 하며, 아기는 어머니의 배 속에 있을 때부터 하품을 한다. 이는 하품이 진화 과정에서 매우 이른 시기에 출현했음을 알려주는 두 가지 사실이다. 따라서 하품은 아주, 아주 오래된 반사 행동이다. 사람들은 하품이 뇌에 '한 차례 한껏 산소를 공급'하는 방식이라고 오랫동안 믿어왔다. 하지만 지금은 그게 전혀 사실이 아님이 밝혀졌다.

하품을 한 번 하는 데는 5초에서 10초 정도 걸리고 세 단계, 즉 숨을 깊게 들이마시기, 멈추기, 빠르게 내쉬기 단계로 나뉜다. 근육 측면에서 보면, 하품은 인간이 지닌 가장 커다란 근육인 횡격막과 흉부 근육을 심하게 수축시켜 입과 코로 숨을 크게 들이쉬도록 한다. 이렇게 되면 입이 한껏 벌어지는데, 근육들이 동시에 수축하면서 입이 확실히 벌어질 뿐 아니라 닫힌다(그래서 턱이 탈구되기도 한다).

하품을 할 때는 후두도 넓게 벌어진다. 하품을 하는 데 목과 얼굴의 근육들이 동원되기 때문이다. 속귀를 기도氣道에 연결하는 유스타키오관이 잠깐 열린다. 눈물이 눈가에 찔끔 맺히고, 침 한 방울이 입가에 맺힐 수도 있다. 하품은 반드시는 아니지만 자주 팔다리를 쭉 뻗는 행위(하품하며 하는 이 행동을 '기지개'라고 부른다)를 동반한다. 근육이 긴장되었다 이완되고, 도파민을 비롯한 신경 전달 물질들이 분비된다……. 하품을 하고 나면 이완되고 편안한 감각을 느낀다. 하지만 이것이 하품의 유일한 목적은 아니다.

이루어진 모든 연구에 따르면, 하품은 사실상 각성 상태에 변화가 올 수 있음을 예고하려고 몸이 보내는 신호다. 사람은 배가 고프거나 배가 부를 때, 졸리거나 잠에서 깰 때 하품을 한다. 하품은 몸과 리듬을 함께하면서 신체가 곧 다른 단계로 넘어갈 거라고 예고한다. 몸서리가 "아차, 우리 몸의 온도를 챙겨야겠네"라고 말해주는 것처럼, 하품은 "이제 먹어야 할 시간이야"라거나 "자야 할 때야", "이렇게 계속하면 나는 졸고 말 거야"라고 말해준다.

여러 연구에서 하품의 전염성이 확인되었다. 하지만 전염 현상이 모든 사람한테서 나타나지는 않는다. 하품하는 모습이 연속으로 등장하는 어떤 영화를 보여주면, 관객의 절반만 5분 이내에 하품을 한다. 어떤 사람은 너무나 민감해 생각하는 것만으로도 하품을 한다. 하품하는 모습을 반드시 봐야만 하품을 하는 것은 아니다. 믿지 못하겠으면 시각장애인의 경우를 보라.

2003년에 이루어진 다른 연구에서 이 전염 현상에 대한 근거가 제시되었다. 사람은 공감 능력이 뛰어날수록, 다시 말해 다른 사람이 느끼는 감정을 느끼는 능력이 뛰어날수록 하품에 민감하게 전염된다. 공감 능력은 의식적이지 않은 복합적인 인지 기제를 사용해서 감정을 나타내는 얼굴 표정을 섬세하게 인식하는 능력에 기초한다. 이 능력은 감정을 공유하거나, 감정을 경계하거나, 한 집단 내에서 모든 사람의 각성 상태가 일치하도록 만들 수 있다.

하품은 때로 진단 수단으로 신경 질환을 드러내기도 한다. 그래서 두통을 겪는 많은 사람에게서 반복되는 하품은 두통 증세가 시작되거나 끝날 것임을 미리 알려주는 신호다. 반대로 파킨슨병을 겪는 도중에는 하품이 거의 사라진다. 그러다가 파킨슨병 치료를 받기 시작하면 다시 나타난다. 그때만큼 하품이 반가운 경우는 없을 것이다.

6

방향 감각은 남성의 특징일까?

일부 여자들은 인정하지 않겠지만, 대다수 여자는 다음과 같은 사실을 스스로 인정하며 이렇게 말한다. "나는 내 오른쪽과 왼쪽을 잘 구분하지 못해요", "나는 오른쪽을 가리킨다면서 왼쪽을 가리키죠", "나는 정말 방향 감각이 없어요". 그러면 많은 남자는 한술 더 떠 이렇게 말한다. "여자는 도로 지도를 읽을 줄 몰라요" 또는 "여자들은 자기 오른쪽과 왼쪽을 구분하지 못하지요". 이런 말을 악의를 갖고서 하는 것도 아니다. 방향 감각이 남성적 특징이라는 생각은 모든 사람의 마음속에 깊숙이 박혀 있다. 또 여러 연구가 그 생각을 절대적인 법칙으로 만들지는 않더라도 확인해 준다. 하지만 그 이유는 아직 모른다. 어쩌면 불가사의한 베일을 서서히 벗기는 여러 뇌 영상 기법의 신기술에서 그에 대한 답을 찾게 될지도 모른다.

오랫동안 사람들은 남자의 뇌가 여자의 뇌보다 평균적으로 더 크다고 믿었다. 오늘날 우리는 이것이 거짓이라는 사실을 안다. 아니면 적어도 몸무게와 뇌의 무게 비율이 남자와 여자에게서 똑같다는 사실을 알고 있다. 우리는 신경 세포의 수가 아니라, 신경 세포들이 이루는 연결의 성질이 중요하다는 사실도 안다. 그리고 그 거미줄 같은 3차원 연결망의 구조가 가소성이 있고 변화할 수 있다는 사실도 안다.

그렇지만 모든 연구에서 남자의 뇌와 여자의 뇌에 작은 차이들이 존재한다는 사실이 증명되었다. 여자는 보통 말로 하는 언어 표현, 특히 유창함과 단기 기억력 측면에서 능력이 조금 더 뛰어나다. 하지만 시각화와 마음속 3차원 도형 회전 과제에서는 남자보다 성공률이 약간 더 낮다. 그러나 마음속 도형 회전 검사(검사받는 사람에게 어떤 영상을 보여주고 그 영상을 90도 또는 180도 돌리면 어떤 모습일지 묘사하라고 요구한다)가 2차원이면 수행 능력이 비슷하다. 남자가 여자보다 수학에서 더 뛰어날까? 그렇지는 않은 것으로 보인다. 추론 능력에 관한 검사에서 약간 차이가 나지만, 셈 능력 검사에서는 그렇지 않다. 그리고 그 차이는 매우 미미하다.

10~20세 남녀를 대상으로 실시한 어느 연구에 따르면, 남자는 여자보다 컴퓨터로 더 자발적으로 액션 게임을 하고, 마음속 도형 회전 과제에서 더 뛰어난 능력을 보인다. 하지만 남자 아동이 도형 회전 능력을 사용하는 액션 게임을 더 자발적으로 하는

이유가 원래 그 능력이 더 뛰어나기 때문은 아니지 않을까? 그게 아니라 그런 게임을 함으로써 그 능력이 개발되는 것 아닐까?

사람들은 과제 수행 능력의 그러한 차이가, 남자는 공간 표현 및 정신적 추론을 담당하는 뇌의 우반구를 더 자발적으로 사용하는 반면, 여자는 언어와 분석적 추론을 담당하는 좌반구에 더 의존한다는 사실과 연관된다고 오랫동안 믿어왔다. 런던의 택시 운전사들을 대상으로 실시한 어느 유명한 연구에서 운전사들에게 공간 이동 경로를 생각하라고 요구했을 때 그들의 뇌 우반구 한 영역이 활성화되는 것으로 확인되었다.

그런데 최근의 과학 연구 결과들에 비추어보면, 그 연구가 실제로 무엇을 의미하는지 의문을 제기할 만하다. 검사를 받은 모든 택시 운전사가 남자였다는 것인가? 만일 여자 택시 운전사들을 대상으로 검사했어도 똑같은 현상이 확인되지 않았을까? 근대 영상 기법으로 최근 실시한 관찰에서 뇌의 양쪽 반구가 서로 끊임없이 소통하며 상호 작용한다는 사실이 확인되었기 때문이다.

남자와 여자 사이에서 관찰된 작은 차이들은 순전히 학습과 교육으로 인한 것일까? 아닌 것 같다. 일부 남성 또는 여성 호르몬이 그러한 차이를 만드는 것처럼 보인다. 연구자들은 일정수의 남녀 아기를 선정해 태어나기 전에 테스토스테론 호르몬 수치를 측정했다. 뒤이어 그 아기들이 일곱 살이 되었을 때, 공간 놀이 및 마음속 도형 회전 과제 수행 능력을 평가하는 검사를 했다. 그 능력들은 테스토스테론 농도가 낮아지며 감소한다. 또 다른 연구자들은 여러 여성 호르몬, 특히 에스트로겐이 여성의 언어 표현 능력이 더 뛰어난 원인이라고 단언한다. 하지만 아직 증명되지는 않았다.

조상 전래의 생활양식

끝으로, 어떤 사람들은 그러한 남녀 차이에 대해 '역사적인' 설명을 제시했다. 즉 우리 선조들의 생활양식 때문에 그러한 차이가 차츰 형성되었다는 것이다. 사냥하는 남자는 먼 곳을 바라보며 방향을 결정하고 경로를 계산할 필요가 있던 반면, 여자는 가정에 머물러 그러한 능력을 개발할 필요가 없어서 방향 감각의 '골'이 점점 깊어졌다는 것이다. 하지만 그렇다고 그 분야에서 남자가 거드름을 피울 것은 없다. 남자는 가장 어리숙한 통신용 비둘기 수준에도 훨씬 못 미치니까.

7

정말로 웃다가 죽을 수 있을까?

웃음은 전염되고, 씁쓸하고, 참을 수 없이 터져나올 수 있으며, 눈물을 흘리게 만들거나 병을 치료할 수 있다. 그런데 사람들은 웃다가 죽을 수도 있다고 말한다. 웃음은 참으로 기묘하다. 무수한 세대의 언어학자 및 사전학자들이 웃음에 간결하고도 만족스러운 정의를 내리려고 시도해 얼마간 성공했다. 프랑스어 사전 『프티 로베르Le Petit Robert』는 웃음을 "얼굴 표정, 입과 얼굴 근육의 특정한 움직임으로 즐거움을 표현하는 것으로, 급격하고 불규칙하며 시끄럽거나 조용한 날숨이 수반된다"라고 정의한다. 웃음을 이보다 더 슬프게 묘사하기란 어려울 것이다(이 사전만 특별히 그런 것이 아니다).

웃음은 어떤 감정 표현이다. 따라서 웃음은 (뇌의 우반구가 관장하는) 의식적인 뇌와 무의식적인 뇌의 지배를 동시에 받는다. 이는 똑같은 대상을 두고 모든 사람이 웃지 않는 이유이며, 웃음이 가끔 통제할 수 없고 쉽게 전파되는 이유이기도 하다.

웃음은 얼굴 및 후두 근육, 호흡에 관여하는 근육들, 횡격막, 그리고 복부 둘레 근육 조직 및 팔다리 근육에 이르기까지 여러 근육을 동원한다. 잘 알려진 광대근뿐 아니라 이마 근육과 관자근, 입술 및 눈꺼풀 근육 등에 이르기까지 얼굴의 미세 근육들이 수축한다. 입과 눈의 양 끝이 더 높이 이동하고 미소가 떠오른다. 동시에 턱 근육이 이완되고 성대와 후두 근육이 웃음 '소리'에 대비한다. 웃음 소리는 횡격막이 깊은 들숨으로 중간중간 끊기는 일련의 짧고 강한 수축을 하며 시작된다. 그리고 흉부의 호흡근이 함께 움직인다.

웃음은 고요한 연못에 돌멩이를 던졌을 때 물이 일렁이며 점점 퍼져 나가는 파동과 같다. 그 파동은 결국 몸과 근육 조직 전체로 퍼진다. 어깨가 들썩이고, 머리가 까딱여지며, 손이 이완되고, 심지어 양손이 벌어지며 들고 있던 물건을 떨어뜨릴 수도 있다. 다리도 휘청거려 앉을 수밖에 없게 만든다.

웃음으로 인한 또 다른 결과로, 심장 박동수가 일단 증가했다 지속적으로 낮아진다. 동맥과 혈관은 이완되고 혈압은 낮아진다. 기관지가 더 넓게 열리고 폐 호흡량이 증가한다. 바로 여기에서 웃음의 유익한 효과가 생긴다. 어떤 사람들은 한판 신나게 웃는 것이 조깅과 비슷한 효과를 낸다고 말하기까지 한다.

이런 '기계적인' 효과들과 동시에 웃음이 가져다주는 즐거움은 뇌에 영향을 미친다. 웃으면 뇌에서 엔도르핀이 방출되어 카테콜아민이 생성되도록 자극한다. 몸 전체와 신체 기능이 활기를 되찾는다. 웃음은 모든 사람에게, 그리고 식욕, 수면, 지적 능력 등 모든 것에 좋다. 웃음을 활용하는 치료를 신봉하는 사람들도 있으며, 웃음은 여러 개인적 또는 집단적 상황, 병원이나 양로원, 기업 환경 등에서 무시할 수 없는 영향을 미친다. 웃다가 또는 도저히 참을 수 없는 웃음 때문에 죽는 경우는 극히 드물고, 그에 대한 자료도 거의 없다. 사망 원인 목록에 웃음이 아예 없다고 단언할 수는 없지만, 극히 적은 것은 분명하다.

프랑수아 라블레François Rabelais는 자신의 작품 『가르강튀아』를 소개하는 글에서 "웃음은 인간의 고유한 특성"이라고 하며, 웃지 않은 하루는 헛되이 보낸 하루라고 강조했다. 뒤이어 앙리 베르그송Henri Bergson은 웃음을 동물 본성과 대비되는 인간 본성의 핵심적인 요소로 간주했다. 하지만 우리는 현재 어떤 동물도 웃을 수 있다는 사실을 안다. 쥐류 동물에게 제대로 간지럼을 태우면 우리 귀에는 들리지 않지만 웃음의 특징, 아니 보다 정확하게 말하면 웃음의 '기계적' 현상을 완벽하게 띠는 소리를 낸다. 그러니 인간의 고유한 특성은 웃음이 아니라 유머일 것이다. 그런데 이는 어떤 인간의 특성을 말하는 걸까?

8

우리는 왜 15년마다 몸을 바꿀까?

이 일은 하루 만에 이루어지지 않는다. 하지만 우리 몸은 태어나서 죽을 때까지 끊임없이 재생된다. 어떤 의미에서 보면 우리 몸은 계속해서 새로이 만들어진다. 거의 모든 기관과 조직, 세포가 서로 다른 빈도로 여러 차례 완전히 새롭게 교체된다. 따라서 우리의 세포와 기관 거의 대부분은 우리보다 어리다. 그 규칙에서 유일한 예외는 신경 세포와 심장 세포다. 이들은 매우 느리게 재생되거나 아예 재생되지 않는다.

우리 몸에는 세포가 약 100조 개 있다. 그 세포들을 전부 나란히 늘어놓으면 길이가 약 1만 5,000킬로미터에 이르는 멋진 띠를 이룰 것이다. 세포 유형은 혈액 또는 피부 세포, 근육 또는 심장 세포, 신경 세포, 섬유 아세포 등 250가지가 존재한다. 그리고 그 세포 중에서 200억 개가 매일 죽는다. 그 세포들은 물론 새로운 세포로 교체된다. 2,000만 개 가까운 세포가 1초마다 두 개의 딸 세포로 분열한다. 사실 '분열한다'는 용어는 적절하지 않다. 생물학에서 '분열한다'는 것은 '증식한다'는 뜻이기 때문이다. 어떤 세포 하나가 분열하는 것은, 그 세포가 사실상 두 배로 늘어나는 것이므로 감소가 아니다. 하나가 두 개를 만든다.

이 세포 '분열'은 초기 모델과 똑같은 새로운 세포를 만들어내는 첫 번째 방식이다. 예를 들어 간세포의 경우가 그렇다. 세포가 재생되는 두 번째 방식은 미분화된, 즉 이런저런 역할을 수행하는 데 특수화되지 않은 줄기세포를 통해 이루어진다. 이 경우 세포의 재생 과정은 분화와 동시에 이루어진다. 이를 통해 세포는 어떤 정확한 목적에 특수화된다. 가령 혈액 세포의 경우가 그렇다. 기관이 발육할 때도 이 과정을 거친다.

세포는 수명이 다양하다. 피부 세포는 3~4주 유지되다 교체되고, 적혈구는 약 120일간 유지되며, 망막 세포의 수명은 10여 일을 넘지 않는다. 간세포나 허파 세포는 400~500일 유지되는 데 반해, 창자의 상피 세포는 겨우 5일 '버틴다'.

사람은 자신의 신경 세포들과 나이가 같다

스웨덴의 어느 연구 팀은 일부 생체 조직의 수명을 알아내려고 고고학과 고생물학에서 사용하는 탄소 연대 측정법을 가져다 활용하겠다는 기발한 생각을 했다. 이 방법은 세포의 DNA에 있는 탄소의 양을 측정하는 것인데, DNA는 세포가 탄생하는 순간 형성되고, 뒤이어 외부와 탄소를 더 이상 교환하지 않는다.

그 연구로 인간 신체의 세포 대부분이 열 살 미만임이 밝혀졌다. 재생되는 세포 중에서 가장 '늙은' 세포는 창자를 이루는 세포와 갈비뼈 근육으로, 수명이 15년에 이른다. 따라서 바로 이 세포들이 가장 느리게 재생된다. 그리고 이 연구로 신경 세포는 그 세포들을 지닌 사람과 나이가 같다는 사실, 즉 사람은 자신의 신경 세포들과 나이가 같다는 사실도 확인되었다.

스웨덴의 또 다른 연구 팀은 최근에 비만, 그리고 식이요법으로 살을 뺀 뒤 체중을 유지하기 힘든 원인이 세포 재생 때문임을 밝혔다. 그 이유는 지방 세포adipocyte의 총개수가 몸에서 일정하게 유지되기 때문이다. 식이요법은 기존에 있던 지방 세포들을 날씬해지게 만들 뿐이다. 새로 생성되는 지방 세포들은 자신이 속한 사람의 몸 라인은 아랑곳하지 않은 채 금세 본래 라인을 되찾으려 한다.

세포 재생이 이루어지더라도 노화 과정이 방해받지는 않는다. 노화는 여전히 매우 신비로운 과정이며, 그에 관한 여러 이론과 추정이 계속 제시된다. 일반적으로 세포는 일정 횟수만 분열할 수 있도록 '프로그램되어 있다'고 생각된다. 세포들은 일종의 내부 측정기를 가지고 있어 그것이 이미 만들어진 사본(클론)과 앞으로 만들 수 있는 사본의 개수를 기록한다는 것이다. 어떤 연구자들은 그 측정기가 염색체에, 더 정확히 말하면 염색체의 양쪽 끝에 위치한다는 가설을 제시했다.

그 양 끝의 작은 보호 덮개는 말단 소립이라 불리며, 세포가 분열할 때 유전 형질이 동일하게 증식하는 데 핵심적 역할을 한다. 말단 소립은 세포가 분열하면서 길이가 차츰 줄어들다가 결국 활동을 멈춘다고 한다. 항상 '긴' 말단 소립을 지니는 세포는 두 가지가 있다. 생식 세포, 그리고 규율을 완전히 상실해서 무제한으로 증식하는 암세포다. 하지만 말단 소립에 대한 연구는 중대한 발견으로 이어지지 않았다. 적어도 아직까지는 말이다. 그러나 그 모든 생물학적 과정이 극도로 복잡하다는 사실을 감안하면 연구자들을 탓할 수는 없다.

9

긁으면 가려운 게 진정될까?

가려우면 사람은 긁는다. 그리고 많이 긁을수록 더 가렵다. 그 충족되지 않는 쾌감은 참으로 진 빠지게 한다. 모기에 물리면 자주 긁는데, 때로는 긁으면 정말로 가려운 게 진정된다. 많은 사람이 자기 몸의 견갑골 사이나 척추를 따라 한껏 긁으면 참으로 시원하다고 느낀다. 왜 그럴까? 그에 대한 몇 가지 설명의 실마리가 보이기 시작하지만, 여전히 불가사의다. 피부는 확실히 모든 감각 기관 중에서 가장 복잡할 것이다. 피부보다는 눈이나 귀, 코가 어떻게 작용하는지에 대해 훨씬 더 잘 알려져 있다.

왜냐하면 피부는 감각뿐 아니라 거의 감정까지도 만들어낸다고 할 수 있기 때문이다. '살갗에 닿을 듯 말 듯 하다être à fleur de peau(예민하다는 의미)', '피부가 단단하다avoir la peau dure(강인하다는 의미)', '다른 누군가의 피부 안에 들어가다se mettre dans la peau de quelqu'un d'autre(다른 누군가의 입장이 된다는 의미)', '암소(고약한 사람)의 피부다être une peau de vache(사람이 고약하다는 의미)' 등에서 보듯, 그 사실을 드러내는 프랑스어 관용 어구는 참으로 많다. '누군가를 피부 안에 가지고 있다avoir quelqu'un dans la peau(누군가를 열렬히 사랑하다)'라는 유명한 표현도 있다.

피부는 색깔이 짙거나 옅을 수 있고, 나이가 들어감에 따라 모습이 바뀌며, 창백한지 붉은지로 마음속 느낌을 드러낸다. 플라톤은 모든 감각이 촉각으로 귀착된다고 생각했다. 모든 인식은 곧 접촉이기 때문이다. 빛이 눈에, 냄새 분자가 코에 접촉하는 식으로 말이다. 더욱이 촉각은 태아기에 처음으로 '깨어나는' 감각이다.

피부는 몸에서 가장 덩치가 큰 기관이다. 평균 표면적이 1.5제곱미터이고, 무게는 3~4킬로그램이다. 피부는 서로 다른 여러 유형의 세포 약 2조 개로 이루어져 있고, 두께는 1~4밀리미터다. 외부 공격으로부터 몸을 보호하는 겉껍질인 피부는 호흡을 하며, 온도나 압력, 빛 등 바깥에서 벌어지는 모든 것에 대한 정보를 뇌에 전한다.

피부는 이 정보 제공 임무를 수행하려고 일련의 훌륭한 감지기 세트를 갖추고 있어 피부 1제곱센티미터당 평균적으로 50개의 수용기가 있다. 이는 곧 몸 전체에 약 50억 개의 감지기가 있다는 뜻이다. 그 감지기는 불균일하게 분포되어 있으며, 신체의 다른 부분보다 가령 손, 특히 손가락 끝이나 성감대에 훨씬 많다.

그 수용기들은 피부의 가장 바깥층인 표피와 피부의 더 깊숙한 층인 진피에 모두 있는데, 진피에 조금 더 많다. 그리고 그 수용기들은 모습과 기능에 따라 크게 자유 신경 종말 수용기와 피막 신경 종말 수용기로 나뉜다.

척수의 중요성

'피막 신경 종말 수용기'는 기계 수용기다. 압력과 신축성, 진동의 조합에 민감하다. 예를 들어 그 수용기 중 어떤 것은 강한 압력과 진동수가 높은 떨림, 신축성을 감지하고, 다른 수용기는 약한 압력과 진동수가 낮은 떨림, 신축성을 감지하도록 '디자인되어' 있다. 한편, 자유 종말 수용기는 온도나 압력, 외부의 침입, 피부의 변질, 털의 움직임, 그리고…… 가려움을 감지하도록 특수화되어 있다. 이 감지기들은 자기가 '보는' 것을 확실한 경로로 뇌에 전달하는데, 그 경로는 피부에서 '구심성' 신경을 거쳐 척수로, 뒤이어 뇌 피질의 서로 다른 영역으로 감각을 나누어 전달하는 시신경상으로 이어진다. 최근 가령 서로 다른 신경 세포들이 한편으로는 고통의 감각을, 다른 한편으로는 가려움의 감각을 담당한다는 사실이 밝혀졌다.

그리고 척수에 이미 일종의 '작은 뇌'가 있어 이 뇌가 고통과 가려움이라는 두 정보 흐름을 비교한다는 사실도 밝혀졌다. 원숭이를 대상으로 실험한 결과, 자기 몸을 (적당히) 긁으면 가려움 신호의 강도가 낮아져 (적어도 일시적으로는) 가려움이 진정된다. 이는 50여 가지 질병에서 나타나는 심한 만성적 가려움에 대한 치료법을 개발할 전망을 예고한다.

하지만 이 가려움 현상의 기제를 실제로 이해하려면 아직 갈 길이 멀다. 이를 위해 어쩌면 또 다른 불가사의인 자기 자신을 간지럽힐 수 없는 이유가 무엇인지 알아내야 할지도 모른다. 어쨌거나 이제 그때까지는 예전과 똑같은 방식으로 자기 몸을 긁지 못할 것이다.

10

여자도 목에 울대뼈가 있을까?

아담은 에덴동산의 사과를 직접 따지는 않았지만 베어 물었다. 성경에 따르면 '행복과 불행을 아는 지식의 나무' 열매 한 조각, 다시 말하면 원죄의 열매가 그의 목에 걸렸을 거라고 한다. 그래서 오로지 남자만 목의 앞쪽이 튀어나와 있다는 것이다. 하지만 아담의 갈비뼈로 만들어진 그의 여성 동반자도 그 유명한 사과를 베어 물었다. 그런데도 이브의 사과라는 말은 없다(프랑스에서는 울대뼈를 '아담의 사과pomme d'Adam'라고도 부른다—옮긴이). 사실 남자나 여자는 모두 '아담의 사과', 즉 울대뼈를 지닌다. 단지 여자의 울대뼈는 덜 돌출되어 있어 겉으로 잘 드러나지 않을 뿐이다. 게다가 울대뼈는 가끔 남자한테서도 잘 안 보인다.

일단 역사적 진실을 밝히기 위해 우리의 머나먼 조상이 낙원에서 실제로 사과를 먹지 않았다는 사실을 짚고 넘어가자. 성경 원문에는 '열매'라고 쓰여 있었으나 나중에 라틴어로 번역할 때 '사과'로 바뀌었다. 두 단어 모두 라틴어로 말룸malum이기 때문이다.

울대뼈는 11개의 연골 조직 중 하나로, 5개의 근육으로 움직이며 후두의 '골격'을 이룬다. 제3목뼈에서 제6목뼈 수준에 위치한 관 모양의 후두는 인두咽頭 아랫부분부터 기도氣道 윗부분인 기관氣管까지 이어진다. 후두는 호흡과 삼킴, 발성에 관여한다. 후두는 단단하면서도 유연하다.

갑상 연골은 11개의 연골 조직 중에서 가장 크며, 성대와 갑상샘을 보호한다. 나비 모양인 갑상샘은 목의 아래쪽에서 기관과 겹쳐진다. 갑상샘은 신체 활동을 조절하는 데 가담한다. 따라서 갑상샘을 안전하게 보호하는 일은 중요하다. 또 다른 연골 조직인 후두개는 기관의 움직이는 덮개 역할을 한다. 음식물을 삼킬 때, 후두개가 움직여 기관을 막기 때문이다. 그 덕분에 삼킨 음식물이나 음료가 입에서 식도까지 이동할 때 숨이 막히지 않는다.

울대뼈는 네모난 판이 두 개 달린 펼친 책 모양이고, 책등이 앞쪽을 향해 있다. 성장기 끝 무렵인 사춘기 때 그 책은 좁게 닫히고 두 판이 이루는 각은 여자보다 남자한테서 더 예리해진다. 그 각이 남자한테서는 90도로 '오므라지는' 한편, 여자한테서는 계속 약 120도 정도로 유지된다. 따라서 울대뼈가 남자의 피부 아래에서는 불쑥 튀어나와 후두 돌기prominentia laryngea를 이루는 반면, 여자한테서는 보이지 않는다.

이유는 테스토스테론

그러한 차이가 생기는 이유는 남성 호르몬인 테스토스테론이다. 이 호르몬은 주로 남자의 고환에서 생성되며, 남자는 사춘기에 테스토스테론을 점점 더 많이 만든다. 그 호르몬은 신체의 여러 부분에 성장하라고 명령한다. 그래서 성대가 발달하고 목소리는 더 굵직해진다. 갑상 연골도 그러한 움직임을 따라 변화하며 커진다.

테스토스테론은 가슴과 얼굴에 털이 자라게 만들기도 한다. 여성 호르몬인 에스트로겐도 유방 같은 여성 신체의 몇몇 부분을 커지게 만든다. 하지만 그중에 울대뼈는 없다.

한편, 거의 여자한테만 나타나는 뼈 돌출 현상이 있는데, 바로 무지 외반증hallux valgus이다. 프랑스에서 흔히 발에 생기는 '양파oignon'라고 불리는 이 증상은 프랑스인의 5~10퍼센트에서 나타나며, 그중 95퍼센트가 여자다. 그리고 90퍼센트 이상이 40세에서 50세 사이에 나타난다. 무지 외반증은 엄지발가락이 제 축을 벗어나 바깥으로 향하는 변형으로, 엄지발가락이 발과 이어지는 관절 부분에 염증이 나고 붓는다.

이 증상이 생기는 이유가 전부 정확히 밝혀지지는 않았다. 하지만 이 증상이 나타나는 요인으로는 굽이 높거나 발끝을 조이는 끝이 뾰족한 신발 등 특정한 유형의 신발을 신는 것, 발끝이 넓고 엄지발가락이 다른 발가락들보다 더 긴 이른바 이집트형 발이라고 부르는 발의 형태를 들 수 있다. 호르몬적인 요인, 특히 폐경도 무지 외반증을 유발한다고 한다. 결국 남자들은 울대뼈를 두고 불평할 처지가 아니고, 보통의 경우 남자들이 신는 신발을 두고도 불평할 이유가 없다.

11

새들은 날면서 잠을 잘까?

태양을 빛나게 만드는 열핵 반응을 재현할 수 있는 과학 기구를 만드는 시대에, 그리고 생물의 유전체를 낱낱이 밝히고 원자를 한 개씩 조작하는 이 시대에, 여전히 조그마한 참새의 머릿속에서 무슨 일이 벌어지는지에 관해서는 턱없이 무지하다. 새가 잠을 자는 방식에 대해 특히 그렇다. 확신할 수 있는 사실은 새가 수면, 그리고 렘수면을 비롯한 수면의 여러 단계를 '체험한다'는 사실이다. 땅에서 잠자는 새들을 대상으로 새의 수면을 조금 연구하긴 했지만, 나머지는 여전히 대부분 불가사의로 남아 있다.

새는 인간을 포함한 포유류와 마찬가지로 정온 동물, 즉 몸속의 온도(새의 경우는 섭씨 42도쯤)를 일정하게 유지하는 동물이다. 새의 골격은 인간의 골격과 근본적으로 다르지 않으며, 뼈나 내장 기관 수준에서 같은 요소들이 존재한다.

하지만 새가 날 수 있게 만드는 차이점이 당연히 존재한다. 일단, 뼈는 무게를 줄이려고 속이 비어 있다. 뼈의 내구성은 뼛속에 나 있는 가로대 구조로써 확보된다. 또 다른 차이점은 기발한 깃털 구조를 지닌 앞다리(날개)와 뒷다리다. 새의 다리는 종마다 모양새가 다르지만, 기본 구조는 동일하다. 얕은 물에서 먹이를 찾아 먹는 새들은 다리가 길고, 대부분 시간을 하늘에서 보내는 새들은 다리가 더 짧다. 새는 발가락이 네 개인데, 대체로 세 개는 앞으로 향하고 하나는 뒤로 향한다. 발가락도 길거나 짧을 수 있고, 발가락 사이가 막으로 이어져 발에 물갈퀴가 달릴 수도 있다.

그런데 나뭇가지에 앉는 새한테는 비밀이 하나 있다. 그 비밀 덕분에 새는 떨어지지 않고 나뭇가지에 앉아서 잠을 잘 수 있다. 기발한 도르래와 줄 시스템이 새 다리의 위부터 아래까지 관통해 새가 내려앉을 때 발가락을 자동으로 오므리게 만든다. 넓적다리 근육의 굴곡건이 무릎 앞쪽과 발목 주위를 지나 발가락 밑에 고정되어 '작은 줄감개' 역할을 한다. 새의 몸무게만 가해져도 발은 오므라지고 발가락은 닫힌 상태로 고정되어 새가 앉은 가지를 감싼 바이스 펜치처럼 작용한다. 그러므로 새는 원한다면 떨어질까

염려하지 않고 맘 편히 잠들 수 있다. 박쥐가 머리를 아래로 향하고 매달려 있는 데도 비슷한 원리가 작용한다. 그리고 몸을 곧추 세우고 날개를 퍼덕이기만 하면 바이스 펜치가 자동으로 열려 날아오를 수 있다.

오리는 한 눈으로만 잔다

인간은 어림잡아 생애의 3분의 1을 잠자는 데 보내는 반면에, 새는 짤막짤막하게만 잠을 자는 것 같다. 새의 수면은 인간의 수면과 똑같지 않다. 예를 들어 오리는 육지에서 두 다리로 서거나 배를 깔고 앉은 채, 머리를 뒤쪽으로 돌려 부리를 등에 난 커다란 깃털 사이에 파묻고 잔다. 그러므로 엄밀히 말하자면 오리는 사람들이 흔히 말하듯 날개 밑에 머리를 파묻고 자는 것이 아니다. 반면에, 오리는 한 눈으로만 잔다. 그 눈은 오른쪽 눈일 수도 있고 왼쪽 눈일 수도 있다. 두 눈이 서로 독립적이기 때문이다.

잠든 것처럼 보이는 오리는 여러 가지 활동을 할 수 있다. 한쪽 눈을 1분에 5회에서 40회 깜빡인다. 물 위에 떠 있는 경우라면, 자는 중에도 표류하지 않기 위해 물갈퀴가 달린 발을 휘저을 수 있다. 또 어떤 종의 오리는 잠자면서도 태양 광선을 최대한 활용하려고 태양의 움직임을 따라 자신의 이동 방향을 바꿀 수 있다. 실험 결과에 따르면 물 위에 떠 있는 청둥오리 한 무리에서 가운데 있는 개체들은 눈을 거의 뜨지 않는 반면에, 가장자리에 있는 개체들은 바깥쪽으로 향한 눈을 더 자주 뜬다.

철새는 날아가면서 잔다

명매기, 또는 수백 킬로미터를 쉬지 않고 날아갈 수 있는 신천옹처럼 더 먼 거리를 여행하는 철새도 불가사의다. 그러한 능력에 대해 제시된 이유 중 하나는 철새가 아주 오랫동안 잠을 자지 않을 수 있다는 것이다. 하지만 그 새들이 날면서 잠을 잘 수 있는 것은 거의 확실하다. 어떻게 그처럼 할 수 있는지는 설명할 수 없지만 말이다.

이에 대한 주요 가설은 두 가지가 있다. 하나는 그 새들의 뇌 우반구와 좌반구가 번갈아 수면 상태에 놓일 수 있다고 가정한다. 따라서 뇌의 절반은 깨어 있고, 나머지 절반은 자는 것이다. 또 하나는 그 새들이 깨어 있는 상태와 수면 상태를 아주 빠르게 교차시킨다는 가설이다. 몇 초간 수면을 취했다가 다시 몇 초 동안 깨어 날갯짓을 계속할 수 있도록 하고, 뒤이어 다시 몇 초 동안 수면을 취하는 식으로 계속 반복한다. 생존하려면 이런 큰 대가를 치러야 하고, 그러다 보면 꿈을 꿀 여유가 거의 없게 된다.

12

해면은 왜 물기를 빨아들일까?

알퐁스 알레Alphonse Allais는 커다란 강들이 흘러드는데도 지중해가 넘치지 않는 이유는 신이 그러한 재앙을 예견하고 바다에 해면을 넣어두었기 때문이라고 장난스레 말했다. 해면을 사용하기 시작한 것은 크레타섬 사람들인 것 같다. 그들은 기원전 2세기에 바닷가에서 해면을 거두어 모았다.

현재 해면은 수천 종이 존재한다고 집계되며, 민물과 바닷물, 심해부터 해수면 가까이에 이르기까지 모든 수생 환경에서, 또 모든 기후에서 서식한다는 사실이 알려졌다. 해면은 최소한 6억 년 전부터 존재했으며 놀라운 특성을 지닌다.

오랫동안 사람들은 해면이 식물이라고 생각했다. 해면은 형태가 다양해 가지가 무성한 모습 또는 심지어 소관목이 이루는 작은 숲을 닮았다. 하지만 사실 해면은 엄연한 동물이다. 가장 원시적인 동물 중 하나일지는 몰라도 어쨌거나 다세포 동물이다. 해면은 길이가 몇 밀리미터로 아주 작을 수도 있고, 몇 미터로 아주 클 수도 있다. 색깔도 회색부터 푸른색이나 초록색, 노란색, 갈색에 이르기까지 무척 다양하다.

해면은 사실상 분화된 조직을 지니지 않으며, 엄밀하게 말하면 입, 눈, 심장, 간 같은 기관이 없다. 또 신경 계통이나 내분비 계통도 없지만, 몸체를 에워싼 피막에 몇몇 신경 세포가 분산되어 있다.

가장 단순한 형태의 해면은, 작은 구멍이 무수히 뚫려 있고 한쪽 끝에 확실히 열린 개구부가 있는 봉지에 비유할 수 있다. 그 봉지는 크게 두 개의 세포층으로 이루어진다. 바깥층은 피부 역할을 하고, 안쪽에 있는 다른 층은 세포가 흔들 수 있는 일종의 작은 채찍이라 할 편모가 달린 세포들로 이루어져 있다. 이 두 층 사이에는 한천같이 끈끈한 물질이 있고, 그 안에 해면의 골격을 이룰 골편들을 만들 수 있는 골편 모세포를 비롯한 여러 세포가 떠다닌다. 해면의 골격은 석회질이나 규질, 단백질로 되어 있을 수 있다. 일부 해면이 골격을 만들기 위해 사용하는 단백질을 해면질이라고 부른다. 이는 황과 요오드를 함유한 단백질로, 우리 피부에 저항력과 탄력을 부여하는 성분인 콜라겐과 비슷하다.

해면은 영양 섭취와 호흡이 서로 연관된다. 해면 안쪽 층의 세포들은 편모를 흔들어 지속적으로 물이 흐르게 만들어 물이 해면의 바깥에서 안으로 흘러 들어왔다가 다시 밖으로 나가게 한다. 그 흐름 속에서 떠다니는 세포들은 물이 지나갈 때 자신에게 필요한 양분과 산소를 물에서 곧바로 취한다. 그러한 교환을 쉽게 하기 위해 해면의 골격은 물을 흡수할 수 있는 친수성을 띤 작은 주머니들을 수천 개 만들어 물리적이자 생화학적인 이중 역할을 한다. 그 작은 주머니들이 부풀어 오르면서 탄력 있고 부드러워진다.

어떤 해면은 수천 년까지 살 수 있다

바로 이것이 인간이 해면을 사용할 수 있는 비밀이다. 이 때문에 해면은 물기를 빨아들일 수 있다. 물론 물에서 나온 직후에는 아무것도 빨아들이지 않는다. 그런 해면은 대체로 회색을 띠며 강한 냄새를 풍긴다. 따라서 일단 물에 충분히 헹구어 유기물을 전부 제거한 다음 해면을 살균하고 표백하면 욕실에서 사용할 수 있다.

욕실에서 해면을 사용할 때, 어떤 해면은 수천 년에 이르도록 아주 오래 살 수 있다는 사실이 연구를 통해 밝혀졌음을 생각해 보라. 해면은 세상에서 수명이 가장 긴 동물이자 생물이다. 그렇다고 해면으로 환생하기를 바랄 사람은 없겠지만.

13

동물은 무슨 꿈을 꿀까?

수면이 반드시 완전한 휴식은 아니다. 꿈이나 악몽이 우리를 기진맥진하게 만드는 숨 가쁜 모험으로 이끌 수 있기 때문이다. 그리고 인간에게 유효한 것은 동물에게도 유효하다. 동물도 꿈을 꾼다는 사실이 밝혀졌기 때문이다. 또 동물의 꿈이 잠들기 전에 한 활동을 반영한다는 사실도 MIT에서 이루어진 근사한 실험으로 증명되었다. 쥐 네 마리에게 보상을 주어 쳇바퀴를 돌게 하면서 뇌 활동을 기록했다. 그리고 그 쥐들이 잠든 후에도 뇌 활동과 안구 운동을 계속 기록했다. 꿈을 꾸는 수면 단계 중 쥐들의 뇌 활동은 쳇바퀴를 돌 때 기록된 뇌 활동을 재현했다. 그런데 그 재현 방식이 너무도 정확해 연구자들은 쥐가 꿈속에서 쳇바퀴의 어느 지점을 돌고 있는지조차 정확히 알 수 있었다.

인간의 꿈은 그 일부가 여전히 불가사의다. 여러 학파가 꿈을 해석하는 서로 다른 방식을 제시한다. 생리학적 측면에서 보면 꿈은 뇌가 하루 중에 끊임없이 '기록'한 내용을 정리하며 생긴 '부산물'인 것 같다. 오랫동안 사람들은 꿈이 이른바 '렘수면'이라고 불리는 수면 단계(신체는 완전히 이완되어 있는데 뇌 활동은 강렬해서 '역설수면'이라고도 부른다)에서만 생긴다고 생각했다. 하지만 지금은 느린 파형 수면 단계에서도 꿈을 꿀 수 있다고 여겨진다.

그런데 동물의 꿈에 관한 연구에서도 역설수면(렘수면)을 감지하려는 노력이 이루어진다. 고양이나 개의 주인이라면 모두 동물이 자면서 가끔 움직이며 다리를 들썩이고 낑낑대는 모습을 볼 수 있었을 것이다. 이런 행동은 그 동물이 꿈을 꾸기 때문이다. 사냥하는 장면, 무서웠던 순간, 만족스러운 순간 들을 다시 체험하는 것이다. 하지만 모든 동물이 역설수면을 보이지는 않는다. 물고기와 (거북을 제외한) 파충류, 곤충은 꿈 없는 휴식을 취한다.

새의 경우는 그렇지 않다. 새한테는 두 가지 특수성이 있다. 하나는 역설수면 단계가 무척 짧다는 점(몇 초에서 최대 1분)이고 또 하나는 어른 새보다 어린 새에게서 역설수면이 훨씬 더 많이 보인다는 점이다.

인간은 두더지와 돼지 사이

돌고래와 바늘두더지를 제외한 모든 포유류가 역설수면을 보이는 것은 확실하다. 포유류 100여 종 이상의 수면이 이미 기록되어, 몸집이 크고 작은 꿈꾸는 동물들에 대한 몇 가지 놀라운 사실이 드러났다. 어떤 동물들한테는 뇌의 고등 기능이 발달하기 위해 역설수면이 매우 중요한데, 꿈을 가장 많이 꾸는 동물은 매우 원시적인 두 포유류인 왕아르마딜로와 주머니쥐다. 이들은 하루에 취하는 수면 18시간 중에서 역설수면이 각각 6시간과 5시간을 차지한다. 하룻밤에 역설수면을 평균 2시간 취하는 인간은 두더지와 돼지 사이에 해당하며, 고슴도치나 고양이, 박쥐보다 훨씬 뒤진다.

역설수면 단계는 느린 파형 수면 단계와 번갈아 나타난다. 각 역설수면 단계 사이에 지속되는 시간 역시 매우 다양하다. 생쥐는 평균적으로 4분마다, 고양이는 27분마다, 말은 60분마다, 인간은 90분마다, 코끼리는 100분마다 나타난다. 이러한 주기성은 반추 동물을 제외한 동물의 기초 대사율(몸무게 1그램당, 그리고 시간당 산소 소비량)과 관련 있는 것처럼 보인다. 생쥐는 코끼리보다 기초 대사율이 25배 더 높고, 수면 주기가 25배 더 짧다. 그러니 생쥐는 꿈을 더 자주, 하지만 매번 더 짧게 꾼다.

꿈의 화석

삽입되는 역설수면 각각의 길이도, 몇 초에 불과한 새나 1분 미만인 쥐부터 15분 정도인 말(말은 서서 잘 수도 있으므로 말이 옆으로 누워서 잘 때만), 5분인 염소, 20분에 이르는 인간까지 다양하다. 일생의 절반을 꼼짝하지 않은 채 보내는 거북은 역설수면의 신호를 몇 가지 보이며, 카이만도 밤과 겨울 대부분을 가사假死 상태로 보내며 하루에 7~8분 동안 역설수면과 비슷한 상태를 보인다.

두 가지 질문이 여전히 남아 있다. 지구상에서 누가, 언제 최초로 꿈을 꾸었을까(꿈의 화석을 찾아낼 가능성은 없다)? 그리고 동물은 영상이 있는 꿈을 꿀까? 이를 알려면 뇌의 전기 활동 기록을 영상으로 전환하는 방법을 찾아내거나…… 동물한테 말하는 법을 가르쳐야 할 것이다.

14

모기는 물 대상을 어떻게 선택할까?

이제는 아무도 모르지 않을 것이다. 수컷 모기한테는 아무런 잘못이 없다는 사실을. 날개가 두 개 달린 쌍시류 중에서 붉게 부어오르고 가렵게 만드는 곤충은 바로 '암컷 모기'다. 산란기라서 어쩔 수 없다. 실제로 알을 성숙시키려면 피가 조금 필요하다. 수컷 모기는 꽃의 달콤한 꿀로 만족하며 동시에 꽃가루받이에 기여하고, 다른 한편으로는 암컷의 부름에 응한다. 일단 수정이 이루어지면, 미래의 어미 모기는 반드시 '식탁'을 찾아가 식사를 해야 한다. 하지만 모기는 종에 따라 입맛이 달라 우연히 아무 데로나 찾아가지 않는다. 모기는 말을 좋아하거나 개, 암소, 또는…… 인간을 선호할 수 있다.

지구상에서 살아가는 동물 네 마리 중 세 마리는 곤충이다. 프랑스에는 곤충이 약 3만 5,200종 있는 것으로 추정되는데, 그중에서 파리와 모기가 6,500종이다. 그리고 모기 3,000종 가운데 약 300종이 사람을 문다. 프랑스와 비슷한 위도에서 현재 질병을 옮기는 모기는 거의 없다. 하지만 전 세계적인 기후 온난화로 인해 훗날에는 상황이 바뀔지도 모른다. 따라서 모기의 생식 주기와 모기의 몸에 살면서 전파되는 기생충들의 생식 주기뿐 아니라, 특정한 표적이 선택되는 이유를 이해하는 일도 중요하다.

'모기가 좋아하는 피부'에 대해 알려면 모기의 눈으로 보고 모기처럼 듣고 냄새를 맡으며 모기의 입장이 되어봐야 한다.

시각 기관 두 개

모기의 머리에는 동작이나 빛, 진동, 냄새를 분별하는 감지기 같은 작은 '공학적인' 걸작이 여러 개 달려 있다. 후각과 청각 기능, 다시 말해 코와 귀 역할은 더듬이가 담당하는데, 암컷의 더듬이보다 수컷의 더듬이에 털이 더 많다. 모기의 '입'에는 모기가 내려앉아 만져볼 수 있는 기관들이 달려 있다.

시각 기관은 두 개다. 일종의 원시적인 눈으로, 영상을 구성할 수는 없지만 빛의 강도를 알려주는 홑눈들과 매우 많은 면(낱눈이라고 부른다)으로 이루어진 겹눈이 있다. 그 수는 10개 미만(개미는 6~9개)부터 수천 개(일부 잠자리는 20~3만 개)까지 다양하다. 그 눈은 가령 거미의 눈보다 더 잘 보게 해주지만, 인간의 눈과는 사뭇 다르다. 구성된 영상은 우리 눈앞에 체를 놓았을 때 보이는 영상과 비슷하다. 색깔 역시 다르게 지각되어 보라색에 더 가깝게 보인다. 곤충은 적외선에 가까운 붉은색은 못 보지만, 자외선은 인간보다 더 많이 감지한다. 그래서 꽃이나 피부 같은 어떤 대상이 인간한테는 단색으로 보여도 곤충의 눈에는 얼룩덜룩하게 보인다.

이러한 동작과 색깔 감지 말고도 암컷 모기는 주로 두 가지 유형의 냄새에 이끌린다. 탄산 가스와 지방산 냄새다. 탄산 가스 냄새를 많이 풍기는 피부가 다른 피부보다 암컷 모기를 더 많이 유인한다는 사실이 확인되었다. 그리고 부티르산처럼 지방산이 풍부하고 암모니아 악취가 나는 땀이 난 표피는 모기가 좋아하는 음식이었다.

구멍 뚫는 주사기

따라서 암컷 모기는 2주 정도 되는 일평생을 눈과 코를 사용해 이동하며, 소리 지각은 특히 수컷을 유인하거나 거부하는 데 사용된다. 암컷 모기는 일단 내려앉으면 몸에 달린 주사기를 펼치는데, 이것은 찔러서 빨아 먹는 기관으로 모세 혈관에 가 닿으려고 희생자의 피부에 구멍을 뚫는다(핥아서 빨아 먹는 곤충인 벌이나 파리와는 다르다). 작은턱(주사기의 바늘)은 표피를 뚫고, 큰턱은 흡관을 지탱하는 데 사용된다. 모기는 흡관에 항응고제 액을 투여해(이 물질 때문에 물린 곳이 부어오르고 가렵다) 피를 조금 빨아들인다. 바로 그 순간 기생충을 옮길 수 있다. 흰줄숲모기Aedes는 뎅기열이나 황열, 치쿤구니야열을 전파할 수 있고, 학질모기는 학질을, 또 빨간집모기는 웨스트나일 바이러스West Nile Virus를 옮길 수 있다.

여러 실험에서 그 기생충들에 감염된 사람은 모기한테 더 잘 '보인다'는 사실, 즉 더 많이 물린다는 사실이 밝혀졌는데, 이 때문에 기생충이 더 널리 퍼진다.

이러한 여러 자료를 이용해서 모기 덫을 만들 수도 있을 것이다. 하지만 100퍼센트 잡는다는 보장은 없다. 살충제, 모기 쫓는 약품, 모기장, 몸을 가리는 의복 등 온갖 보호 장구가 여전히 사용된다. 탄산 가스 방출 정도나 자신이 흘리는 땀의 구성 성분을 조절하는 방법을 알아내지 못하는 한, 우리는 앞으로도 오랫동안 모기한테 최고의 식탁이 될 것이다.

15

물고기는 물을 마실까?

물고기는 계속 물속에 잠겨 있다. 그 이유는 바로 그들이 물고기이기 때문이다. 항상 물속에 살며 헤엄치고, 호흡하고, 먹고, 잠자며…… 꿈도 꾸지 않고, 익사하지도 않는다. 그렇게 물속에서 지내므로 물고기는 물을 마실 필요가 없다고 생각할 수도 있다.

하지만 물고기도 생물학의 법칙에서 벗어나지 않는다. 물고기는 물을 마시지 않으면 살지 못할 것이다. 하지만 어떤 물고기들에게 적용되는 사실이 다른 어떤 물고기들한테는 적용되지 않기도 한다. 어떤 물고기는 물을 마시면 익사해버리기 때문이다.

사실 '물고기'라는 말은 일반인들만 사용한다. 그 분야를 연구하는 과학자들한테는 이 용어가 더 이상 아무런 의미가 없다. 왜 그런지는 이해하기 쉽다. 수생 동물은 육상에서 생활하는 동물만큼이나 무척 다양하다. 어떤 물고기는 곤충의 행동과 모습을 보이고, 어떤 물고기는 코끼리, 또 다른 물고기들은 호랑이나 새의 행동과 모습을 보인다. 그래서 어떤 물고기들은 펭귄 물고기(펭귄테트라), 박쥐 물고기(부치과), 다람쥐 물고기(얼게돔과), 칠면조 물고기(쏠배감펭) 등으로 불리기도 한다. 물고기는 알려진 2만 5,000종 가운데 40퍼센트가 민물에서 살고, 58퍼센트가 바다와 대양에서 산다. 어떤 물고기는 무게가 몇 톤씩 나가고, 어떤 물고기는 고작 몇 그램에 불과하다. 육식성, 초식성, 잡식성이 있으며, 수면 가까이에서 헤엄치는 물고기가 있는가 하면 심해를 어슬렁거리는 물고기도 있다. 물고기는 매우 다양한 형태를 보이고 무수히 다양한 방식으로 생식하지만, 생존을 보장하는 몇 가지 생리학적 기제는 공통적이다.

물고기의 입은 그 형태와 위치가 어떻든 간에 호흡과 양분 섭취에 사용된다. 물은 입으로 들어갔다가 두 가지 방식으로 몸 밖으로 나올 수 있다.

완벽한 삼투

첫 번째 방식을 사용해서 물고기는 호흡할 수 있다. 입으로 들어간 물은 입 뒤쪽에 있는 아가미구멍으로 배출되는데, 아가미구멍은 물고기의 인두와 연결되어 있다. 아가미구멍 안에는 아가미(보통 5쌍)가 있는데, 그 안쪽에는 '덮개'인 아가미뚜껑으로 덮여 있다. 입과 아가미뚜껑의 움직임(열림, 닫힘)을 동기화함으로써 물은 확실하게 새소엽을 통과해 순환한다. 새소엽에는 미세 혈관망이 아주 많이 분포되어 있어 진홍색을 띤다. 혈관이 많을수록 물에 들어 있는 산소를 더 많이 흡수한다. 물에는 산소가 1퍼센트밖에 들어 있지 않으므로, 아가미는 성능이 뛰어나야 한다. 어떤 종의 물고기는 물속에 함유된 산소 중 최대 80퍼센트를 흡수하는 기록을 세우기도 한다.

물과 그 물에 있는 양분이 물고기의 몸 밖으로 나가는 두 번째 방식은 물고기의 몸 전체를 거쳐 방광으로 빠져나오는 것이다. 물과 물고기는 완벽하게 삼투한다. 물고기는 몸의 내부와 바깥이 모두 물속에 잠겨 있다. 그런데 삼투는 더 멀리 나아간다. 과학적으로 말하면 삼투는 물을 통과시키는 어떤 막으로 분리되어 있는 염도가 서로 다른 두 액체에 관한 물리 현상이다. 물은 균형을 맞추려고 '자발적으로' 농도가 더 높은 액체 쪽으로 이동하려 한다. 그러므로 민물 저장고와 짠물 저장고가 인접해 있다면, 민물에서 짠물을 향해 가는 물의 '흐름'이 생길 것이다.

탈수 경향

그 때문에 민물의 물고기는 절대로 바닷물의 물고기만큼 물을 많이 마시지 않는다. 물고기의 몸보다 농도가 더 높은 바닷물에 사는 물고기는 몸속의 물을 잃고 탈수되는 경향이 있기 때문에 계속해서 물을 많이 마셔야 한다. 반대로, 민물에 사는 물고기는 민물보다 자기 몸의 농도가 더 높아 몸속에 물을 담고 있으면 부풀어 올라 터질 수 있으므로 물 마시는 것이 거의 '금지'되어 있다.

하지만 자연은 짓궂은 장난을 좋아해 예외를 만들어놓았다. 먼바다에 사는 근사한 상어와 가오리는 물을 마시지 않는다. 그들은 몸속의 요소 농도를 높여 자기 몸의 삼투압 균형을 맞출 수 있다(이 물고기들은 트리메틸아민-N-옥사이드라는 물질을 갖고 있는데, 이 물질은 요소의 독성 효과로부터 그들을 보호한다). 따라서 이 물고기들은 몸속 요소 농도가 바닷물만큼 높아 물을 흡수하는 만큼 배출한다. 또 다른 특수한 경우는 연어와 뱀장어처럼 바다와 강에서 번갈아 사는 물고기다. 이런 물고기의 몸은 두 환경에 모두 적응해 물을 마실 수도 있고 안 마실 수도 있다. 또 체내 요소 농도 제어 능력을 발달시켜 요소 농도를 민물에서는 낮추고 짠물에서는 높인다. 이것이 바닷물을 통째로 마시는 일만큼 힘들지는 않으니 말이다.

16

코끼리는 왜 사자보다 몸집이 더 클까?

“주피터는 어느 날 이렇게 말한다. ‘숨 쉬는 것은 모두 출두해 내 앞에 머리를 조아려라.’” 장 드 라퐁텐Jean de La Fontaine이 쓴 우화 「바랑La Besace」에서 동물들은 제 모습을 뽐내고 다른 동물들의 모습을 비판한다. 원숭이는 곰을 비웃고, 곰은 코끼리를 조롱하고(“형태가 없고 아름답지 않은 덩어리”), 코끼리는 고래가 너무 뚱뚱하다고 생각한다……. 런던 동물학회 연구자들은 이와 다른 종류의 비교를 실시했는데, 그 결과가 놀라웠다.

그들은 어째서 초식 동물이 육식 동물보다 몸집이 훨씬 더 커질 수 있는지 알고자 했다. 그래서 먹이의 종류 자체가 아니라 먹이를 구하는 방식이 중요하다는 사실을 증명해 보였다. 코끼리가 사자보다 몸집이 더 큰 이유는, 무엇보다 코끼리는 먹이를 쫓아 뛰어다닐 필요가 없기 때문이다.

연구자들은 육식 동물을 방정식으로 표현했다. 다시 말해, 동물의 몸무게와 그들이 사냥할 때 달리는 속도, 사냥하는 시간, 에너지 소비량이 사냥으로 잡은 먹이를 먹어서 얻는 에너지와 맺는 비를 계산했다. 그 결과, 자기보다 몸집이 훨씬 작은 먹이를 사냥하는 육식 동물과, 자기와 몸집이 비슷한 먹이를 잡아먹는 육식 동물이 있음을 알게 되었다. 전자는 몸무게가 15킬로그램이 넘지 않는 동물로, 코요테나 담비, 리카온(아프리카 사바나의 들개) 등이고, 후자는 몸무게가 수백 킬로그램까지 나가는 스라소니나 늑대, 사자 등이다. 그중에서 '챔피언'은 평균 몸무게가 약 500킬로그램이지만 가끔은 1톤 가까이 나가는 북극곰이다. 멸종한 육식 포유동물 중에서 검치호나 아메리카사자, 북미 짧은얼굴곰처럼 몸집이 가장 큰 것들은 보통 무게가 1톤에 이르렀다.

대형 육식 동물은 소형 육식 동물보다 열량 섭취 면에서 더 풍부한 식사를 한다. 먹이의 몸집이 더 크기 때문이다. 하지만 그 대신에 대형 육식 동물은 작은 먹이를 공격하는 소형 육식 동물보다 먹이를 잡기가 훨씬 더 힘들고, 그래서 에너지를 두 배 더 많이 소비해야 한다. 연구자들은 소비하는 에너지와 먹이로 얻는 에너지 사이 균형을 분석한 결과, 1톤이 육식 동물이 사실상 도달할 수 있는 최대 몸무게라는 결론을 내렸다. 몸무게가 그 이상 되면 사냥을 하기 위해 필요한 에너지 소비량이 먹이로 얻는 열량 섭취량으로 보충되지 못한다.

몸이 가벼운 동물들은 무리를 지어 사냥한다

갯과 동물인 늑대, 코요테, 자칼, 여우와 고양잇과 동물인 고양이, 스라소니, 표범, 사자를 비교해보면 흥미롭다. 몸집의 크기에 따라 육식 동물은 서로 다른 행태를 보인다. 갯과 동물은 일반적으로 더 사회적이고 무리를 지어 사냥하는 반면에, 고양잇과 동물은 고독한 사냥꾼일 수 있다. 갯과 동물은 무리를 지어 사냥해 혼자 사냥할 때보다 에너지를 덜 소비하면서 몸집이 큰 먹이를 공격할 수 있다. 수사자와 암사자도 집단 사냥하는 전략을 사용한다. 그래서 250킬로그램까지 나가기도 하는 사자는 움직이고 사냥하느라 많은 에너지를 소비한다. 그 때문에 사자는 시간의 90퍼센트를 활동하지 않으며 보낸다. 이렇게 에너지를 절약하기 위한 전략은 북극곰도 마찬가지인데, 북극곰은 활동기 사이사이 짤막한 동면기를 갖는다.

한편 초식 동물은 먹기 위해 그만큼 많은 에너지를 소비할 필요가 없다. 따라서 몸집이 훨씬 더 커질 수 있다. 코끼리는 몸무게가 5~7톤 나가고 높이가 4미터까지 이를 수 있다. 코끼리는 하마보다 2.5배, 코뿔소보다 4~5배 더 무겁다. 지금껏 존재한 가장 큰 초식 동물 중 하나인 인드리코테리움(3,000만 년 전)은 몸무게가 15톤, 높이가 7미터 정도였다.

그럼 공룡의 경우는 어떻게 보아야 할까? 티라노사우루스와 다른 거대한 공룡들은 무게가 몇 톤 되지 않았던가? 그런데도 그들은 육식 동물이지 않았나? 하지만 공룡은 포유동물이 아니었다. 파충류로서, 신진대사가 매우 달랐다. 공룡의 신진대사율은 포유류보다 더 낮아, 에너지를 똑같이 소비해도 몸집이 더 클 수 있었다. 초식 공룡도 마찬가지여서 어떤 초식 공룡은 45톤에 이르렀다고 추정되기도 했다. 하지만 최근 연구에 따르면 그 무게가 과장되었을 거라고 한다.

이런 연구들이 이룬 가장 중요한 성과 중 하나는 대형 육식 동물이 환경 변화에 매우 취약하다는 사실을 증명한 것이다. 시대가 변하면서 그들이 멸종한 비율이 소형 육식성 육상 포유동물보다 더 높다는 사실을 확인할 수 있었다. 예를 들어 전 세계적인 기후 온난화가 북극곰 개체수에 긍정적 영향을 미칠지 부정적 영향을 미칠지는 현재 아무도 모른다.

17

까마귀는 기억력이 코끼리만큼 아주 좋을까?

코끼리가 칭찬을, 그리고 특히 모욕당한 일을 잊지 않는다는 사실은 잘 알려져 있다. 코끼리가 자신이 이동하는 경로, 그리고 기후 조건에 따라서 먹이를 가장 잘 구할 수 있는 장소를 기억할 줄 안다는 사실도 그렇다. 코끼리는 어린 나이에 사람과 맺은 위계 및 애착 관계를 평생 유지한다. 하지만 프랑스어로 '기억력이 뛰어나다'라는 뜻을 지닌 '코끼리의 기억력을 지녔다avoir une mémoire d'éléphant'라는 표현은 다른 여러 동물 입장에서 보면 확실히 부당하다.

많은 동물 종이 놀라운 기억 능력을 지녔고, 그 능력은 우리가 보통 단순한 본능이나 반사 행동이라고 부르는 수준을 훨씬 넘어서기 때문이다. 그렇지 않다면 다람쥐가 어떻게 여러 장소에 숨겨놓은 식량을 몇 달이 지난 후에 전부 찾아낼 수 있겠는가?

기억은 여전히 대부분 수수께끼로 남아 있는 영역이다. 게다가 우리가 기억에 관해 알고 있는 지식은 대부분 동물에 대해, 또는 동물을 가지고 한 실험에서 끌어왔다. 동물의 능력을 더욱 잘 평가하려면 일단 기억, 아니 기억들이 무엇인지 정의 내려야 한다. 인간의 기억은 크게 다섯 가지 유형으로 구분할 수 있다. 장기간에 관계되는 기억은 세 가지로, 지각 기억(영상, 소리 등), 의미 기억(일반적인 지식), 일화 기억(분명한 맥락에 관계된 사건들)이다. 이 기억들은 당연히 서로를 풍성하게 만들고 상호작용한다. 단기간에 관계되는 기억으로는 작업 기억이 있다. 그리고 우리는 보통 학습에 관한 모든 것, 예를 들어 자전거 타는 법을 배우거나 시를 암기하는 일 등을 위한 특별한 기억을 지닌다.

사람들은 기억 사령부, 기억한 내용을 저장하는 영역이 있다고 오랫동안 믿어왔다. 하지만 그렇지 않다. 사람들은 심지어 기억이 명확히 규정된 어떤 분자들에 저장될 수 있다고 생각하기도 했다. 만일 이것이 사실이라면, 뇌의 일부를 다른 뇌에 주입하면 한 사람이 지닌 기억을 다른 사람에게 전송할 수 있을 것이다. 그런 황당한 실험들이 매우 미발달된 무척추동물을 대상으로 실제로 실시되었지만, 분자 이론은 결국 근거 없는 것으로 판명되었다.

새들의 아인슈타인

근대적인 의료 영상 덕분에 우리는 이런저런 기억을 사용할 때 활성화하는 뇌의 부분이 어디인지 볼 수 있다. 뇌의 중심부에 있는 작은 기관인 해마는 모든 기억 과정에서 중요한 역할을 담당하며, 전전두피질이나 측두엽, 전두엽 등 대뇌피질의 모든 부분도 동원된다.

기억은 학습과 혁신 능력과도 뗄 수 없는 관계다. 이것이 바로 어느 동물의 기억 능력을 실험하는 첫 번째 방식이다. 우리는 영장류나 고래류가 기억을 무척 잘한다는 사실은 알고 있으나, 곤충도 그런 능력이 있는지는 잘 알지 못한다. 그래서 뇌가 1세제곱밀리미터인 벌을 대상으로 실험을 했다. 어떤 특정한 냄새를 벌들의 더듬이로 보내며 달콤한 액체를 제시한다. 그러면 벌들은 꿀을 모으는 데 사용하는 주둥이를 뻗어 달콤한 용액을 먹는다. 그런 다음 시간이 얼마 흐른 뒤 벌들에게 달콤한 용액은 제시하지 않은 채 똑같은 냄새를 보내면 벌들은 계속해서 주둥이를 뻗는다. 냄새와 달콤한 보상물이 맺는 관계를 기억하는 것이다. 개미도 이 실험에서 같은 반응을 보인다.

또 다른 놀라운 동물은 새다. 새의 뇌에는 대뇌 피질이 사실상 거의 없지만, 그래도 새는 놀라운 기억 능력을 과시한다. 물론 모든 새가 그런 것은 아니다. 캐나다에서 조류 800종 이상을 대상으로 실시한 어느 연구에서는 그 새들을 '지능', 즉 학습 및 도구 활용 능력에 따라 등급을 매겼다.

그중에서 단연 선두는 큰까마귀와 어치를 비롯한 까마귓과 새였다(등급 맨 끝에는 꿩이나 메추리, 타조가 있다). 큰까마귀Corvus corax는 비율을 감안해 계산하면 뇌의 크기가 비둘기의 뇌보다 일곱 배 더 커 새들의 알베르트 아인슈타인이라고 부를 만하다. 어떤 큰까마귀는 7 또는 8까지 세는 법을 배웠다. 또 도구를 사용하는 모습도 관찰되었는데, 단단한 잎사귀를 집어 젓가락처럼 사용해서 곤충을 잡았다.

더욱 놀랍게도 최근 독일의 어느 연구 팀은 까치가 거울 실험을 통과했다는 사실을 증명했다. 그것은 동물이 자기 자신에 대한 의식을 지녔는지 알아보는 실험이었다. 일단 새 앞에 거울을 둔다. 그러면 새는 자기가 보는 영상을 다른 동물이라고 생각하거나, 자기 자신의 영상이라고 생각할 것이다. 그런데 새는 말을 할 수 없으므로 이를 가늠하려면 묘안을 찾아내야 한다. 그래서 새의 몸에 커다란 색깔 얼룩을 그린 뒤 그 앞에 거울을 둔다. 새가 만일 자기 몸을 바라보며 얼룩을 제거하려 한다면, 그것은 자기 자신을 인식한다는 의미다. 그런데 실험에서 까치들이 그런 반응을 보였다.

18

새들은 죽기 위해 몸을 숨길까?

수천만 마리의 새가 하늘을 누비고, 나뭇가지나 굴뚝, 전깃줄에 앉아 아래를 내려다본다. 새는 몇 년 살 뿐이고 때로는 10~20년을 살지만, 겨울이 다가올 때조차 죽은 새가 눈에 띄는 일은 거의 없다. 옛날에 사람들이 코끼리가 죽으러 가는 장소가 있다고 믿었던 것처럼 새들이 죽으러 가는 은밀한 공동묘지가 있는 것일까? 우리가 새의 사체를 볼 수 있는 경우는 가령 도시에서 비둘기가 자동차에 깔려 죽는 것과 같은 사고나, 조류독감 같은 질병에 걸리거나, 사냥꾼의 총에 맞아 죽는 경우다. 하지만 확실히 새의 수에 비해 눈에 띄는 사체의 수가 참으로 적다.

거기에 대해서는 몇 가지 이유를 들 수 있다. 첫째는 많은 새가 포식자에게 잡아먹혀 죽기 때문이다. 따라서 사체의 흔적이 매우 빨리 사라진다. 둘째는 상처 입거나 수명을 거의 다한 많은 동물이 실제로 몸을 숨기기 때문이다. 이는 동물의 반사적 행동으로, 죽기 위해서가 아니라 살아남으려는 것이다. 약해진 짐승은 포식자로부터 자신을 보호하고 치유되거나 생존할 가능성을 보존하려고 덤불 속이나 암석 밑, 울퉁불퉁한 곳 안쪽을 찾아가 몸을 숨긴다. 하지만 그러한 사체조차 찾아보기 힘들다. 그 이유는 보통 우리가 먹이사슬이라 부르는 것 때문이다.

'누가 누구를 잡아먹느냐'로 이루어진 먹이사슬 관계로 인해 유기 물질을 재활용하는 일종의 거대한 세탁이 이루어진다. 먹이사슬은 식물과 동물로 구성되는 고리 모양의 사슬이다. 식물로부터 시작해보자. 식물은 물과 이산화탄소, 공기, 태양 빛을 가지고 광합성 활동으로 유기 물질을 만든다. 식물은 초식 동물에게 먹힌다. 초식 동물들은 육식 동물에게 먹힌다. 육식 동물에는 두 가지 유형이 있는데, 1차 육식 동물은 초식 동물만 사냥해 먹고 2차 육식 동물은 초식 동물과 1차 육식 동물을 모두 먹는다.

그 사슬의 마지막 고리에는 매우 중요한 '분해자'가 있다. 아주 자그마한 이 유기체들은 막강한 능력을 지녔다. 지렁이, 세균, 곰팡이(균류) 등을 포함하는 이 유기체들은 다른 모든 고리를 '분해'할 수 있다. 이들은 유기 물질의 모든 구성요소를 하나하나 분리해 산산 조각내고 그것들을 다시금…… 식물이 사용할 수 있게 만든다. 한 바퀴 돌아 원점으로 되돌아오는 것이다.

몇 주가 지나면 아무것도 남지 않는다

분해자들은 사실 먹이사슬 모든 단계에 개입한다. 육식 동물이 남긴 사체는 분해자들이 처리한다. 분해자들은 늑장을 부리지 않는다. 따라서 몇 주가 지나면 아무것도 남지 않는다. 물론 뼈와 이빨, 또는 부리는 더 오래 남는다.

끝으로, 여러분이 새의 사체를 보게 될 경우(그런 경우가 생기기도 한다)를 대비해서 말해두자면, 그런 상황은 전혀 정상적이지 않다고 생각해 신중함을 보여야 한다. 장갑을 끼지 않고 새를 만져서는 안 되며, 가능하면 방수가 되는 봉지에 새의 사체를 담은 다음 손을 잘 씻어야 한다. 그런 상황은 질병의 위험이 있다는 신호일 수 있다. 그러므로 좁은 반경 내에서 짧은 기간에 새가 여러 마리 죽어 있는 것을 발견할 경우에는 관할 지역 동물 관리 부서나 위생 부서에 연락해 전문가들이 그 문제를 처리하도록 해야 한다.

19

왜 호랑이는 줄무늬가 있고 표범은 얼룩점이 있을까?

자연을 꾸민 위대한 장식가는 신나게 즐기며 재능을 발휘했다. 줄무늬, 점무늬, 평행 줄무늬, 빗금무늬, 세로줄 무늬, 얼룩무늬, 흑백이거나 색깔이 있는 무늬 등 동물의 세계에는 여자들이 질투할 만한 패션 디자이너가 있다. 하지만 일반적으로 그 모든 털 무늬는 그저 '예쁘라고' 있는 것이 아니다. 털 무늬가 다른 것은 용도가 다르기 때문으로 추정된다. 이런저런 무늬나 색깔의 이점을 때로는 잘 이해할 수 없더라도 말이다. 또 우리는 호랑이나 기린한테는 줄무늬가 있는데 표범한테는 왜 점무늬가 있는지, 기린의 점무늬가 왜 아주 커다란지, 혹은 어째서 어떤 동물한테는 몸에 점무늬가 있고 꼬리에 줄무늬가 있으며 절대로 그 반대는 아닌지 확실히 알지 못한다. 또 어째서 많은 동물은 점무늬도 줄무늬도 전혀 없이 그저 단색 털만 지녔는지도 모른다. 코끼리한테 점무늬나 줄무늬가 있다면 더 멋지지 않을까? 쥐류 동물한테 '위장용' 털이 있다면 살아남을 가능성이 더 크지 않을까?

위장은 동물 세계에서 색깔과 '그림'이 활용되는 주요한 세 가지 이유 중 하나이며, 다른 두 가지 이유는 유인하거나 물리치기 위한 의사소통, 그리고 체온 조절 같은 생리 작용 조절이다. 하지만 진화의 관점에서 볼 때 가장 중요한 이유는 배경에 녹아들어야 하는 필요성으로 보인다. 호랑이의 경우가 그렇다. 주로 아시아의 대형 숲에 서식하는 호랑이의 털은 노란색-주황색부터 갈색에 이르는 다양한 색조를 띠며 검은색 띠가 나 있고, 그 덕분에 호랑이는 주위 환경에 몸을 완벽하게 숨길 수 있다. 표범도 마찬가지다. 그 날씬하고 길쭉한 몸에 난 털은 금빛이 감도는 노란색 바탕에 방사형으로 배치된 짙은 색 점들로 장식되어 있어 표범이 생활하고 사냥하는 곳에서 훌륭하게 위장할 수 있도록 한다.

뱀들도 자기 먹이와 포식자에게 모두 몸을 더욱 잘 숨기려고 위장복을 '채택'했다.

한편 일부 초식 동물들은 나무가 우거진 서식 환경에서 더욱 잘 '사라지려고' 등이나 허리에 띠 장식을 지닌다. 맥은 특수한 경우다. 코뿔소의 사촌이고 말의 친척이며 겉모습이 돼지를 연상시키는(하지만 돼지는 아닌) 맥은 세계에서 가장 원시적인 대형 포유동물 중 하나다. 완전히 성장한 맥은 몸 장식이 단순하지만, 새끼는 위장을 한다. 새끼는 적갈색 털에 밝은색 점과 줄무늬가 난 상태로 태어나는데, 이 무늬는 큰 나무 아래 작은 초목 사이에서 햇살과 비슷해 보인다. 이는 어린 멧돼지한테서도 찾아볼 수 있는 '기법'이다.

성숙한 맥은 검은색과 흰색 털이 몇 부분으로 나뉘어 있다. 이런 털은 숲의 큰 나무 아래에서 그림자와 빛이 번갈아 나타나는 모습과 비슷해 보여, 맥의 실루엣을 '끊어' 눈에 잘 띄지 않게 한다. 판다도 마찬가지다.

그렇다면 얼룩말의 줄무늬는 어떨까? 사바나에서 얼룩말은 눈에 확 띈다. 그 특징적인 털 무늬는 위장하는 데 역효과를 내는 것 같다. 어찌 된 일일까? 1970년대에 연구자들은, 잘 알려진 수면병을 전파하는 체체파리를 잡는 덫이 검은색과 흰색으로 칠해져 있으면 파리를 훨씬 덜 유인한다는 사실을 깨달았다. 그로부터 연구자들은 얼룩말이 체체파리의 공격에서 자신을 보호하려고 그렇게 '장식'했다고 결론 내렸다. 하지만 아쉽게도 얼룩말은 가령 소과 짐승과 달리, 가젤이나 누처럼 수면병을 전파하는 기생충에 대한 저항력이 있다.

얼룩말의 스트로보스코프 효과

얼룩말이 개인적으로 그런 무늬를 좋아한다는 이유 말고 제시할 수 있는 이성적인 유일한 설명은, 얼룩말 떼가 맹수의 공격을 받아 사방으로 도망칠 때, 얼룩말의 줄무늬(흰색 바탕에 검은색 줄무늬, 그 반대는 아님)가 맹수의 눈에 얼룩말들이 더 흐릿하게 보이게 만드는 일종의 스트로보스코프 효과를 발생시켜 얼룩말을 붙들기가 더 힘들어진다는 것이다. 단지 잡기가 덜 쉬울 뿐이며, 얼룩말은 당연히 일정 수가 포식자에게 잡히게 마련이다.

다른 동물보다 더 잘 위장한 동물이 진화 과정에서 자신의 종 가운데 점차 다수가 되었다고 해도, 줄무늬가 출현하느냐 점무늬가 출현하느냐에 대한 이유를 설명하기란 여전히 힘들다. 수학자들이 바로 그 문제를 연구했고, 해답을 제시하는 모델을 하나 만들어냈다. 피부에서 두 가지 물질이 작용하는 어떤 체계가 존재한다고 설정한다. 한 물질은 색소 생성을 자극하고, 다른 물질은 그 생성을 억제한다. 방정식을 이용해 무늬가 형성되는 양상을 설명할 수 있는데, 여기에 또 다른 변수 하나가 개입한다. 이 두 물질이 작용하기 시작하는 배자 상태일 때의 변수다. 만일 배자의 크기가 아주 작으면 성숙한 개체한테는 무늬가 없을 것이다. 배자가 조금 더 크면 줄무늬가 있을 것이고, 배자가 그보다 조금 더 크면 점무늬가, 그보다 더 크면 그 개체도 무늬가 아예 없을 것이다. 아, 화가들의 별난 기질이란…….

20

어떻게 하면 파리를 손으로 잡을 수 있을까?

모든 사람이 경험해보았을 것이다. 파리가 탁자에 앉아 있을 때 뒤로 살금살금 다가가서 손을 가만히 뻗어 최대한 빠른 동작으로 붙들려고 시도해도, 파리는 아프거나 약을 먹고 몽롱한 상태가 아니라면 도망친다는 것을. 재능이 뛰어난 어떤 사람들은 가끔 그런 재주를 성공시키지만(미국 전 대통령 버락 오바마가 생방송 인터뷰 중에 그랬다), 파리채를 가지고도 파리를 잡기란 사실 무척 힘들다. 이는 놀라운 일이 아니다. 파리는 그러도록 특별하게 만들어졌기 때문이다.

이미 고대에 위대한 문학 저자들은 자연이 만든 그 경이로운 작은 곤충에게 찬사를 보냈다. 더욱이 파리한테 얼마간 장점이 있지 않다면 어째서 프랑스어로 '예리한 파리다être une fine mouche(사람이 예리하고 꾀바르다)'라는 표현이 있겠는가? 어찌 되었든 파리는 과학 연구실에서 단연 스타 중 하나다. 초파리Drosophila melanogaster(이 학명은 '검은 배를 지닌 이슬 애호가'를 뜻한다)는 유전학자들에게 모델이 되는 동물이다. 유전학과 생물학에서 그 작은(2.5밀리미터) 파리목 동물 덕분에 발달에 관한 무수한 발견이 이루어졌다.

생체 로봇 공학자들에게도 모델이 될 정도로 초파리가 지닌 자원은 무궁무진하다. 파리는 참으로 근사한 '메커니즘'을 지녔다. 파리는 조종의 달인이자 곡예비행사이며, 체조의 일인자에 해당하는 능력을 보인다.

그 때문에 전 세계 여러 실험실에서 파리의 반응을 낱낱이 분석하는 일에 몰두한다. 마르세유에 있는 프랑스 국립과학연구원CNRS 실험실에서는 파리가 시각과 이동을 조율하는 방식에서 영감을 받아 자율적인 소형 헬리콥터를 개발했다. 캘리포니아 공과대학Cal Tech의 연구자들은 파리가 자기를 잡으려는 움직임을 피하며 수행하는 움직임을 전례 없이 정확하게 관찰하는 데 성공했다. 1초당 영상을 5,400개 촬영하는 초고속 카메라를 사용해 1,000분의 1초 간격으로 파리가 무엇을 하는지 볼 수 있었다.

칼텍 연구자들은 특히 파리의 뇌가 아주 작아도 끊임없이 도피 경로를 계산하는 것 같다는 사실을 확인했다. 360도, 그러니까 자신의 뒤쪽까지 보는 파리의 겹눈에 있는 광수용 세포 약 5만 개가 뇌를 '통해' 18쌍의 운동 근육에 '연결되어' 있고, 이 운동 근육은 파리의 날개와 세 쌍의 다리를 제어한다.

파리는 내려앉아 있을 때면 모든 감각이 경계 상태에 놓인 채 다리를 '이용해서' 계속 바닥 위 자신의 위치를 수정한다. 위험이 닥치면 파리는 거의 순간적으로 다리의 위치를 바꾸어 도피 행동을 준비한다. 그래서 파리는 가령 최대한 빠르게 멀리 날아오를 수 있도록 자신의 가운데 다리 한 쌍을 위치시킬 것이다.

앞쪽에서 위험이 다가온다고 가정해보자. 파리는 200밀리초만에 다리를 한껏 밀쳐 몸의 위치를 바꿀 것이다. 그런 다음, 위태롭게 뒤로 점프해서 공중으로 튕겨 나가는 동시에 날갯짓을 시작한다. 이로써 파리는 몸을 반 바퀴 회전해 배를 다시 아래쪽으로 향한 채 위험을 피해 신속하게 멀리 날아갈 수 있다.

정지 비행

파리가 그런 곡예를 할 수 있는 것은 뛰어난 추진 시스템을 갖추었기 때문이다. 파리는 모든 파리목의 동물과 마찬가지로, 날개가 두 쌍인 곤충과 달리 날개가 한 쌍밖에 없다. 뒷날개 한 쌍이 남긴 흔적은 곤봉 모양이라서 '평균곤'이라고 부른다. 평균곤은 파리에게 평형봉이자 자이로스코프 역할을 한다. 파리의 날개는 얇은 막질의 면으로 되어 있으며, 거기에 날개맥이 분포해 있다. 가슴과 연결된 정교한 근육 및 섬유질 구조를 갖춘 날개는 1초에 수백 번(200번에서 1,000번 사이)이나 날갯짓을 할 수 있다. 그래서 파리는 지그재그로 날거나, 갑자기 멈추거나, 정지 비행을 할 수 있으며(하지만 파리는 자신의 안전을 위해 이를 별로 좋아하지 않는다), 후진해서 날 수도 있다. 파리는 또한 더듬이를 사용해 바람의 속도나 자신이 나는 속도를 측정한다. 빨리 날수록 더듬이는 뒤로 젖혀지고 더듬이 아래 위치한 감지기는 그 정보를 뇌로 보낸다.

그러므로 파리를 붙잡거나 그저 납작하게 만들고 싶다면 파리보다 더 영리해야 한다. 파리가 앉아 있는 장소를 겨누면 아무 소용 없다. 파리가 점프해 날아갈 것을 예상해서 방향을 선택해 그로부터 약 10센티미터 옆을 겨누어야 한다. 그래도 성공하지 못하면, 괜히 화내지 말고 다시 시작할 수밖에 없다.

21

들판에서는 왜 돌멩이가 자랄까?

밭일을 조금이라도 해본 사람은 모두 안다. 밭이나 방목장에서 씨를 더 쉽게 뿌리고 동물을 보호하려면 새로 생기는 돌들을 정기적으로 제거해야 한다는 사실을. 그 일을 아무리 완벽하게 해내도 이듬해에 또다시 돌을 제거해주어야 한다. 그래서 사람들은 땅속에 묻혀 있던 돌들이 자연스레 땅 위로 올라온다고 말하곤 한다. 한편 농부는 "돌멩이가 자란다"라고 표현한다. 이런 일이 어떻게 가능할까? 이 말이 사실일까? 기다릴 것 없이 곧장 답을 하자면, 그 말은 맞는 동시에 틀리다.

여기에는 여러 이유가 있다. 하지만 제대로 이해하려면 일단 토양에 대해 알아야 한다. 토양은 움직이고, 호흡하며, 침식 효과나 오염, 산성화, 도시화 때문에 죽기도 하는 살아 있는 존재다. 예를 들어 스위스 사람들은 지나친 도시화 때문에 스위스에서 1초마다 '좋은' 토양 1제곱미터가 사라진다고 계산했다. 1년에 거의 30제곱킬로미터에 해당한다.

동물이 가득한 지하 '밀림'

토양은 지표면과 단단한 암석 사이 중간층을 이룬다. 토양층은 두꺼울 수도 있고 얇을 수도 있다. 토양 형성 과정은 무척 느려, 1세기에 평균적으로 1센티미터의 토양이 만들어진다. 기반암은 태양과 물의 작용, 결빙 때문에 서서히 더 작게 조각난다. 수천 년이 흐르면 자갈과 모래, 진흙, 점토가 섞인 상태가 된다. 희박하긴 하지만 거기에 존재하는 식물 때문에 유기물이 더해져 부식토가 형성되어 다른 요소들에 섞인다.

결국 땅은 평균적으로, 50퍼센트는 돌멩이나 부식토 같은 고체 성분이고, 50퍼센트는 빈 공간이다. 거기에 선형동물과 곤충의 애벌레, 원생동물, 아메바, 세균, 곰팡이 등 동물이 가득한 환상적인 지하 '밀림'을 더해보라. 지하 동물의 무게는 1헥타르당 30톤까지 이를 수 있다. 이것은 곧 토양에 있는 유기체의 무게가 지표면에서 생활하는 유기체의 무게보다 10배 더 많이 나갈 것이라는 뜻이다. 또 지구에 거주하는 사람 수보다 흙 한 숟가락에 들어 있는 미생물의 수가 더 많다고 한다.

모든 생태계와 마찬가지로 토양도 병들 수 있다. 인간의 활동으로 인해 토양이 훼손되거나 보존되기도 하지만, 여러 자연적 원인으로 파괴되기도 한다. 일단 바람이나 물의 흐름으로 인해 침식이 이루어진다. 가령 경사진 밭은 1년에 1헥타르당 부식토를 50톤 가까이 잃을 수 있는데, 자연은 같은 기간에 부식토를 기껏해야 1톤 정도 새로 만든다. 침식은 이렇게 토양이 구성 물질을 잃게 만들 뿐 아니라, 돌멩이가 지표면으로 올라오게 만드는 원인 중 하나다. 침식으로 인해 그 자리에 가만히 있던 돌멩이들이 드러난다. 쓸려가기에 너무 무거운 그 돌멩이들은 움직이지 않은 채 숨어 있다가 표면에 드러나는 것이다. 그래서 농부가 하는 일은 힘들어지고, 매년 잊지 않고 돌을 골라내야 한다.

인간의 손, 짐승의 발

인간의 손이 '결백'한 것만은 아니다. 밭에서 돌멩이들이 자라나는 또 다른 이유는 바로…… 밭갈이다. 쟁기날이 파고 들어감에 따라 땅 밑에서 잠자던 모든 것이 표면으로 올라온다. 돌멩이와 자갈뿐 아니라 지난해 밭갈이 때 파묻힌 잡초의 씨까지 올라온다. 그 씨들은 대부분 여전히 싹을 틔울 수 있다. 그래서 농부는 밭에서 돌을 골라낼 뿐 아니라 제초제도 뿌려야 한다. 이 때문에 생긴 새로운 경향은 밭갈이를 아예 하지 않는 것이다. 토양의 표층을 부수기만 해서 토양이 물과 모종을 더 잘 통과하게 만든다. 하지만 이 기법을 모든 곳에 일반화할 수는 없다.

지표면을 오가는 모든 것이 돌멩이가 올라오게 만든다. 특히 가축이 그렇다. 여기에는 두 가지 이유가 있다. 첫째, 가축이 오가면서 토양이 단단하게 다져져 밑에 있던 돌멩이들이 드러난다. 둘째, 짐승이 오가면서 생기는 진동으로 돌멩이가 움직이면서 '흔들린' 가는 입자들이 굵은 입자들의 측면을 따라 내려가 굵은 입자들을 지표면으로 '밀어내는' 데 기여한다.

같은 결과가 나오게 하는 또 다른 원인은 결빙과 해빙이 번갈아 생기는 것이다. 이를 전문 용어로 '동결 교란 작용'이라고 한다. 결빙과 해빙으로 토양이 압축되었다 풀리기를 반복하면 작은 암석들이 더 쉽게 표면에 드러난다. 하지만 이런 현상은 겨울이 혹독하고 매우 긴 지역에서만 나타날 뿐, 온대 지방에서는 큰 역할을 하지 않는다.

여러분은 아마도 이제 예전과 똑같이 땅 위를 걸어다니지 못할 것이다. 우리는 땅을 발로 밟고만 다니느라 땅이 얼마나 '경이로운지' 잊고 산다. 토양을 이해하는 지식이라는 열쇠를 사용해서 그 사실을 기억하도록 하자.

22

1킬로그램은 무게가 얼마일까?

킬로그램은 더 이상 별 의미가 없다. 어느 측면에서 봐도 그렇다. 킬로그램 원기原器의 질량은 물리적으로 변하며, 그 '지적인' 정의는 충분히 명확하지 않다. 최첨단 기술로 측정 단위들을 정의 내리는 이 시대에 킬로그램은 구식 단위다. 슈퍼히어로의 나라에 사는 '공룡'이랄까. 1미터가 진공 상태에서 빛의 속도를 기준으로 삼고, 1초의 정의가 세슘 133 원자를 이용한 원자시계로 화려하게 정의되는(따라서 거리나 시간 측정에서 허용 오차가 무한히 작다) 데 반해, 킬로그램은 여전히 물리적인 물체에 근거를 두는 유일한 단위다. 그 물체는 지름 39밀리미터, 길이 39밀리미터인 백금·이리듐 합금 원기둥으로, 섭씨 0도에서 순수한 물 1세제곱데시미터의 무게가 나간다.

'르 카le K(국제 킬로그램 원기Prototype international du kilogramme)'라고 불리는 이 원기는 1889년 이후 세계적으로 인정된 유일한 기준인데, 그것의 사본인 부원기들이 전 세계에 분산되어 무게를 측정하는 모든 도구의 척도로 사용된다. 문제는 그 부원기들의 무게가 변했다는 사실이다. 아주 드문 경우를 제외하면, 시간이 흐르면서 그 부원기들이 무거워지는 것 같다. 1990년대 중반에 '르 카'와 그 사본들을 마지막으로 총괄해서 비교했을 때, 스페인 부원기가 56마이크로그램 더 무거워졌고, 러시아 부원기는 32마이크로그램, 노르웨이 부원기는 49마이크로그램 더 무거워졌다. 영국과 프랑스의 부원기만 각각 17과 2마이크로그램 더 가벼워졌다.

그런데 이것은 사실 그리 간단한 문제가 아니다. '르 카' 자체가 변하지 않을 이유가 없기 때문이다. 원기가 차츰 가벼워진다면, 그 사본들이 무거워지는 것으로 보일 터이다. '르 카'는 파리 근교 도시 세브르에 있는 국제도량형국 내 브르퇴유Breteuil관의 공기 조절 장치를 갖춘 방에 보관되어 있지만, '자연스러운 변화'를 겪는다. 40년마다 그 '자녀들'의 무게를 재려고 '르 카'를 꺼내고 그때 그것을 세척한다. 그 과정과 거기에 사용되는 물질을 엄격하게 감시하기는 하지만, 미세한 질량 변화가 생긴다. 그러니 '르 카'는 사실상 무게는 변화하지 않은 채 질량만 변화하는 재주를 부리는 셈이다. 정의에 따르면 '르 카'는 1킬로그램이 나가고 앞으로도 영원히 1킬로그램이 나갈 것이기 때문이다.

1킬로그램을 정의 내리는 다른 방법, 특히 어떤 물리 상수와 연결시켜 세계 어디에서든 재현할 수 있는 방법을 찾아내지 않는 한 말이다. 과학자들은 일인자 '르 카'를 끌어내리려고 전력을 다해 노력 중이다. 하지만 '르 카'는 상당히 잘 저항하고 있다. 그렇다 하더라도 압박은 서서히 심해진다. 현재 커다란 두 축의 연구가 진행 중이다.

첫 번째 연구는 '와트 저울' 계획이다. 여기에서 '르 카'는 무게가 1킬로그램 '나갈 것'으로 간주되는 자기장을 결정하는 데 사용된다. 간략하게 설명하면, 저울의 한쪽 판에 킬로그램 원기를 놓고, 다른 판을 자기장 안에 둔다. 양팔이 더 이상 움직이지 않을 때, 1킬로그램은 자기장을 만드는 전류값과 동일하다. 이 기구를 마련하는 기술적 어려움은 차치하더라도, 이 계획은 상당한 장애물에 부딪힌다. 1킬로그램에 해당하는 전류값을 아주 정확하게 계산하려면 플랑크Planck 상수라고 부르는 물리 상수를 사용해야 한다. 그런데 난점은 그 값이 아직도 국제적 수준에서 논의 중이라는 사실이다.

또 다른 연구는 '아보가드로Avogadro' 계획이라고 불린다. 아보가드로수는 현미경적인 미소한 것(원자 수준)을 거시적인 것(인간 수준)과 연결시키는 상수다. 아이디어는 무척 단순하지만 시력이 아주 좋아야 한다. 이 생각에 따르면 1킬로그램이 어느 특정한 물체를 이루는 원자의 정확한 개수이기 때문이다. 이 방법의 어려움은 당연히 원자의 수를 세는 일이다. 예를 들어 킬로그램이 적어도 현재의 척도만큼 정확하려면 2,500개 오차로 원자 500억 개를 셀 수 있어야 한다.

완벽하게 정의된 질량의 척도를 갖는 것은 단지 과학자의 엉뚱한 생각, 또는 열의가 지나친 공무원의 환상이 아니다. 시간과 길이, 질량, 온도, 전류, 밝기, 원자 수 측정의 엄밀함은 과학, 산업, 전략에서 결정적으로 중요하다. 시간을 지금만큼 엄밀하게 측정하지 못한다면, 인공위성 위치 확인 시스템인 GPS는 기능을 하지 못할 것이다. 거리를 지금처럼 엄밀하게 측정할 줄 모른다면, 현재의 컴퓨터는 존재하지 않을 터이고 비행기는 안개 속에서 착륙하지 못할 것이다. 질량을 충분히 정확하게 측정할 줄 모르면, 우리는 아원자 입자 수준에서 물질 구성에 관한 진실을…… 따라서 우주에 관한 진실을 결코 알아내지 못할 것이다. 질량을 다른 단위들만큼 정확하고 극도로 엄밀하게 측정하는 날, 세상은 엄청나게 무거운 짐을 하나 덜어낼 터이다.

23

1분은 얼마나 긴 시간일까?

꾸물대지 말자. 1분은 불행히도 항상 60초가 아니다. 정말이다! 줄어들어 59초밖에 안 되거나, 61초까지 늘어날 수 있다. 이런 일은 정기적으로 벌어진다. 각종 세계 선수권에 도전하는 운동선수들한테는 퍽 나쁘게 들릴 소식이다. 하지만 운동선수들은 걱정할 필요가 없다. 최초의 원자시계가 개발된 후 54년이 지난 지금, 초는 더없이 정밀하니까. 시간은 모든 측정 단위 중에서 단연 가장 엄밀하다. 그래서 (가령 출발을 알리는 총소리와 결승선 사이 같은) 시간 간격을 필요 이상으로 정확하게 측정할 수 있다.

그 엄밀함은 심지어 당혹스러울 지경이 되었다. 아주 단순해 보이는 어떤 질문을 골치 아프도록 복잡하게 만들었기 때문이다.

그 질문은 바로 "지금 몇 시인가?"이다. 시간은 초를 집요하게 닦달한다. 인간은 언제나 시간 측정에 관심을 가져야 했다. 맨 처음에는 해돋이와 해넘이가 있었다. 뒤이어 그림자를 사용했다. 바닥에 막대를 하나 꽂아 (뒤이어 해시계를 사용해) 계절에 상응하는 막대 그림자의 위치와 길이에 따라서 태양의 위치에 대한 정보를 얻었다. 그다음에는 눈금을 새긴 양초 또는 향으로 된 '시계'가 있었는데, 충분히 일정한 속도로 타들어가 그것을 보고 흐른 시간을 측정할 수 있었다. 그 후 등장한 물시계와 모래시계는 주로 짧은 시간을 재는 데 효과적이었다.

뒤이어 기계식 시계의 시대가 왔다(13세기쯤). 추가 떨어져 톱니바퀴를 작동시키는 방식이었다. 시간을 나타내는 문자반과 바늘은 15세기에 출현했다. 시계추는 흥미로운 변형 형태로서 오늘날까지 계속 사용되고 있다. 최초의 손목시계는 16세기에 등장했다. 최초의 전기시계는 19세기에, 최초의 쿼츠시계는 20세기에 등장했다. 1초는 평균 태양일의 8만 6,400분의 1이다. 하지만 그 측정치는 지구의 궤도 변화와 회전 때문에 너무나 부정확하다. 1태양일(24시간)은 9월 중순보다 12월 말에 1분쯤 더 길다. 그리고 7월에 비해 4월에 30초 더 짧다. 하지만 항상 그러는 것은 아니다.

1955년 6월 최초의 원자시계가 개발되었다. 그때 천문학자들은 천체를 관찰하는 존재로서 시간의 수호자였다. 20세기 중반에 물리학자들이 치열하게 싸워 그 자리를 계승했다. 현재 초는 매우 엄격하고 정확하게 정해진 조건에서 발생하는 원자 하나의 진동을 기준으로 삼는다. 그 점에서 최고의 원자 중 하나는 세슘 원자다. 세슘 원자는 너무나 물러 버터처럼 자를 수 있는 은색 금속이다. 그런데 그것은 시간을 무척 좋아한다. 세슘 원자는 '질문'을 받으면 항상 똑같이 답한다. 그래서 다음과 같은 정의가 내려졌다. "1초는 방사선이 91억 9,263만 1,770번 진동하는 시간으로, 이는 절대 영도에서 안정되어 있을 때 세슘 133 원자의 바닥 상태에 있는 두 개의 초미세 에너지 준위 사이의 변화에 해당한다." 그러므로 1초의 길이를 계속 보유하려면, 어디에서든 좋은 측정기를 이용해 이러한 '조작'을 재현하기만 하면 된다. 그럼에도 불구하고 결국 시계 두 개는 항상 서로 다른 시간을 표시할 것이다.

여기에는 오직 하나의 해결책이 있다. 바로 조율이다. 가시신호부터 전보를 거쳐 라디오파에 이르기까지, 시대마다 개선이 이루어졌다. 현재 대기 상태 및 상대성 이론에 따라 여러 차례 보정한 다음 시간을 분배하는 것은 GPS(미국)와 글로나스Glonass(러시아), 갈릴레오Galileo(유럽) 유형의 위성망들이다. 160만 년에 1초 오차로 정확한 시간을 알려주는 원자시계를 이용하는 GPS 덕분에 지구시Terrestrial Time의 정확도가 100배 높아졌다.

하지만 시간은 두 등급으로 결정된다. 하나는 국제 원자시temps atomique international, TAI로, 전 세계에 배치된 원자시계 260개로 정해진다. 다른 하나는 협정 세계시temps universel coordonné, UTC로, 하루 길이에 보다 더 맞추어져 있으며 국제 원자시와 일치해 재깍대려 애쓴다. 이 두 시간 모두 프랑스에 있는 국제도량형국에서 총괄해서 관리한다. 이 두 '시계'는 당연히 차이가 난다. 2005년까지 그 차이가 32초였다가 2006년 1월 1일에 33초가 되었다. 시간 보정을 위해 더하거나 빼는 '윤초閏秒' 1초가 2005년 12월 31일에 더해졌기 때문이다. 그래서 1998년 이후 처음으로 그날은 다른 364일처럼 8만 6,400초가 아니라 8만 6,401초다. 마음을 느긋하게 먹고 시간이 시간의 문제를 해결해주기를 기다리자…….

24

비누에서는 왜 거품이 날까?

분별없이 추켜세울 의도는 없지만, 기포가 관건이라는 사실을 인정할 수밖에 없다. 기포는 이상하고도 놀라운 어떤 세계의 주춧돌이다. 특히 과학자들이 보기에 말이다. 그 존재 방식을 규제하는 물리학과 화학 법칙들 때문에 기포는 그 무엇과도 모습이 다르다. 기포는 주위 사람을 잘도 속인다. 예를 하나 들면, 사람들은 기포가 공처럼 둥글다고 믿지만(기포는 홀로 있을 때 둥글다) 기포는 대부분 거품 속에서 정육면체 모양으로 있기를 좋아한다. 또 섬세하고 연약한 모습 뒤에 기발한 보물을 감추고 있다. 기포는 고체인 동시에 액체인 이른바 연성 물질이라는 요정 중 하나여서 용기 바깥에서도 제 모양을 유지할 수 있는 거품을 형성할 뿐 아니라 필요하면 흐를 수도 있다.

기포는 우선적으로 얇은 막 안에 갇혀 있는 공기 또는 다른 기체다. 비누와 세제로 만들어진 거품의 경우, 기포의 막은 가까이에서 보면 길고 뾰족하며 머리 부분이 둥근 핀처럼 생긴 분자들로 이루어져 있다. 그 핀의 머리는 물에 견딜 수 없이 이끌려 물에 잠기기를 좋아하는 반면, 반대쪽 뾰족한 부분은 발가락 끝 하나도 물에 넣기를 거부한다. 따라서 물이 있으면 이 분자-핀들은 전부 머리를 물에 담근 채 서로 바짝 달라붙어 유연한 얇은 막을 만드는데, 그 막은 어떤 기체나 다른 물질을 그 안에 가두면서 닫힐 수 있다. 그런데 비누에는 지방질을 모조리 찾아 나서는 유도 미사일이라 할 만한 바로 그 분자-핀이 무척 풍부하다.

4,000년 된 제조법

대체 누가 처음으로 동물의 기름을 재와 섞고 물을 조금 넣으면 그 물질이 거품을 내고 세척하는 작용을 한다는 사실을 발견했을까? 이 발견은 아마도 우연히 이루어졌으리라. 발견한 사람의 이름도, 발견한 날짜도 역사에는 남아 있지 않다. 우리는 그 제조법이 지금으로부터 4,000년이 넘는 시기에 이미 존재했다는 사실만 알고 있을 뿐이다. 샤워 젤, 다른 거품 목욕제들은 대부분 석유화학 제품이지만, 고체 또는 액체 비누라고 불리는 제품을 제조하는 데는 지금도 여전히 대략적으로 위와 같은 제조법이 사용된다.

가장 잘 알려진 비누 중 하나인 마르세유Marseille 비누는 현재 그 비누가 제조되는 장소가 아니라 (마르세유에서 만들어진) 구성 성분 때문에 이름이 그렇게 붙었다. 마르세유 비누를 만들려면 가성 소다와 올리브유, 레몬그라스 한 방울이 필요하다. ('비누화'라고 부르는) 이 방법으로 비누를 제조할 때, 나트륨염이나 칼륨염이 올리브유의 지방산과 섞이면서 분자-핀들이 만들어진다.

물에 젖은 손으로 비누를 문지르면 물, 비누의 분자-핀…… 그리고 때 입자 사이에서 유화액이 형성된다. 때 입자는 분자-핀이 좋아하는 사냥감이다. 분자-핀들은 때 입자 주위에 몰려와 들러붙어서 머리가 물에 닿은 상태로 때 입자를 찌른다. 그러면 세 가지 유형의 기포가 형성된다. 공기만 들어 있는 '깨끗한' 기포, 공기 및 때가 조금 들어 있는 '덜 깨끗한' 기포, 공기가 거의 적은 '더러운' 기포다. '덜 깨끗한' 기포는 '깨끗한' 기포보다 더 약하고 덜 오래 유지되는 한편, '더러운' 기포들은 작고 눈에 거의 보이지 않는다. 그래서 비누의 양이 똑같으면, 더러운 물보다 깨끗한 물에서 거품이 더 안정적이고 풍성하게 난다.

더러울수록 거품이 적다

비누를 만드는 재료와 그 재료의 비율을 변화시켜 거품의 양을 조절할 수 있다. 손이나 몸에서 거품을 많이 내는 비누는 그러지 않은 비누보다 상업적으로 이미지가 더 좋지만, 사실 비누의 세척 능력은 그러한 겉보기와 상관없다. 또 풍성한 거품이 몸을 세척하는 제품에는 좋을지 몰라도, 가령 세탁기에 사용하는 세제에는 별로 좋지 않다. 그러므로 세제에 불순물을 넣어 기포를 약화시키고 거품이 형성되는 것을 제한해야 한다.

샤워를 하거나 머리를 감을 때 매번 그 효과를 확인할 수 있다. 우리 몸이 더러울수록 거품을 많이 내기 힘들 것이다. 그러니 거품 애호가들에게 간단한 조언을 하나 하자면, 거품이 풍성하게 생기게 하려면 첨가물이 많이 들어간 제품을 구입하기보다 그저 자기 몸을…… 깨끗할 때 씻으면 된다.

25

벽을 관통해서 볼 수 있을까?

그것은 미래의 스타, 앞으로 올 파동계의 별이다. T선은 조만간 막강한 X선을 밀어낼지 모른다. T선이 가시광선과 라디오파 사이에 몸을 숨긴 채 기술이 진보해서 자신이 조명받기를 참을성 있게 기다린 지 이미 한 세기가 넘었다. 나노 기술이 출현하고 전자기 장비를 초소형화하는 기술 개발에 힘입어 T선은 원거리 통신이나 의료 영상, 물질 분석·확인, 기체나 오염 물질 감지, 테러 방지 활동, 천문학적 관찰 등 다양한 분야에서 빛을 발할 것이다. T선은 피부, 옷, 연기, 벽 등을 관통해서 볼 수 있기 때문이다. 몇 년 전부터 T선에 관한 과학 논문이 더 많이 발표되고 있으며, 이제 학회들은 T선의 산업적 개발을 논의하는 데 회기 전체를 할애한다.

절반은 전파, 절반은 빛

T선이라는 이름은 측정 단위가 헤르츠Hz인 그 주파수의 전자기적 계보 때문에 지어졌다. 적외선 바로 뒤, 그리고 휴대폰에 사용하는 마이크로파 앞에 위치하는 T선은 0.3~10테라헤르츠THz에 이르는 대역을 포함한다(1THz는 1조 Hz다). 여기에서 상세히 설명하지는 않겠지만, T선의 특성 때문에 그 테라헤르츠 '빛'은 안테나를 이용해서 라디오파처럼 듣거나 빛 입자처럼 보는 일이 오랫동안 불가능했다.

주된 이유는 그 '빛' 입자의 약한 에너지 때문이다. 하지만 현재는 그것이 T선의 강점이 되었다. 그 빛 입자들은 물질과 거의 상호작용하지 않아 라디오파처럼 물질을 관통할 수 있다. 천, 플라스틱, 벽돌이 T선에는 투명하다. 그러나 금속과 물은 그렇지 않아 T선을 가로막는다. T선은 피부를 10센티미터쯤 뚫고 들어갈 수 있다.

절반은 전파이고 절반은 빛인 T선을 길들이려면 두 가지 기법을 조합해야 한다. T선의 빛 측면은 렌즈로 T선의 초점을 모아 활용하고, T선의 전파 측면은 열에 민감한 소재를 최근에 개발된 아주 작은 안테나들이 달린 매트로 감싸 '트랜지스터'처럼 사용함으로써 활용한다. 이 안테나들은 T선 입자들을 받아들여 열로 전환시키도록 고안되었다. 여기에서 생기는 온도 상승은 적외선 장치에서처럼 영상으로 전환된다.

이로써 점잖지 못한 T선 카메라가 탄생했다. 이 카메라는 감도가 뛰어나 인공적인 '조명'을 사용할 필요 없이 자연적으로 존재하는 T선을 붙들 수 있다. T선은 사람의 세포 조직은 통과하지 못하지만 의복은 통과하므로, T선 카메라를 사람에게 들이대면 그 사람의 신체 영상을 나타낼 것이다. T선은 '감추어진' 금속 물체도 전부 구분해낼 것이다. 심지어 칸막이 뒤에 있는 사람도 감지할 수 있다.

안보에서 활용하는 방법들

몇몇 기업이 T선의 그러한 특성을 공항 등의 안보에 적용해 상업화하려고 노력 중이다. '나체 사진'이라는 함정을 피해 가기 위해, T선으로 얻은 영상에 직접 접근하지 않고 소프트웨어를 이용해서 영상을 분석하고 초록색 또는 붉은색 표시등으로 그 결과를 알린다. 그러면 나머지는 안보 직원의 역할이다. T선은 수하물이나 편지의 내용물이 무엇인지도 밝힐 수 있다. 심지어 성냥갑을 열지 않은 채 성냥의 개수를 셀 수도 있다. 이 소프트웨어는 아직 초기 시험 단계지만 조만간 대규모로 사용될 것이다. 이는 단지 안보 분야에만 국한되지 않는다. 안개나 연기 속을 볼 수 있는 카메라는 여러 분야에서 고객을 끌 것이다.

T선이 적용될 또 다른 주요 분야는 의료 영상이다. 기술의 발달 덕분에 이제 'T빛' 광원을 제조할 수 있게 되었기 때문이다. 그 빛 입자들은 X선 입자보다 에너지가 훨씬 적고 덜 강하므로 덜 위험하다. T선은 신체를 관통하지는 못하지만 상당히 깊숙한

부분까지 진단할 수 있도록 한다.

T선을 활용하는 최후의 기술적 도전은 T선 안테나를 그 주파수에서 기능하는 '마이크로칩'에 연동시키는 데 성공하는 일일 터이다. 적어도 실험실에서는 테라헤르츠 트랜지스터가 더 이상 꿈이 아닌 것처럼 보인다. 21세기는 T선이 빛을 환히 발하는 시대가 될 것이다.

26

돈에는 특정한 냄새가 있을까?

옛날에 평민 출신 로마 황제가 한 명 있었다. 그는 위대한 조직자로, 로마 대화재가 발생한 시기에 군림한 네로 황제가 낭비한 제국의 재정을 바로세운 인물이다. 베스파시아누스는 기원후 69년부터 79년까지 군림했는데, '좋은' 통치자로서 각종 공공요금과 세금을 계속해서 늘렸다. 그러한 세금 중 하나가 이중 의미에서 명성을 떨쳤다. 인간과 동물의 오줌에 부과한 이 세금은 오줌을 커다란 점토 항아리에 모아서 염색업자들이 동물의 가죽을 처리하고 염료를 고착시키기 위한 암모니아의 원천으로 사용했다. 국민이 조롱한 그 역겨운 세금에 반대해 항의한 아들 티투스의 코앞에서 베스파시아누스는 동전들을 흔들어 보이며 이렇게 말했을 터이다. "이것은 아무 냄새도 안 난다Non olet." 여기에서

"돈에는 냄새가 없다pecunia non olet"라는 표현이 유래했다.

그리고 17세기가 흐른 뒤, 프랑스 파리의 거리 여기저기에 설치되어 있던 '변기통baril d'aisance'은 클로드필리베르 드 랑뷔토Claude-Philibert de Rambuteau 공작이 주도해 작은 축조물로 변모했다. 처음에 '랑뷔토 기둥colonne Rambuteau'이라고 불린 그 공중 화장실은 이내 베스파시아누스 황제의 이름을 딴 '베스파지엔vespasienne'으로 불렸다. 하지만 베스파시아누스는 틀렸다. 돈에는 특정한 냄새가 있다. 독일 연구자들이 최근에 실시한 연구는 놀라운 사실을 밝히면서 역설적인 설명의 실마리를 제시했다. 바로, 동전은 아무런 냄새가 없지만 그래도 어떤 냄새를 풍긴다는 설명이다.

그런데 냄새란 무엇인가? 냄새는 휘발성 분자와 만난 기억이라고 할 수 있을 터이다. 휘발성 분자는 서로 다른 30만 개가 존재한다. 그리고 인간은 그중에서 평균적으로 1만 개 정도를 구분할 수 있다. 가령 뒤영벌은 3만 개까지 구별한다. 후각 체계는 휘발성 분자들을 '볼' 수 있는 수백만 개의 작은 면을 지닌 '눈'에 비유할 수 있다. 휘발성 분자들은 공기에 실려 후각 점막(비강 안쪽에 있는 너비 4~5제곱센티미터의 세포 조직)까지 도달한다. 그 점막의 세포들은 표면에 자물쇠 같은 역할을 하는 수용체들을 지니며, 그 자물쇠의 유형은 세포마다 각기 고유하다. 인간은 서로 다른 자물쇠를 약 1,000개 지니고 있으며, 이는 1,000만 개의 후각 세포(개의 후각 세포는 10억 개)에 분포되어 있다.

휘발성 냄새 분자는 열쇠 역할을 한다. 냄새 분자는 '자신의' 자물쇠를 발견하면 몸을 끼워 넣는다. 그러면 해당하는 신경 세포에서 전기 신호가 발생해 뇌의 후각 망울로 전달된다. 그곳에는 1,000여 개의 '통합 센터'가 있는데, 그 센터에서는 전달된 정보들을 '분류'한 다음 뇌의 피질로 보낸다. 뇌의 피질에서 그 정보들은 조합되어 하나의 '냄새 모티브'를 이루고, 이것은 좋은 냄새와 나쁜 냄새를 담는 두 개의 커다란 '분류함'에 담긴다.

그런데 그렇게 많은 냄새를 식별할 수 있도록 후각 시스템은 수학자가 되었다. 정신 단단히 차리시라. 그 기본 방정식은 다음과 같다. 냄새 수용체(자물쇠) 하나는 냄새 분자(열쇠) 몇 개를 식별할 수 있고, 하나의 동일한 냄새 분자는 여러 개의 냄새 수용체에 의해 식별될 수 있다. 따라서 냄새 식별은 조합에 의해 이루어진다. 어떤 냄새에 대한 기억을 금고에 비유하면, 그 금고를 여는 조합은 분명히 정해진 특정한 냄새 신경 세포 몇 개가 활성화되는 것이라고 볼 수 있다. 만일 각각의 수용체가 서로 다른 세 개의 문자로 활성화될 수 있고 서로 다른 수용체가 1,000개 있다면, 수백만 가지 식별 조합이 있을 수 있다. 그 체계를 발견한 연구자 리처드 액설Richard Axel과 린다 벅Linda Buck은 2004년에 노벨 의학상을 받았다.

어떤 냄새를 식별하는 데는 농도도 연관된다. 그 점에서 인간은 후각 챔피언이 아니다. 개는 인간보다 냄새를 300~1만 배, 쥐는 8~50배 더 잘 감지한다. 물고기와 곤충, 새도 해양 포유류인 돌고래나 고래와 달리 '대단한 코'를 가지고 있다. (이것이 놀라운 일일까?) 인간은 어느 수준 이하로 내려가면 냄새에 무감각해지는데, 그 감지 한계선에서 '규정할 수 없는 냄새'라고 부르는 현상이 생긴다. 말하자면 냄새에 대한 심상이 흐릿해서 그 냄새에 어떤 특정한 이름을 붙일 수 없다.

후각 시스템의 미묘함은 여기에서 그치지 않는다. 미국 블랙스버그에 있는 버지니아 공대의 독일인 연구자들이 밝힌 내용을 살펴보면 이것을 알 수 있다. 그들은 한 사람이 동전 혹은 전혀 다른 어떤 금속 물체를 만질 때 발산되는 냄새를 분석했다. 모든 사람은 그 특징적인 '금속 냄새'를 맡아본 적이 있을 터이다. 하지만 분석 결과 실제로 그 냄새에는 금속 분자가 전혀 없었다. 따라서 금속 냄새는 환상에 불과하다. 이러한 환상은 피부에 있는 유기 물질들(땀, 지방질 등)이 금속(가장 특징적인 핵심 구성 성분은 1-옥텐-2원[1-octen-2-one]이라고 부른다)과 접촉해서 생기는 화학적 반응 때문이다. 인간의 표피에서 나는 냄새를 뇌가 금속과 연결시키는 것이다.

그 연구자들은 피에서 금속 냄새가 나는 이유도 설명한다. 그 이유는 산소를 운반하는 헤모글로빈에 철 분자가 함유되어 있기 때문이다. 그 덕분에 선사 시대 사냥꾼들이 상처 입은 동물이나 적을 추적하는 일이 쉬웠을 거라고 한다. 그 시대에는 사람들이 '감'이 아닌 코를 흔연히 안내자로 삼았으니까.

27

곰팡이가 핀 부분만 떼어내고 먹어도 될까?

그것들은 부엌의 찬장이든 지하 저장고든 냉장고 속이든 먹을 것이 있는 낙원 한구석을 언제나 찾아낸다. 그것들은 바로, 거의 모든 음식물에서 자라날 수 있는 독특한 생물인 곰팡이다. 느리지만 확실하게 음식물을 야금야금 먹으며 서서히 퍼져 나가는 그 폭신폭신한 덩어리(균사체)는 보기에도 흉할 뿐 아니라 건강에도 위험할 수 있다. 실제로 어떤 곰팡이들은 독성 물질을 분비한다.

'곰팡이moisissures'라는 매우 일반적인 용어 아래에는 균류가 숨어 있다. 균류는 숲과 들판에서 자라는 버섯과 달리 고유한 형태를 지니지 않지만, 엄연히 버섯과 같은 커다란 생물 분류 범주에 속한다(프랑스어로 '버섯'과 '균류'는 모두 'champignon'이라는 단어로 표현된다. 단, 균류는 항상 복수형인 champignons으로 쓴다—옮긴이). 균류의 종은 6만 5,000개에서 10만 개 정도로 추정된다. 그중에서 가는 실 모양의 미세한 균류인 곰팡이는 2만 종이 존재한다.

모든 균류와 마찬가지로 곰팡이는 (세균과 달리) 진핵 세포라 불리는 세포로 이루어진다. 달리 말하면 곰팡이의 세포 안은 막으로 구분되어 있으며 염색체를 지닌 핵이 있다. 식물 세포처럼, 그리고 동물 세포와 달리, 균류의 세포는 꽤 단단한 벽으로 감싸여 있다. 그 벽은 기계적이거나 화학적인 공격으로부터 세포를 보호해주지만, 세포가 영양을 섭취하는 일을 조금 까다롭게 만든다. 식물 세포와 달리 균류의 세포는 스스로 유기물을 합성하지 못하기에 이는 더욱 큰 문제다. 따라서 균류의 세포는 음식물을 단순하고 용해되는 요소로 만들어 흡수할 수 있도록 '분해'해야 한다.

이를 위해 균류의 세포는 일련의 놀라운 화학 무기들을 갖추고 있다. 균류의 효소와 산은 섬유소와 리그닌, 다른 여러 구성 요소를 가수분해할 수 있다. 그래서 균류의 세포는 그 어떤 종류의 음식물이라도 소화할 수 있다. 또 이것이 바로 곰팡이로 오염된 음식물이 대체로 습하고 물렁물렁해지는 이유다.

천연 '독'

곰팡이는 다른 능력도 가지고 있다. 곰팡이는 질소를 유기물 형태뿐 아니라 무기물 형태로도 동화할 수 있다. 그래서 균류는, 예를 들어 질소가 매우 적어 세균이 자랄 수 없는 환경에서도 생장할 수 있다. 또 곰팡이는 세균이 역시 굴복할 수밖에 없는 자유수自由水가 부족한 환경에서도 자랄 수 있다.

곰팡이는 식료품의 산성도 면에서도 세균보다 더 강하다. 그래서 채소, 과일, 고기는 세균보다 균류의 '피해'를 훨씬 더 많이 입는다. 산소 농도 면에서도 마찬가지라서 곰팡이는 산소가 거의 없어도 살 수 있다. 균류에 '이상적인' 온도는 섭씨 20도에서 25도 사이이지만, 어떤 균류는 더운 것(40도)을 좋아하고, 다른 균류는 추운 것을 좋아해 4도 이하에서도 태연하게 자란다.

그런 '뛰어난 능력' 덕분에 곰팡이는 온갖 조건에서 거의 모든 식품을 보금자리로 삼을 수 있다. 하지만 균류는 다른 재주도 있다. 생식 방법이 그렇다. 곰팡이는 생식에 홀씨를 사용하는데, 홀씨는 두꺼운 벽으로 감싸여 있으며 건조하고 물질대사가 저하된 아주 작은 세포다. 이 홀씨는 매우 많이 만들어지며, 아주 오래 살아남을 수 있고, 무척 가볍다. 그래서 공기 중에서 곤충에 의해 운송되어 퍼질 수 있고 거의 어디에나 존재한다. 홀씨는 물이 있는 등 유리한 환경에 놓이면 씨앗처럼 '싹이 터' 새로운 균사체를 이룬다.

어떤 곰팡이들은 이롭고 유용하지만(예를 들어 로크포르roquefort 블루치즈를 만드는 유명한 푸른곰팡이균 '페니실리움 로크포르티 Penicillium roqueforti'), 다른 곰팡이들은 미코톡신이라고 부르는 물질을 생성한다. 500개에 가까운 미코톡신이 알려져 있고 그중에서 100여 개는 포유동물에게 유독하다. 어떤 미코톡신은 우리가 알고 있는 가장 강력한 천연 '독'에 해당한다. 이러한 미코톡신으로는 아플라톡신, (곡물의) 트리코테센, (과일, 특히 사과에 생기는) 파툴린, (곡물과 돼지고기 제품의) 오크라톡신, (옥수수의) 제랄레논이 있다. 이런 균류에 의한 오염은 전 세계적인 위생 문제이며 재배와 사육부터 식품 가공과 유통, 끝으로 우리의 부엌에 이르기까지 식품이 거치는 모든 단계에서 제기된다.

그렇다면 곰팡이가 부분적으로 핀 음식물을 곰팡이가 핀 부분만 '떼어내고' 먹어도 될까? 안 된다. 곰팡이는 화학 물질을 '깊숙이' 보내고 그 물질들 중 일부는 유독할 수 있으므로, 표면에 있는 균사체를 제거하는 것만으로는 충분하지 않다. 또 위험한 균주를 만날 위험이 매우 적기는 하지만, 엄연히 존재한다.

28

13일의 금요일에 얽힌 비밀은 무엇일까?

아, 13일의 금요일……. 이에 관해서는 무수한 글이 쓰였고, 그날이면 우연 게임, 특히 로또Loto(프랑스의 복권 판매 회사 '프랑세즈 데 죄Française des jeux'가 발행하는 복권—옮긴이)에 지출되는 비용이 엄청나게 늘어난다. 2009년에는 13일의 금요일이 세 번 있었고 복권 판매 회사는 엄청난 이윤을 얻었다. 축복해야 할 날일까, 지탄해야 할 날일까? 행운의 징조일까, 불운의 징조일까? 여러 요소를 끌어와 이 질문에 답하려면 '수학'이라 부르는 착한 정령의 도움을 요청해야 한다.

일단, 13일의 금요일은 미신을 감안하지 않는다면 특별한 날일까? 그렇다. 수학을 달력에 적용해보면 한 달의 13번째 날이 다른 요일보다 금요일인 경우가 아주 조금 더 많기 때문이다. 4,000년 동안 13일의 목요일은 6,840번(또는 13일의 월요일이나 화요일은 6,850번)인 반면에, 13일의 금요일은 6,880번 있다. 우리가 사용하는 그레고리우스력(우연찮게 1582년 그레고리우스 교황에 의해

'개시'된 역법)은 놀라운 사실을 참으로 많이도 감추고 있다.

또다시 수학을 사용해 13일의 금요일은 1년에 적어도 반드시 한 번 있고, 세 번을 초과할 수 없다는 사실을 증명했다. 그리고 한 해의 첫날이 (2009년처럼) 윤년이 아닌 해에는 목요일, 윤년인 해에는 월요일이어야만 13일의 금요일이 1년에 세 번 있다.

이 경우 달력을 따져보면, 13일의 금요일은 2월과 3월 두 달 연속해서 두 번 있고, 세 번째는 11월에 있을 것이다. 이런 상황은 1998년과 2015년에 이미 벌어졌고 2026년에 다시 생길 것이다. 2010년과 2011년에는 13일의 금요일이 각각 단 한 번 있었고, 2012년에는 세 번 있었는데 1월, 4월, 7월이었으며(2, 3, 11월보다 점점 더 자주 나타나는 삼총사), 2013년에는…… 9월과 12월에 두 번 있었다. 2009년부터 2019년까지는 13일의 금요일이 스물한 번 있었다.

또다시 수학의 도움을 받아 계산한 결과, 13일의 금요일 두 번 사이의 날수가 체계적이라는 사실이 확인되었다. 그 날수는 27이거나 90, 181, 244, 272, 335, 426이다. 따라서 두 13일의 금요일 사이가 365일보다 더 많은 날수로 분리될 수도 있는 것이다. 그런 경우가 1999년 8월 13일과 2000년 10월 13일 사이에 있었다.

또 다른 방식으로 달력을 가지고 장난을 쳐볼 수 있다. 예를 들어 한 세기 동안 13일의 금요일이면서 가톨릭교회의 성금요일인 날의 수, 즉 부활절 일요일이 4월 15일 일요일인 횟수를 계산해볼 수 있다. 부활절 날짜는 유동적이라서 가장 이르면 3월 22일,

가장 늦으면 4월 25일이기 때문이다. 부활절 일요일이 4월 15일이라는 조건을 만족시키는 마지막 해는 2001년이었다. 그런 상황이 다시 생기려면 아주 오래 기다려야 할 것이다. 다음번 13일의 금요일/성금요일은…… 2063년에야 올 테니까. 20세기에는 그런 날이 세 번 있었다(1906, 1979, 1990). 21세기에는 다섯 번 있을 것이다(2001, 2063, 2074, 2085, 2096).

그리스도의 식탁에 앉은 열세 명

예수 그리스도가 십자가에 못 박혀 죽은 것을 기념하는 성금요일이 13일의 금요일이 악명을 떨치게 된 기원이라고 사람들은 흔히 말한다. 그리스도의 마지막 식사 때, 식탁에 열세 명이 있어서 더욱 그렇다. 우리 문화는 12라는 수를 아주 좋아하는데(12개월, 12시간 등), 13 때문에 배반자 유다가 등장했다. 13일의 금요일을 둘러싸고 어째서 그런 '언짢은 기분'이 드는지 설명하기 위해 여러 다른 이유도 거론된다. 라틴 아메리카에서는 13일의 화요일이 그날에 해당한다. 이탈리아에서는 17이 불운과 연결되고, 중국에서는 '죽음'을 뜻하는 글자(死)와 발음이 아주 비슷한 4가 그렇다.

하지만 그 어떤 훌륭한 데이터를 가지고도 13일의 금요일이 행운-불운의 저울에서 어느 쪽으로 기우는지 통계적으로 정할 수는 없다. 그렇다면 어째서 그날 사람들은 우연 게임을 더 많이 할까? '희망이 사람을 살리기' 때문에? 수학의 법칙, 특히 큰수의 법칙이 가혹하기 때문에 그러한 게임은 '지는' 게임이라고 단언한다. 하지만 그래도 엄연히 당첨되는 사람이 있다. 그러나 떨어지는 사람보다는 훨씬 적다.

로또에서 당첨될 확률은 약 1,400만분의 1이다. 확실히 그 확률이 낮기는 하다. 하지만 그래도 가능성은 있다……. 주사위를 던져서 6이 연속으로 아홉 번 나오는 경우의 수도 1,400만분의 1이다. 만일 5유로나 10유로를 내면 주사위를 던질 수 있고, 그래서 6이 아홉 번 연속으로 나오면 큰 액수의 돈을 주겠다고 누군가 말하면, 당신은 그 게임을 하겠는가? 또 몇 번이나 하겠는가? 그날이 아무리 13일의 금요일이라 해도…….

29

자갈은 어째서 둥글까?

구르는 돌에는 이끼가 끼지 않는다. 그 돌은 둥글고 보드라워진다. 자갈이 매끄럽고 동그래지는 이유가 정말로 바다의 파도에 떠밀려서, 또는 강바닥에서 굴러다니기 때문일까? 간단한 관찰만으로도 그러한 설명이 매우 불충분하다는 사실을 알 수 있다. 산의 급류를 따라 상류부터 하류까지 어디에서나 둥근 돌을 찾아볼 수 있기 때문이다. 만일 자갈의 모양이 물의 흐름 작용만으로 결정된다면, 돌은 물에 휩쓸려 차츰 닳아 상류가 아닌 하류에만 자갈이 있어야 할 것이다. 하지만 실제로는 그렇지 않다. 그러므로 다양한 침식 과정이 자갈을 형성하는 데 작용하는 것이 틀림없다. 돌을 연마해 반질반질하게 만드는 데 가장 큰 역할을 하는 것은 모래알일 수 있다. 모래알은 물의 흐름에 휩쓸려 다니며 사포처럼 작용한다. 따라서 돌멩이는 제자리에서 움직이지 않고도 둥글고 매끄러워질 수 있다.

1년에 새로 만들어지는 자갈 4만 톤

해변의 규석 자갈도 거의 비슷하다. 물론 이때는 바다의 움직임이 자갈을 서로 마찰하도록 만들어 어느 정도 역할을 하지만, 일부 자갈은 이번에도 모래 알갱이에 마모되어 연마될 수 있다.

'바다' 자갈은 비로 인한 침식과 추위, 바다의 작용 때문에 절벽 일부가 떨어져 내려서 생긴다. 떨어진 암석은 먼저 파도의 '공격을 받는다'. 그러면서 석회질이 차츰 용해된다. 석회질이 줄무늬를 이루던 규석 덩어리는 조각이 나서 굴러가고, 밀물과 썰물로 인한 파도에 떠밀려 서로 부딪친다. 그리고 모래에 연마된다. 그 규석 덩어리들은 전체 질량의 약 30퍼센트를 잃고 난 후(이 30퍼센트는…… 모래가 된다) 3~6개월에 걸쳐 모양이 둥글어지고 띠를 이루며 축적된다. 그리고 그 자리에 머물면서 계속 침식되고 동글동글해진다. 1년에 새로 만들어지는 자갈은 약 4만 톤에 이르는 것으로 추정되는데, 프랑스의 경우 주로 오트노르망디 해변에서 만들어진다. 자갈이 아직 큼직하다면 최근에 떨어진 암석으로 생긴 자갈일 가능성이 크고, 반대로 자갈이 둥글고 작다면 유명한 에트르타 해변의 무수한 자갈이 그렇듯 아주 오래된 자갈일 것이다.

규석 자갈은 평균적으로 98퍼센트가 실리카로 이루어진다. 규석은 오늘날 환경에서는 더 이상 형성되지 않는 화석 돌이다. 규석층(절벽에서 볼 수 있는 검은색 줄무늬들)을 포함한 석회암층이 형성된 조건에 따라, 그리고 실리카의 비율과 이런저런 산화물의 존재 여부에 따라 규석 자갈은 서로 다른 색조를 띤다. 예를 들어 위에서 말한 에트르타 해변에서는 검은색 자갈을 볼 수 있는데, 이 자갈은 지금으로부터 약 9,000만 년 전 백악기 말 투로니안 시대에 특징적으로 형성되었다. 이 자갈은 자기 제품을 만드는 재료로 인기가 매우 높다. 회색 자갈에는 그 어떤 금속 성분도 들어 있지 않다.

고대 그리스인, 특히 (기원전 300년쯤) 아리스토텔레스학파의 그리스인은 자갈의 형태가 둥근 이유에 대해 이미 의문을 제기했다. 그래서 돌멩이가 자갈이 되는 것은 돌멩이가 파도에 떠밀려 굴러다니며 돌멩이의 중점에서 가장 먼 점들이 가장 속도가 빠른 지점으로서 먼저 침식되기 때문이라고 설명했다.

프랑스 스트라스부르의 어느 연구 팀*이 얼마 전에 자갈의 형

* 스트라스부르에 있는 프랑스 국립과학연구원CNRS의 샤를 사드롱 연구소Institut Charles Sadron 연구 팀으로, 카를로 마르크Carlos Marques가 이끌고 있다.

태를 현재로서는 (매우 납작한 자갈의 경우를 다루듯) 2차원으로 모형화하는 데 최초로 성공했다. 그 연구자들은 자갈의 곡률을 측정함으로써 자갈과 그 형성 과정의 특징을 밝힐 수 있다는 사실을 확인했다. 자갈의 크기나 형태가 어떻든 간에 가장자리의 둥근 부분을 분석하면 자갈의 특징과 자갈이 거쳐온 침식 과정을 알 수 있다. 또 자갈이 아직 돌멩이였을 때 애초 형태에 상관없이 자갈은 도식적으로 똑같은 유형의 곡선을 보이는 경향이 있다는 사실도 확인했다.

이제 그 연구를 둥근 자갈이 지닌 3차원으로 확대하는 일이 남았다. 이러한 작업이 이루어진다면 지질학자들은 자갈을 연구한 내용을 바탕으로 어느 현장에서 퇴적이 이루어진 역사, 즉 그곳이 바다였는지 호수나 강, 빙하였는지 재구성할 수 있는 도구를 갖추게 될 것이다.

줍기 금지

규석 자갈은 선사 시대 이후 인간이 활용한 최초의 물건 중 하나다. 그것은 아마도 최초의 도구였을 것이다. 가령 구멍을 뚫은 자갈은 어부의 그물에 다는 추로 사용되었다. 19세기와 20세기에 자갈은 장식용으로, 유리를 제조하기 위해, 그리고 콘크리트나 특수 외장재에 섞여 사용되었다. 프랑스 노르망디 지방의 자갈이 미국의 케이프커내버럴에 있는 로켓 발사장의 활주로를 건설하는 데 사용되었다고 한다. 노르망디 해변에서는 자갈이 너무 많이 채취되어 1975년 이후 자갈 줍는 일이 금지되어 있다. 두 세기 동안 그곳에서 채취된 자갈의 총량은 현재 전 세계 연안에 남아 있는 자갈의 양과 같다고 추정된다.

30

왜 따끔거릴까?

"함부로 덤비면 큰코다친다Qui s'y frotte s'y pique(직역하면 '몸을 문지르면 거기에 찔린다'—옮긴이)." 아주 단순한 이 격언(스코틀랜드에서 엉겅퀴를 두고 말하는 격언, 오를레앙 공국, 로렌 지방, 또는 만화 〈땡땡의 모험〉 시리즈 중 『오토카 왕국의 지휘봉』에서 땡땡이 방문하는 실다비아 왕국의 격언)은 매우 다양한 생물학적 현실을 포함한다.

가시, 침, 두드러기를 일으키는 가시털, 흡촉수, 빨판 등 자연은 따끔하게 찔릴 때 아파서 내지르는 노랫가락을 다양하게 만들려고 온 정성을 쏟았다.

털로 말하자면, 어떤 포유동물은 털을 제거하려고 애쓰는 반면에, 다른 포유동물은 털이 없으면 죽고 말 것이다. 일부 식물도 마찬가지다. 그 이유는 모두 비슷하다. 온도에 맞서, 건조해지거나 얼지 않기 위해, 포식자와 기생충에 대항해 자신을 보호하는 것이다. 그 털은 대부분 진정한 작은 보석이다. 작은 곤충인 벼룩이나 이의 수준에서 보면 어떤 가시는 옛날 전차를 막기 위해 전쟁 때 설치했던 '거마창'이라 할 수 있다.

어떤 털은 고슴도치나 호저, 성게, 선인장에서 보듯 단단하다. 상처를 입힐 수도 있고, 심지어 부러져 피부 속에 남아 감염을 일으킬 수도 있다. 하지만 엄밀하게 말하면 그 털이 두드러기를 일으키지는 않는다. 이들은 화학적 반응이 아닌 물리적 반응을 일으킨다.

화끈거릴 수 있고, 전기 충격과 비슷한 반응을 일으키며, 피부가 붉게 변하고 물집이 생기고 가려워지는 반응을 일으키는 가시털의 범주에서는 쐐기풀의 털이 가장 기발하고 놀랍다. 쐐기풀은 삼, 느릅나무, 뽕나무, 무화과나무를 포함하는 커다란 식물군에 속한다. 쐐기풀의 가시털은 그 일부 잎사귀의 뒷면과 줄기의 어떤 부분에 나 있다. 짧은 털과 긴 털, 두 유형이 있다. 짧은 털은 해롭지 않으나 긴 털은 가늘고 기다란 선 구조이며 자유로운 끝부분이 실리카 결정체를 이룬다. 마치 그 가시들에 작고 깨지기 쉬운 유리 앰풀이 달린 것과 같다. 이 앰풀에는 아세틸콜린과 히스타민이 섞인 기이한 물약이 들어 있다. 아세틸콜린은 신경 임펄스를 신경의 말단으로 전달하는 역할을 하는 물질이다. 히스타민은 면역, 그리고 여러 알레르기 현상을 일으키는 데 관여하는 화학 전달 물질이다. 이 둘은 그야말로 '폭발적인' 조합이다.

피부가 쐐기풀의 가시털에 살짝 스치거나 부딪히면 실리카 튜브가 깨져 비스듬한 날을 이루어 미세한 주사기처럼 표피로 파고든다. 방해자가 일으킨 움직임 때문에 가시털 밑에 나 있는 샘이 수축해 펌프 역할을 해서 두드러기를 일으키는 물질이 피부에 주입된다. 그러면 아프다. 매우 따끔한 느낌이 든 다음 피부가 붉게 변하고 물집이 생기며 가렵다.

이 사실을 알면서도 쐐기풀을 아무런 위험 없이 요리해 먹을 수 있을까? 수프와 샐러드 등을 만드는 데 사용하고, 출혈 현상이나 염증, 외부 감염 등을 치료하는 조력자로 사용할 수 있을까? 있다. 그때는 이미 '독소'가 비활성화되어 있기 때문이다. 그러니 쐐기풀을 채취할 때만 조심하면 된다.

제라늄 또는 라벤더에서도 비슷한 유형의 털을 찾아볼 수 있다. 단, 거기에서 분비되는 물질은 두드러기를 일으키기보다 향기를 일으킨다. 삼은 호랑가시나무와 약간 비슷하게 잎에 가시가 달렸는데, 잎의 가장자리에 미세한 갈고리를 추가로 지닌다. 한편 우엉의 씨앗을 감싼 털은 피부를 약간 따끔따끔하게 만들 수 있다. 그런데 그 털 덕분에 위대한 발명이 이루어졌다. 우엉의 씨앗은 그 털을 이용해 동물의 털이나…… 우리 인간의 옷에 '들러붙을' 수 있고, 그런 방법으로 널리 퍼진다. 스위스의 기술자 조르주 드 메스트랄Georges de Mestral은 거기에서 영감을 받아 벨크로Velcro('VELvet CROchet', 벨벳 갈고리)를 발명했다.

두드러기를 일으키는 종들로 되돌아오면, 가렵게 만드는 여러 혼합물에 들어 있는 분자 하나에 관심을 가질 필요가 있다. 바로 식초의 '사촌'인 개미산이다. 프랑스어로 개미산을 일컫는 '아시드 포르미크acide formique'에서 '포르미크'는 '개미fourmi'를 일컫는

라틴어 단어 '포르미카formica'에서 유래했지만, 이 개미산을 무기로 사용하는 종이 개미만은 아니다. 거미와 행렬 털 애벌레를 비롯한 일부 애벌레, 또 다른 종들은 개미산이 가렵게 만드는 특질을 활용한 기법을 쓴다.

모기(암컷만 알에 양분을 공급하려고 찌른다), 벌(일벌은 자신의 침을 사용한 다음 죽는다), 말벌(여러 번 침을 쏠 수 있다), 전갈, 뱀은 여러 다른 수단 및 다른 분자 혼합물을 사용한다.

그런데 동물계에도 쐐기풀과 아주 비슷한 종이 존재한다. 바로 해파리다. 삿갓 모양의 몸체와 특징적인 가는 촉수들을 지닌 해파리는 뇌와 허파, 혈액과 골격은 없지만 히스타민이 함유된 독을 지닌다. 참고로 말하면, 해파리에 쏘여 화끈거리는 곳은 민물로 씻으면 독의 작용이 더 심해지므로 많은 양의 바닷물로 씻어내는 것이 좋다. 세계의 모든 바다와 대양에서 서식하는 해파리는 프랑스어로 '양배추 머리', '사자 갈기', '침을 쏘는 보랏빛 동물', '바다의 말벌' 등 온갖 별명을 지니고 있다. 그중 하나인 '바다의 쐐기풀'이라는 별명이 그냥 지어진 것은 아니다.

31

불을 끄면 빛은 어디로 갈까?

빛이 바로 저곳에 당당하고 밝게 있었는데 '위대한 스위치'가 작동하자 별안간 사라진다. 블랙홀 속으로 가버린 걸까? 어떤 저장고로 간 걸까? 왔던 길을 되돌아간 걸까? 대체 어디에 숨어 있을까? 일단 빛이 실제로 무엇인지 알아볼 필요가 있다. 빛의 진정한 모습은 무엇일까? 인간은 질문을 제기하는 일이 유익하다는 사실을 깨달은 이후 이 문제에…… 빛을 밝히려 애써왔다.

일단 태초부터 시작해보자. 신은 땅과 하늘을 창조한 직후 만물이 어둠에 잠겨 있는 것을 보고 말한다. "빛이 생겨라!" 그러자 빛이 생겼다. 성경 「창세기」에서는 빛의 탄생을, 그리고 빛의 중요성을 이렇게 설명한다.

고대부터 이미 현자들은 빛의 성질에 대해 질문을 던졌다. 이집트의 돋을새김 벽화에는 태양 광선을 다채로운 색을 띤 꽃들의 흐름으로 표현했다. 빛은 물의 표면에서 파도처럼 퍼지는 파동일까, 아니면 물질 입자의 흐름일까?

17세기에 르네 데카르트René Descartes, 뒤이어 아이작 뉴턴Isaac Newton은 매우 기초적이지만 효율적인 최초의 광학 기구들을 사용해 관찰한 내용을 바탕으로 빛이 물질 입자인 모델을 만든다. 이에 반박해 위대한 학자 크리스티안 하위헌스Christiaan Huygens는 빛이 파동인 체계를 제시해 빛의 회절과 굴절 현상을 설명한다. 하지만 뉴턴이 실시한 백색광 분해 실험과 거울 달린 망원경이 너무나 설득력 있어 뉴턴의 과학적 영향력이 우위를 차지한다. 그래서 빛은 거의 2세기 동안 각기 정해진 색깔을 지닌 입자의 흐름이라고 생각된다.

광자의 개수 헤아리기

19세기에 이르러 영국에서 토머스 영Thomas Young, 프랑스에서 오귀스탱 프레넬Augustin Fresnel이 실시한 연구 덕분에 파동설 쪽으로 무게중심이 기운다. 그들이 제시한 증명이 너무도 타당해 빛이 파동성을 띤다는 생각이 큰 지지를 받는다. 입자는 퇴출된다. 독일의 하인리히 헤르츠Heinrich Hertz는 오늘날 '헤르츠파'라고 불리는 파동을 발생시키는 데 성공한다. 이 파동은 길이가 더 길다는 점에서만 빛과 다르다.

20세기 초에 빛의 입자설이 다시 등장한다. 양자물리학이 탄생하면서 이루어진 막스 플랑크Max Planck의 연구와 빛이 물질처럼 수량으로 표시된다는, 즉 빛도 미립자처럼 움직이는 에너지 입자들로 이루어져 있다는 가설을 제시한 알베르트 아인슈타인 덕분이었다.

하지만 가장 놀라운 사실은 이 모든 학자가 부분적으로는 옳았고 부분적으로는 틀렸다는 사실이 증명된다는 점이다. 빛은 파동인 동시에 그 유명한 '광자'라는 입자이기 때문이다. 곤란하게도 그 광자를 묘사해 그릴 수는 없다. 양자 세계에서는 여러 법칙과 형상이 우리 감각으로 인지하는 것과 전혀 다르다. 그래도 광자가 어떻게 생겼는지 굳이 묘사해본다면, 당구공보다는 어떤 초자연적인 에너지 구름을 닮았을 것이다.

하지만 광자의 개수를 셀 수는 있다. 광자의 흐름은 일반적으로 물질의 흐름보다 그 입자의 수가 적다. 수도꼭지에서는 1초에 물 분자가 약 100만 경(10^{24})개 쏟아져 나온다. 당신이 선탠을 하려고 해변에 누워 있다면 1초에 그보다 300배 적은 수의 광자를 받을 것이다. 보름달을 바라보는 눈은 1초에 '고작' 100억 개의 광자를 받아들인다. 여러 실험에 따르면, 망막을 뒤덮은 세포(약 1억 개) 하나하나가 신경 임펄스를 만들어내는 데는 두세 개의 광자만 필요하다. 그러니 우리는 깨닫지 못한 채 광자들을 거의 하나씩 '보는' 셈이다.

빛의 진정한 성질을 앎으로써 빛을 길들일 수 있게 되었다. 예를 들어 레이저와 디지털 사진기, 동영상 촬영기의 감지기, 바코드 해독 장치, CD 재생 장치 및 기록 장치, 프린터나 광섬유 정보 전송에서 말이다.

그리고 현재는 심지어 빛의 속도를 늦출 수도 있다. 1990년대 말에 과학자들은 빛을 초속 17미터, 즉 시속 61킬로미터까지 늦추는 데 성공했다. 또 다른 연구 팀들은 빛을 초속 3미터까지 늦추거나 몇 분의 1초 동안 멈추게 하는 데 성공했다. 빛은 초속 30만 킬로미터로 우주 공간을 이동하고, 그 속도는 우리 우주에서 넘을 수 없는 한계인데도 말이다.

하지만 우리 거시 세계에서 적용되는 규칙들이 광자가 속한 양자 세계에서는 어쩌면 똑같이 적용되지 않을 거라는 의심이 싹트기 시작했다. 작은 것들이여, 파이팅!

32

소립자는 모두 발견되었을까?

15년쯤 전에 프랑스의 일간지 「피가로Le Figaro」에 '물질의 핵심을 이루는 원자의 궁극적인 비밀'이라는 제목 아래 다음과 같은 글이 실렸다. "가장 강력한 물리학 분석 도구를 사용해도 밝혀낼 수 없던 물질을 이루는 소립자 중에서 마지막 입자가 바야흐로 굴복했다." 그로부터 1년 후 물질을 구성하는 입자 중에서 가장 '무거운' 입자(꼭대기 쿼크)가 발견되었다. 이로써 고대부터 이루어졌으며 끝나지 않을 것처럼 보이던 무한히 작은 세계 탐사가 종료되는 것 같았다.

레우키포스(기원전 5세기), 뒤이어 그의 제자 데모크리토스, 그로부터 얼마 후(기원전 1세기) 데모크리토스의 연구를 이어간 로마 철학자 루크레티우스는 물질이 더 이상 자를 수 없는 가장 작은 '돌멩이'인 '아토모스atomos'로 이루어져 있다는 가설을 처음으로 제시했다. 6세기 들어 (이름을 참으로 적절하게 지은) 르네상스기에 이르러서야 프랜시스 베이컨Francis Bacon, 르네 데카르트, 피에르 가상디Pierre Gassendi에 의해 '원자론'이 다시 등장한다. 18세기에는 라부아지에Lavoisier, 뒤이어 돌턴Dalton(색맹 등 색각 이상을 뜻하는 용어 '돌터니즘daltonism'이 그의 이름에서 유래했다)이 원자를 확실히 궤도에 올려놓았다. 당시에는 수소, 산소 등 '원소'만 연구되었는데, 19세기에 러시아의 화학자 드미트리 멘델레예프Dmitrii Mendeleev가 원소를 무게에 따라 분류한다. 이때부터 원자 연구는 더 빠르게 진행된다. 20세기 초에는 원자가 하나의 핵, 그리고 마치 태양 주위를 도는 행성들처럼 핵의 주위를 도는 전자들로 구성되어 있다고 정확하게 기술되었다(1911년에 어니스트 러더퍼드Ernest Rutherford). 뒤이어 핵 자체도 더 작은 입자들(1919년에 양성자, 1932년에 중성자)로 구성되어 있다는 사실이 밝혀졌다. 그리고 그 입자들은 더 작은 입자인 '쿼크'로 나뉜다.

쿼크라는 이름을 붙인 이유는 더할 나위 없이…… 비과학적이다. 1964년에 쿼크를 '발명'한 물리학자 중 한 사람인 머리 겔만Murray Gell-Mann은 파리 느낌이 물씬 나는 아일랜드의 소설가 제임스 조이스James Joyce의 '팬'이라서 그 이름을 선택했다. 제임스 조이스의 소설 『피네간의 경야Finnegans Wake』는 60개 언어가 뒤섞여 쓰여 '실험실의 작품'이라고 불린다. 그 작품에는 13행으로 이루어진 시 한 편이 담겨 있는데, 그 시에서 '마크왕'은 다음과 같이 사정없이 조롱당한다. "미스터 마크를 위해 쿼크 세 개를Three quarks for Muster Mark!"

우리는 21세기를 살아간다. 인간은 시력의 한계를 끊임없이 확장해왔다. 이제 그 종착역에 이른 것일까? 정말로 소립자를 전부 발견해낸 걸까? 그렇다고 말할 수 있다면 참 좋겠다. 하지만 모든 물리학자는 소립자가 전부 발견되지 않았다고 확신한다. 그렇지 않다면 그들이 어째서 계속 점점 더 큰 기계를 만들고 있겠는가?

물질의 깊숙한 곳을 탐색하는 연구자들은 입자가 무거울수록 발견하기 힘들다고 단언한다. 이를 제대로 이해하려면, 물질이 대부분 빈 공간으로 이루어진다는 사실을 상기해야 한다. 원자의 지름은 원자핵의 지름보다 1만 배에서 10만 배 더 길다. 원자의 지름이 1미터라면, 그 핵은 지름이 10분의 1밀리미터인 먼지 한 톨에 해당할 것이다.

한편, 인간의 몸을 이루는 모든 원자가 서로 닿을 정도로 바짝 모인다면, 그 몸은 맨눈으로는 볼 수 없게 될 것이다. 그러니 계속해서 비어 있는 공간은 엄청나게 넓다. 그리고 그 공간에서 작용하는 힘들은 그곳에서 맴도는 물체의 크기에 비례한다. 원자핵 안에서는 강하지만 미치는 거리가 매우 짧은 어떤 힘이 작용해 입자들을 응집한다. 마치 인간의 팔처럼 말이다. 원자의 나머지 부분에서 작용하는 힘은 그보다 훨씬 약하지만(전자는 무척 가볍다) 미치는 거리는 더 길다. 그 힘은 명령을 내리는 목소리에 비유할 수 있을 터이다.

'무거운' 소립자, 가령 전자보다 1만 배 더 무거운 입자는 그런 약한 힘에는 방해받지 않고 궤도를 바꾸지도 않을 것이다. 대서양 횡단 여객선은 전혀 못 느낄 가벼운 물결이 호두 껍데기를 출렁이게 만드는 것처럼 말이다. 일반적인 낚싯대로는 고래를 잡을 수 없는 것처럼, 가장 묵직한 입자들을 잡으려면 특별한 트롤망이 필요하다.

그런 트롤망을 유럽과 미국에서 만드는 중이다. 그리고 얼마

후엔 그것이 물질을 이루는 궁극적인 구성 요소들을 더욱 깊숙이 파고들어 탐색할 것이다. 현재 각종 이론과 실험에 따르면 총 12가지 기본 입자가 결합하고 상호작용해서 상상 가능한 모든 종류의 물질, 아니 거의 모든 종류의 물질을 형성한다고 추정된다. 하지만 몇몇 '세부 사항'이 들어맞지 않는다. 이론들이 제대로 들어맞으려면 무엇보다 소립자 하나(힉스 보손Higgs boson이라고 불린다)가 부족하다. 현재 조정을 가하는 거대한 도구들을 사용하면 이 지점이 더욱 분명히 밝혀질 것이다. 또 일부 과학자가 이미 프레온preon이라고 부르는, 쿼크보다 100배 더 작을 거라는 입자를 추적할 수도 있을 터이다. 소립자 탐색이 과연 언젠가는 끝을 볼까?

33

아직도 발견하지 못한 행성이 있을까?

수성, 금성, 지구, 화성, 목성, 토성, 천왕성, 해왕성, 명왕성. 태양계의 '공식적인' 9개 행성은 10여 년 전부터 학교 교과서에 변함없이 등장해왔다. 하지만 상황이 바뀌었다. 천문학자들이 행성이 무엇인지 확실하게 합의를 보지 못한 상황에서 말이다. 그 이유는, 행성의 정의가 존재하지 않기 때문이다.

2006년 8월 24일 국제천문연맹 제26회 총회에 참석한 과학자 2,500명 중에서 70퍼센트가 명왕성이 행성이라는 데 반대표를 던졌다. 그 의제를 준비하는 일을 담당한 전문가 위원회가 이미 알려진 9개의 행성에 더해 새로운 행성 3개를 공식으로 인정하자고 권고한 상황에서 벌어진 일이다. 그래서 태양계 행성의 수는 12개로 늘어난 것이 아니라 오히려 줄어 8개가 되었다! 하지만 태양계를 확장하기를 주장하는 사람들이 이대로 물러서지는 않을 것이다.

프랑스어로 행성을 뜻하는 단어 '플라네트planète'의 어원은 '떠돌아다니다'라는 뜻을 지닌 그리스어 단어로, 행성이 어떻게 발견되었는지 말해준다. 우리가 맨눈으로 볼 수 있는 행성들(수성, 금성, 화성, 목성, 토성)은 서로에 대해 항상 같은 자리에 있는 항성들과 달리 실제로 하늘을 떠돌아다니는 것처럼 보인다. 하지만 행성들은 태양계의 거대한 움직임을 조직하는 천체역학의 법칙을 엄격하게 따른다. 우주 공간을 떠도는 작은 돌멩이 하나도 마찬가지다. 그렇다면 그 돌멩이는 어느 순간부터 행성이라는 계급장을 달 자격을 얻을까?

가장 엄정한 사전들도 행성에 대해 확실한 정의를 내리지 않는다. 행성을 "태양 주위를 공전하는 빛을 발하지 않는 천체"라고 정의 내리는 아카데미 프랑세즈Académie française의 사전도 마찬가지다. 이런 정의를 적용한다면 태양계에는 행성이 1만 개쯤 존재할 것이다.

고려해야 할 기준은 무엇일까? 크기, 형태, 질량, 구성 성분, 궤도의 형태, 대기의 존재 여부, 위성의 존재 여부……? 모두가 인정하는 유일한 기준은, 행성이 내부에 지속적인 원자 에너지원을 지니지 않는다는 사실이다. 그런 에너지원을 지니면 항성이라고 부른다.

크기와 질량의 문제는 절반만 합의를 보았다. 상한선에는 별다른 문제가 없다. 행성은 목성보다 12~80배밖에 클 수 없다. 그보다 더 크면 '임계 질량'을 넘어 항성으로 변할 것이기 때문이다. 한편, 하한선은 여전히 논란의 대상이다. 모든 사람이 그 한계를 지름 1,000킬로미터로 정하는 데 동의하는 것처럼 보였다.

하지만 명왕성(2,240킬로미터)을 계속 행성으로 간주했다면, 2005년에 발견된 지름 2,600킬로미터의 제나Xena(2003 UB313), 2004년에 위치가 확인된 지름 1,280킬로미터와 1,760킬로미터 사이의 세드나Sedna, 2002년 6월에 발견된 지름 1,280킬로미터의 콰오아Quaoar도 행성으로 보아야 했을 터이다. 그리고 1801년에 관찰된 화성과 목성 사이 소행성대에 위치한 지름 약 1,000킬로미터의 세레스Ceres는 어떤가?

하한선을 정하지 않고도 태양계에는 행성 10개를 포함할 수 있었을지 모른다. 마지막으로 발견된 제나가 명왕성보다 약간 더 크기 때문이다.

형태라는 기준 역시 행성을 정의 내리기에 불충분하다. (알려진) 모든 행성이 둥글지만, 그렇다고 천체에 있는 모든 둥근 물체가 행성은 아니다. 또 만일 행성에 반드시 대기가 있어야 한다면,

수성은 행성이 아닐 터이다. 비공식적으로 모든 천문학자는 명왕성을 행성으로 분류하는 일이 오류였음을 인정한다. 명왕성이 미국인이 발견한 유일한 행성(1930년)이라는 사실을 알면, 왜 이런 오류가 벌어졌는지 조금 이해가 된다.

그런데 행성을 명확히 정의하는 문제에는 또 다른 쟁점이 숨어 있다. 새로운 행성을 찾아 나서는 사냥은 이제 사실상 주로 태양계 바깥에서 이루어진다. 10년 전부터 천문학자들이 보유한 기술을 사용해 행성을 거느린 다른 태양들을 탐색하는 일이 가능해졌다. 현재 그렇게 발견된 외계 행성의 수는 수백 개에 이른다.

그 외계 행성들은 모두 서로 무척 다르다. 그중 하나가 일종의 꽁꽁 얼어붙은 '슈퍼 지구'인데, 우리 행성보다 13배 더 크고(따라서 그 크기는 해왕성과 비슷하다) 지구에서 9,000광년(9,400억 킬로미터) 떨어진 곳에 위치한다. 우리 인간은 지구와 매우 닮은 행성들, 즉 생물이 있을지 모를 행성들을 탐지하는 일에 서서히 다가서는 중이다.

34

원자는 위험한 관계를 맺을까?

화학은 나쁜 이미지로 낙인찍혔다. 누군가 그 이름을 말하면, 용액이 부글부글 끓으며 연기를 내는 목이 굽은 화학 실험용 기구와 증류기, 용기들과 흰 가운을 입은 머리가 부스스한 과학자를 떠올리거나, 아주 수상한 연기가 피어오르는 하늘을 배경으로 서 있는 해골 머리가 그려진 공장들을 떠올린다. '화학 제품'은 '독극물'과 동의어다. 하지만 사실은 모든 것이 화학이라고 말할 수 있을 터이다. 화학은 물리학과 생물학 사이의 연결 고리이기 때문이다.

물질이 고체, 액체, 기체라는 세 가지 형태로 존재하는 것은 바로 원자 및 분자화학 덕분이다. 또 서로 다른 분자가 그토록 많이 존재하는 것도 화학 덕분이다. 화학은 자연에 존재하는 원소 115개가 서로 결합하거나 결합하지 않게 한다. 그 원소들이 조합해서 거의 무한한 분자가 만들어질 수 있다. 이런 식으로 인간의 몸에는 10만 개 이상의 서로 다른 분자가 있다. 미래에 등장할 재료도 이미 그 광대한 화학적 발레 속 어딘가에 잠재적으로 존재한다.

그러므로 모든 것은 관계의 문제다. 일련의 결합과 결별, 또는 배신이 따르는 관계. 그러한 결합 관계는 크게 세 종류다. 가장 강한 것은 공유 결합이다. 이는 서로 같은 수준의 전자기적 '욕망'을 지닌 두 개의 원자 사이에서 맺어진다. 지나치게 크면 안 되는 똑같은 전자기적 갈망이다. 두 원자는 서로에 대한 이끌림을 충족하려고 각자 바깥층에 있는 하나 또는 여러 개의 전자를 공유한다. 이런 일이 두 수소 원자 사이에서 벌어져 수소 기체 분자가 만들어진다. 혹은 두 산소 원자가 이런 식으로 결합해 산소 기체 분자를 만든다. 이 커플은 두 파트너의 욕구가 모두 충족되므로 무척 안정적이다. 이 원자들은 결합함으로써 각자 혼자 있을 때보다 더 오래 지속된다.

그렇다고 수소나 산소가 일부일처제를 따르는 것은 아니다. 싱글인 수소는 예를 들어 염소 원자와 쉽게 결합해 그 수용액 형태가 염산인 HCl, 즉 염화수소를 이룬다.

상반되는 것들의 '혼인'

원자들이 맺는 관계의 두 번째 유형은 이온 결합이다. 이 결합 덕분에 소금과 달걀 껍데기, 세척제 등이 존재한다. 이온 결합은 서로 다른 원자들 사이에서만 이루어질 수 있다. 이 결합은 한쪽은 양전하, 다른 쪽은 음전하로 전하를 띤 원자들 사이에서 이루어지는 '혼인'에 기초한다. 즉 상반되는 것들이 서로에게 이끌린다. 조금 밀고 당기며 실랑이하는 사랑이라고 할 수 있다. 또 이온 결합은 원자들을 진정으로 변모시키는 힘이 있다. 가령 두 염소 원자가 만나면 그 원자들은 공유 결합으로 하나가 되어 공기보다 비중이 더 큰 유독하고 불쾌한 냄새가 나는 황록색 기체를 이룬다. 하지만 염소 원자가 나트륨 원자(무른 은색 금속)를 만나면 염화나트륨을 이루는데, 이것이 바로…… 우리가 먹는 소금이다.
세 번째 유형의 결합은 약한 결합이라고 부른다. 이 결합은 커플이 하나가 되도록 만드는 것이 아니라, 다양한 분자 사이의 '사회적' 응집을 보장한다. 수소 결합, 그리고 발견자의 이름을 딴 판데르발스Van der Waals 결합으로 구분된다.

가차 없는 싸움

수소 결합에서는 공유 결합에 필요한 10분의 1의 힘만 작용한다. 하지만 이 결합은 참나무에 비교한 갈대와 같아 탄성이 강하다. 이 관계의 중요성을 가장 잘 보여주는 예는 바로 물이다. 물 분자는 산소 원자 하나와 수소 원자 두 개로 이루어진다. 이렇게 형성된 물 분자는 약한 극성을 띠어 한쪽 끝은 양전기를, 다른 쪽 끝은 음전기를 아주 조금씩 띤다. 물 분자들은 이러한 전기적 이끌림에 따라 서로 '연결'된다.

판데르발스 결합은 그보다 더 약하다. 이 결합 역시 분자들 간 극성의 차이에 기초한다. 이 유형의 결합에 대한 가장 생생한 예는 연필심이다. 연필심은 수백만 개의 탄소층으로 이루어지는데, 그 원자의 '무수한 겹의 층상 구조' 전체를 유지하는 것이 바로 판데르발스 힘이다.

원자와 분자들 사이 관계는 대부분 평온하고 서로에게 이롭다. 하지만 어떤 관계는 질투를 불러일으켜 위험하다. 가령 물 분자와 황산 분자를 만나게 하면, 둘이 어울리며 새로이 커플을 만드느라 가차 없는 싸움이 벌어질 것이다. 그 싸움에는 끼어들지 않는 편이 낫다.

35

멕시코 만류가 사라진다면?

이제 관건은 지구가 전 세계적 온난화를 겪는지 알아내는 일이 더 이상 아니다(그 대답은 "그렇다"이다). 그 기온 상승의 규모와 영향이 어떨지에 대한 대답은 아직 정해지지 않았다. 현재 전문가들은(그리고 비전문가들은) 서로 대치하는 여러 쟁점 중에서 해류에 관한 논쟁을 참으로 맹렬히 벌이고 있다. 해양 한가운데로 흐르는 그 '강들' 중 하나가 유럽 대륙에 각별히 큰 영향을 미치기 때문이다. 그 해류가 사라질 가능성이 있으므로 그것이 '물을 대는' 북반구의 일부 지역에 심한 기후 변화를 일으킬 거라는 우려가 생긴다. 그에 따른 결과는 역설적이게도, 지구는 따뜻해지지만 서유럽은…… 심하게 차가워질 거라고 한다.

멕시코만에서 출발해 대서양을 굽이굽이 거쳐 흐르는 멕시코 만류는 서유럽 해안에 온난한 살사 춤의 소용돌이를 일으킨다고 할 수 있다. 그래서 프랑스의 브르타뉴와 노르망디 지방의 암석과 절벽에서는 몇몇 이국적인 꽃이, 스코틀랜드에서는 진달래꽃이 핀다. 쥘 베른Jules Verne은 『해저 2만 리』에서 멕시코 만류를 "유럽의 해안들이 영원한 초록빛으로 장식되게 만드는 거대한 난방 장치"라고 묘사한다.

바다의 강, 펼쳐지는 양탄자, 지구상 가장 풍요로운 수족관, 해양에 '비료를 주는 존재'로 간주되는 멕시코 만류의 수원은 멕시코만 근처 미시시피강과 아마존강 사이 어디쯤에 '잠겨' 있다. 멕시코 만류는 따뜻한 남쪽의 물을 북쪽으로 운반하고, 북극에서 오는 래브라도 해류에 맞선다. 그러면 래브라도 해류는 북아메리카 해안을 향해 가고, 멕시코 만류는 대서양을 가로질러 서유럽을 향한다. 뒤이어 멕시코 만류는 '따뜻한' 물로 된 '강들'로 나뉘어 아이슬란드와 노르웨이에서부터 포르투갈까지 흘러갔다가 차가워지면서 남쪽으로 돌아간다. 어떤 사람들은 멕시코 만류 덕분에 서유럽의 겨울이 같은 위도에 위치한 캐나다만큼 혹독하지 않다고 말한다(섭씨 15도 차이가 난다). 하지만 그에 대한 이유가 전혀 다르다고 주장하는 사람들도 있다.

어쨌거나 멕시코 만류는 에너지를 전달하는 훌륭한 펌프다. 그런데 그 만류에 탈이 날 수 있을까? 그러지 않을 이유가 전혀 없다. 과거 기록을 연구한 내용에 따르면 멕시코 만류는 여러 번 자연스레 수압 저하를 겪었다. 그 결과, 서유럽은 '단지' 섭씨 4~5도 추워졌다.

오늘날에는 거기에 인간의 활동이 개입된다. 가설 중 하나는, 전 세계 온난화로 극지방의 빙산이 더 많이 녹을 것이라고 한다. 그러면 짜지 않은 물이 특히 북극에서 바다로 대량 유입될 것이다. 그로 인해 바다의 '혈관'에 불균형이 생겨 멕시코 만류는 아주 빨리 되돌아 내려갈 것이다. 현재보다 더 빨리, 유럽의 해안에 도달하지 않은 채 말이다.

이러한 지구의 해류들을 모델화하는 일은 여전히 매우 어렵다. 해류는 아주 많은 변수의 영향을 받기 때문이다. 회전하는 지구 때문에 해류가 빙빙 돈다(북반구에서는 시계 방향으로, 남반구에서는 반시계 방향으로). 온도, 염도, 바람, 달, 조수 등이 모두 해류의 강도와 경로, 영향력을 결정한다.

토펙스포세이돈Topex-Poseidon이나 제이슨Jason 같은 위성들은 몇 년 전부터 지구에서 물로 된 구역의 75퍼센트를 관찰하는 데 활용되고 있다. 과학 기기가 잔뜩 달린 선박들이 해양을 가로지르며 상황을 상세히 검토하고 바다 온도를 측정하며 그곳에 사는 동식물을 연구한다. 프랑스 국립해양개발연구소Ifremer는 이러한 일을 하는 원양 선박을 네 척 보유하고 있다. 2009년에 '푸르쿠아 파Pourquoi pas?'호는 대서양을 가로질렀다. '아탈랑트Atalante'호는 가스코뉴만을 비롯한 여러 곳을 항해했고, '탈라사Thalassa'호는 전반적인 점검을 했다. 한편 '쉬루아Suroît'호는 앤틸리스 제도에서 몇 달 보내고 툴롱에서 기술 점검을 위해 정박한 다음 마르마라해를 향해 떠났다.

그와 동시에 다른 위성들과 기상 관측 기구, 비행기, 기상 관측소 들이 대기를 철저히 분석한다. 주목받는 최신 이론들은 기류에 큰 비중을 둔다. 미래 기후와 날씨가 해양의 물 순환보다는 대기 순환에 더 직접적으로 연관된다고 보는 것이다.

하지만 확실한 사실은 단 하나, 즉 그 두 체계가 긴밀하게 연결되어 있다는 사실이다. 어느 것이 달걀이고 어느 것이 암탉인지, 어느 것이 주도하고 어느 것이 단순히 보조할 따름인지 말할 수는 없지만 말이다. 멕시코 만류가 쇠퇴하더라도, 바다는 계속 파문을 일으킬 것이다.

36

몽블랑산은 앞으로 더 높아질까?

서유럽의 최고봉은 계속 감시를 받는다. 그리고 그 높이는 정기적으로 정확하게 기록된다. 그런 식으로 사람들은 학교에서 배운 그 유명한 고도인 4,807미터가 몇 미터 갱신되었다는 사실을 알아챘다. 그런데 아주 재미있게도 그 수치는 늘거나 줄어들 수 있다. 몽블랑산은 연도에 따라 더 높아지거나 낮아지기 때문이다. 장기적으로는 계속 더 높아지는 추세다.

이를 더욱 잘 이해하기 위해 또 다른 거인, 이번에는 정신적 거인인 알베르트 아인슈타인을 언급하고자 한다. 놀랍게도 그가 항상 최고였던 것은 아니다! 아인슈타인은 1955년에 사망하기 조금 전, 미국의 역사학자 찰스 햅굿Charles Hapgood의 책을 칭찬하는 서문을 썼는데, 이 미국 학자는 지질학에 열중해 일생의 대부분을 전설에 나오는 섬 아틀란티스를 찾아 나서는 데 보냈다. 그 책에서 햅굿은 지구의 양극에 있는 빙모氷帽가 점점 더 무거워지면서 지각에 차츰 더 큰 압력을 가하며, 그 때문에 지각은 단단한

받침대 위에서 천이 미끄러지듯 이동할 수밖에 없다고 단언한다. 알베르트 아인슈타인은 햅굿에게 이렇게 썼다. "당신의 논거는 상당히 설득력 있고, 나는 당신의 가설이 정확하다는 느낌을 받습니다." 햅굿은 대륙들이 서로 연관되어 움직인다는 이론을 반박한다. 그는 예를 들어 남아메리카의 대서양 해안과 아프리카의 대서양 해안이 형태상 서로 들어맞아 보인다고 믿는 사람들을 비웃으며, 그러한 생각이 가소롭다고 단언한다. 하지만 역사는 그가 틀렸음을 밝혔다.

1912년에 마르부르크 대학 소속 기상학자이자 천문학자인 독일인 알프레트 베게너Alfred Wegener는 『대륙과 해양의 기원』이라는 책을 출간했다. 그는 그 책에서 2억 년 또는 2억 5,000만 년 전에 존재한 자신이 판게아Pangea라고 이름 붙인 커다란 하나의 대륙으로부터 대륙들이 떨어져 나와 '이동'해서 현재의 모든 육지를 이루었다는 대륙 이동설을 설명한다. 이 이론은 그에 앞서 (1908년에) 미국의 아마추어 지질학자 프랭크 버즐리 테일러Frank Bursley Taylor가 제시한 것이었다. 당시 그러한 주장은 대단한 논란을 불러일으켰다. 당대의 '과학적 올바름'에 따르면, 대륙이 움직인다 해도 수직으로 움직이지 수평으로 움직이지는 않는다고 보았기 때문이다. 또 다른 이론에서는 산맥 및 해양의 움푹 팬 곳이 지구가 형성된 후 냉각되며 생긴 주름이라고 설명했다. 시간이 흐르면 사과가 쪼글쪼글해지듯이 말이다.

논쟁은 반세기가 넘도록 지속되었다. 그 주된 이유는 베게너가 지질학계 주류에 속하지 않았기 때문이다. 하지만 그가 자신의 이론을 반박의 여지 없이 옹호하기에는 지식이 충분하지 못했기 때문이기도 하다. 그래서 그는 가끔 턱없는 발언을 하기도 했다.

그러다가 대서양 한가운데를 북쪽에서 남쪽으로 가로지르고 중앙에 깊은 계곡이 있는 지퍼처럼 생긴 거대한 산맥인 대서양 중앙 해령이 발견되고, 뒤이어 해저에 구멍을 뚫어 추출한 암석의 지자기를 해독하고 나서야 마침내 대륙들이 이동하게 만드는 '모터'가 발견되었다. 나누어진 지각들 아래로는 소용돌이치며 움직이는 마그마가 있다. 그러므로 1960년대 중반에 와서야 베게너의 이론은 확실한 사실로 여겨졌다. 그러나 알프레트 베게너는 이미 오래전에 사망했다. 그는 1930년 11월 그린란드로 탐사를 떠나 행방을 감추었다가 며칠 후 꽁꽁 언 채로 발견되었다. 그의 나이 쉰 살이었다. 하지만 그의 연구는 그보다 더 오래 살아남았다.

판 구조론

현재 우리는 지구의 표면이 여러 개의 판(1968년에 채택된 용어)으로 이루어진 모자이크라는 사실을 알고 있다. 이 판들은 움직이고 서로 부딪치며 주름이 지면서 산맥을 이루고 지구 내부를 향해 잠겨 들고, 그와 동시에 감지되지 않게 미세하거나 그 판들 위에 서식하는 생명에 재앙을 불러일으키는 큰 지진을 일으킨다. 판 구조론은 확실히 탄생했으나, 1980년대에도 그에 대한 강한 반론이 존재했기 때문에 확고하게 자리매김하지 못한다.

그 이론 덕분에 현재 우리는 몽블랑산의 미래를 예견할 수 있다. 지구의 표면은 10여 개의 커다란 판과 20여 개의 작은 판으로 이루어지며, 그 판들의 일부 위에는 대륙이 위치한다. 유럽 대륙과 북아메리카 대륙은 우리 손톱이 자라는 속도(1년에 약 2센티미터)로 서로 멀어진다. 아프리카 대륙은 북쪽을 향해 올라가고 있으니, 먼 훗날 지중해는 사라지고 알프스산맥은 대서양부터 우랄산맥까지 이어지는 히말라야산맥 유형의 광대한 산맥으로 변할 것이다.

몽블랑산의 고도를 측정한 마지막 기록에 따르면 그 정상의 높이는 약 4,811미터에 이른다. 2003년 9월에는 4,808.45미터였다. 2.50미터 가까이 높아진 것이다. 하지만 이는 그리 간단한 문제가 아니다. 2001년 9월에는 4,810.4미터였으니 말이다. 한 번은 높아지고 한 번은 낮아졌다. 그 이유는 산을 덮은 눈과 얼음의 두께가 약간 변하기 때문이다. 암석으로 된 정상의 고도는 4,792미터다. 또 현재 벌어지는 기후 변화로 중간 고도의 빙하는 녹지만 높은 고도의 빙하는 더 두꺼워진다.

그러나 수백만 년 후에는 몽블랑산이 해양 밑바닥에 잠길 가능성도 아예 없지 않다.

37

지구는 무엇으로 이루어졌을까?

우주에서 가장 풍부한 원소는 수소이고 그다음은 헬륨인데, 이 두 원소는 원자 수준에서 가장 단순하고 모든 원소 가운데 가장 가볍다. 적어도 이것이 우주를 주의 깊게 살펴보며 확인하게 되는 사실이다. 오늘날은 최신 망원경으로 아주 멀리까지 볼 수 있지만, 전문가들은 우주를 이루는 물질을 인간이 단 10퍼센트만 식별할 수 있다고 추정한다. 나머지 90퍼센트는 암흑 물질 혹은 숨겨진 물질이라고 불리며, 거기에 더해 반물질도 존재한다. 반물질은 인간이 한 번도 본 적 없는 입자들로 이루어져 있을 거라고 한다.

관찰 가능한 물질을 살펴보면, 이는 수소 90퍼센트, 헬륨 9퍼센트, 산소 약간(0.1퍼센트) 또는 탄소 소량(0.06퍼센트)으로 이루어진다. 아직 젊은 별인 우리 태양은 수소 93퍼센트, 헬륨 6퍼센트, 산소 0.06퍼센트, 탄소 0.04퍼센트 등으로 구성된다.

이제 지구로 돌아가보자. 우리 행성을 이루는 물질은 자연에 존재하는 화학 원소 92개로 구성된다. 그중에서 30여 개는 무척 흔하고 6개 정도는 생명에 반드시 필요하다. 가장 풍부한 원소는 산소인데, 지각의 47퍼센트 가까이를 구성한다. 두 번째로 풍부한 원소는 28퍼센트를 차지하는 규소다. 그리고 알루미늄(8.1%),

철(5%), 칼슘(3.6%), 나트륨(2.8%), 칼륨(2.6%), 마그네슘(2.1%)이 있다. 이 8개 원소가 지각의 98.5퍼센트를 이룬다. 따라서 자연에 존재하는 화학 원소 나머지 84개는 지구의 1.5퍼센트를 이룰 뿐이다.

이 목록에서 빠진 유명한 원소들이 있다. 생물의 필수적 구성 요소 중 하나인 탄소가 그렇다. 탄소는 지각에 0.048퍼센트 존재해, 가장 풍부한 원소 순위에서 15번째다. 하지만 우리 몸을 이루는 원자를 100개라고 가정하면 그중에서 50여 개는 수소 원자이고, 25개는 산소 원자, 10개는 탄소 원자다. 나머지 원소들은 그보다 훨씬 더 적게 들어 있지만, 그렇다고 덜 필수적인 것은 아니다. 그중에서 철은 핏속에서 헤모글로빈으로 산소를 운송하고, 코발트는 비타민 B_{12}에, 망간과 아연은 세포 내 효소 반응을 위해 필요하다. 지구에서 풍부한 원소 목록에 빠져 있으며 역시 생명에 매우 중요한 또 다른 원소로 질소가 있다. 질소는 지각에 0.03퍼센트 함유되어 있지만 우리가 호흡하는 공기의 78퍼센트를 구성한다.

'뜻밖의 손님'이라 부를 만한 원소들도 있다. 네오디뮴이 그중 하나다. 이 원소는 지구에 코발트보다 더 풍부하지만, 전혀 알려지지 않았다. 그러나 네오디뮴은 선글라스와 도자기의 착색, 하드 디스크 재생 헤드, 또는…… 라이터돌같이 여러 용도로 쓰인다. 루비듐은 납보다 15배 더 많고, 우리가 한 번도 들어본 적 없는 가돌리늄 역시 주석보다 더 많다.

놀라운 사실 몇 가지

역사도 놀라운 사실 몇 가지를 알려준다. 지각의 8퍼센트 조금 넘게 차지해 세 번째로 풍부한 원소인 알루미늄의 경우가 그렇다. 알루미늄은 19세기에 와서야 뒤늦게 발견되었고, 오랫동안 희귀한 금속으로 여겨졌다. 그 당시 프랑스의 몇몇 귀족과 부유한 집안에서는 심지어 은 제품 대신 알루미늄 식기를 사용하기도 했다.

그래도 희귀한 금속, 그것도 무척 희귀한 금속이 엄연히 존재한다. 겉모양과 가공의 용이함, 그리고…… 희소성을 고려하면 인간이 금을 가장 귀중한 금속 서열에 올린 것은 실수가 아니다. 금은 지각의 0.003퍼센트만을 구성하는 것으로 추정된다. 그와 비교해 은은 0.05퍼센트, 백금은 0.005퍼센트, 상온에서 액체 상태인 유일한 금속인 수은은 0.02퍼센트를 차지한다.

하지만 금이 가장 희귀한 원소는 아니다. 프랑슘과 아스타틴이 가장 희귀한 원소다. 그 이유는 바로 이 두 원소가 방사성, 즉 불안정하기 때문이다. 이들은 '아버지' 원소가 붕괴해서 생겨나고, 자신도 '아들' 원소들을 탄생시킨다. 덧붙이자면, 프랑슘은 자연에 존재하는 화학 원소 중 가장 나중에 발견된 것으로, 프랑스 파리에 있는 퀴리 연구소Institut Curie에서 마르그리트 페레Marguerite Perey가 발견했다. 프랑슘이 그토록 희귀한 이유는 무척 빠르게 붕괴하기 때문이다. 프랑슘의 반감기, 즉 그 원소의 일정량이 절반으로 줄어드는 데 걸리는 시간은 22분 미만이다. 그에 비해 두 번째로 희귀한 원소인 아스타틴은 반감기가 8.5시간이다.

마지막으로 한 가지, 이번에는 무기 원소가 인간에게 유용한 정도에 따라 순위를 매긴 또 다른 목록 하나를 제시해본다. 그에 따르면 유럽인 한 사람은 70년에 걸친 생애 동안 철 14톤, 알루미늄 1.6톤, 구리 680킬로그램, 납 360킬로그램, 아연 343킬로그램을 '소비한다'. 참으로 대단한 식성 아닌가!

38

달은 누구 것일까?

이 질문에 대한 답은 몇 년 전에 이미 결정된 것처럼 보였다. 1967년에 유엔이 주관해 체결한 국제 조약의 제2조에서는 "달과 다른 천체들을 포함한 지구 대기권의 바깥 공간은 통치권 선포, 활용, 점유라는 수단, 또는 그 어떤 다른 방식으로도 국가가 소유하는 대상이 될 수 없다"라고 규정했다. 따라서 달은 그 누구의 것도 아니다(또는 모두의 것이다).

하지만 1967년 이후 우주 진출 면에서 상당한 발전이 이루어졌다. 법규도 많이 생겼고, 정부나 우주국 사이 양자 간 또는 다자간 협정도 무수히 체결되었다. 엄청난 양의 문서가 우주를 향한 발사와 위성, 우주 공간에서 인간, 국제 우주 기지, 우주 탐사선 등에 관련된 규칙과 책임을 규정한다. 현재 우주에 적용 가능한 법적 규정은 전체를 아우르는 구상이 없이 지나치게 복잡하다. 심지어 전문가들조차 울창한 밀림이 되어버린 그 규정들 사이에서 갈피를 잡기 힘들어한다. 우주 비행을 하는 최초의 사기업들이 발달하는 상황이라 더욱 그렇다. 그 기업들 가운데 하나가 달에 정착해서 그곳을 개발하겠다고 하면 무슨 일이 벌어질까?

한편, 달의 영토 소유권을 주장하는 사례가 늘고 있다. 그 때문에 국제우주법학회IISL는 최근 다음과 같은 엄숙한 경고문을 발표했다. "달과 다른 천체들의 소유권을 사적으로 요구하는 일에 대한 현재 법적 상황을 다루는 어떤 성명을 발표할 필요가 있다." 국제우주법학회는 각 국가에 그러한 소유권 요구를 합법화하지 않을 책임이 있다고 상기시킨다.

문제는 모든 국가가 1967년의 우주 조약을 비준하거나 서명하지 않았다는 사실이다. 2005년 1월 1일 유엔 가입국 178개국 중에서 97개국만 그 조약을 비준했고, 27개국은 그 조약에 서명만 했다(서명은 비준보다 덜 '강력'하다). 중국, 프랑스, 러시아, 미국은 그 조약을 비준한 반면, 카타르와 오만은 거기에 서명조차 하지 않았다.

은하계 정부

1979년에 체결된 또 다른 조약은 달과 다른 천체들에 대해 잠재적으로 이루어질 수 있는 개발에 관한 사항을 다룬다. 그러한 개발은 규제는 되지만 완벽하게 허용된다. 11개 국가만 그 조약을 비준했고, 프랑스와 인도를 비롯한 5개 국가가 그 조약에 서명했다. 하지만 미국, 중국, 러시아, 일본은 비준 또는 서명을 하지 않았다.

몇몇 우주국이 (슈퍼 연료가 될 수 있을) 헬륨3과 달의 물, 화성의 마그네슘이나 코발트, 우라늄, 소행성들의 금 등을 개발할 '광산' 개발 계획을 준비하고 있다는 사실이 알려져 있다.

그렇지만 나사Nasa는 2024년 달에 다시 착륙할 계획을 발표하면서 특히 그 계획으로 얻게 될 과학적 이득을 강조했다. 그리고 달이 다른 행성들을 향해 떠나는 유인 우주 비행을 위한 우주 기지가 될 수 있을 거라는 점도 강조했다.

달 호텔 또는 궤도 호텔 계획도 존재한다. 거기에 어떤 법률을 적용할까? 지금으로서는 그 법이 해양법과 대체로 비슷하리라 생각된다. 우주 비행체는 선박처럼 국적을 표시한 깃발을 단다. 따라서 비행체가 등록된 나라의 법이 그 기기에 적용된다. 만일 러시아의 로켓이 프랑스 영토에서 발사되면, 프랑스와 러시아는 로켓이 왕복 비행하는 동안 로켓에 대해 공동으로 책임을 지지만, 로켓 내부에는 러시아의 법이 적용된다.

달로 돌아와보자. 경솔하게도 자신이 달을 소유했다고 나서는 사람이 전 세계 여기저기에 많이 있다. 가장 유명한 인물은 미국인 데니스 호프Dennis M. Hope다(그는 자신이 은하계 정부의 대통령이라고 스스로 선포했다). 그는 1980년 달과 태양계의 모든 행성에 대한 소유권 증명서를 샌프란시스코시 토지과에 제출했고, 그 사본을 유엔과 미국, 러시아 정부에 보냈다. 그는 자신이 설립한 회사 루너 엠버시Lunar Embassy를 통해 달의 토지 구획을 판매한다. 그 회사에 30유로가 조금 넘는 금액을 지불하면 '고요의 바다' 근처에 있는 땅 4,000제곱미터를 소유할 수 있다. 해당 구역을 찍은 사진과 그 부지의 지질학적 특성 목록, 그리고 부동산 소유 증서도 받을 수 있다. 얼마 안 되는 비용으로 벽에 걸 멋진 사진을 하나 마련하는 셈이다(하지만 여러분은 더 저렴하게 그 사진을 손수 만들 수도 있다).

또 다른 미국 기업도 1999년 그 사업에 뛰어들었다. 뉴욕에 본사를 둔 루너 리퍼블릭 소사이어티Lunar Republic Society도 달의 소유주라고 주장한다. 그 소유권에는 당연히 아무런 '공증된' 가치도 없지만, 그 회사들은 달의 영토 수백만 제곱미터를 이미 수천 명에게 판매했다고 한다. 그 구매자들은 그야말로…… 정신을 달나라에 두고 사나 보다.

39

아인슈타인은 여전히 옳을까?

"당신의 이론을 이해하려면 반드시 수학을 아주 잘 알아야 합니까?"라고 프랑스 일간지 「피가로」의 기자가 1921년 10월 13일자 신문에서 알베르트 아인슈타인 교수에게 물었다. 교수는 잠시 생각해본 다음 차분히 “아니요”라고 답했다. 상대성을 ‘발견해낸’ 그는 그 긴 인터뷰 중에 자신의 연구가 대중의 관심을 불러일으킨다는 사실을 놀라워했다. “그 모든 것이 이해하기 무척 힘들고, 이해했다고 믿더라도 설명하기란 더욱 어려운데…….”

2005년은 근대 물리학의 토대를 이루는 과학 논문 4편의 출간 100주년을 기념하기 위해 ‘세계 물리의 해’로 명명되었다. 그 4편의 글은 세상에 대한 지식과 관점을 완전히 바꾸었다. 그에 앞서 그러한 업적을 이룬 연구는 각각 17세기와 18세기에 발표된 갈릴레이와 뉴턴의 연구뿐이었다. 그러한 광채를 발한 지 100년이 지난 지금, 아인슈타인은 여전히 옳을까?

현대 물리학자 대다수는 사실상 오로지 한 가지 일을 이루려고 연구하고 있다. 매우 공경하는 마음으로 아인슈타인을 ‘파괴’하는 일이다. 아인슈타인이 갈릴레이의 이론을 ‘바로잡았고’, 갈릴레이가 아리스토텔레스의 오류를 정정했으며, 아리스토텔레스가 아낙사고라스의 연구를 반박하려 시도했듯 말이다. 우리는 상대성에서 벗어나기만 한다면 확실히 진보할 수 있을 것이다.

아인슈타인은 자신의 연구와 생각이 지식 탐구 과정에서 (불완전한) 하나의 진보에 불과함을 잘 알았다. 어쨌거나 특허와 시계 동기화, 전자기학에 열광한 독일 태생 스위스 사람인 아인슈타인은 여전히 잘 버티고 있다. 그가 방정식으로 표현한 상대성은 자신을 파괴하려는 시도에 맞서 잘 견뎌내고 있다. 그 이론은 결코 허술하지 않다. 그럴 수밖에 없다. 아인슈타인이 공들여 연구한 시간–공간은 우리가 항상 명쾌하게 이해할 수는 없어도 오늘날 우리에게 무척 유용하기 때문이다. 그에 대한 구체적인 예는 바로 GPS 시스템이다. GPS가 단지 지금 우리가 어디에 있고 몇 시인지 알려주기 때문이 아니라, (지구에서 멀리 떨어진 채 빠르게 돌면서) 그 일을 하는 인공위성들이 그곳의 시간과 우리의 시간이 완벽하게 똑같은 방식으로 흐르지 않는 것처럼 보인다는 사실을 감안하기 때문이다. 상대성 방정식을 이용해 그 인공위성들에 있는 시계에 교정을 가해야만 GPS 시스템의 신뢰도를 보장할 수 있는 것이다.

아인슈타인이 실시한 또 다른 위대한 증명 가운데 하나는 질량–에너지 등가다. 아인슈타인은 이 등가를 물리학에서 더없이 잘 알려진 공식 '$E = mc^2$'(그는 실제로 이 공식을 '$L = MV^2$'이라고 썼다)으로 나타냈다. 이 공식 덕분에 핵분열을 이용할 수 있게 되었고, 어쩌면 태양을 빛나게 하는 에너지인 핵융합을 활용할 수 있게 될지도 모른다.

사실 이 수학적 개념들은 상대성의 가장 중요한 유용성을 제대로 반영하지 않는다. 상대성은 무한히 큰 것과 무한히 작은 것을 지배하는 법칙들을 더 잘 이해하게 해준다. 우리가 원자가 되었다고 가정해보면, 우리의 삶은 양자역학이라고 불리는 역학의 지배를 받을 것이다. 저 멀리 있는 별이 되어보자. 그러면 우리의 미래는 상대론적 역학에 따라 결정될 것이다. 우리 인간의 수준에서는 뉴턴 물리학으로 충분하다.

아인슈타인이 능가될지 모를(능가될) 지점(그가 연구했으나 끝맺지 못한 연구 주제)은 이 두 가지 무한, 즉 무한히 큰 것과 무한히 작은 것에 공통된 관계 영역에서 찾아볼 수 있다. 이는 과학자들이 '대통일'이라고 부르는 것으로, 그 두 역학의 하나에서 다른 것으로 수학적으로 넘어가는 경로를 찾아내는 일이다. 놀랍게 보일지 모르지만, 현재 이 두 역학 사이에는 역전할 수 없는 비양립성이 존재한다. 달리 말하면, 그러한 일은 생길 수 없다.

그래서 방정식을 만드는 사람들은 끈 이론이라고 부르는 아주 매력적인 이론을 만들어냈다. 이 이론에서는 소립자를 공 모양으로 정의 내리는 것이 아니라, 사방으로 계속 꼬이면서 돌아가는 양 끝이 서로 붙은 닫힌 끈 모양으로 정의 내린다. 방정식 애호가들에게는 그야말로 멋진 놀이터다. 몇몇 실험자도 거기에 합류해 제시되는 가설을 확인하거나 파기할 장치를 만들고 있다.

공간 3차원, 시간 1차원, 이렇게 4차원을 지닌 상대성을 이해하는 일도 까다롭기에 끈 이론은 그야말로 절망스럽다. 11차원 내지는 21차원이 개입되기 때문이다. 아인슈타인은 이미 더 이상 옳지 않을지 모르지만, 우리는 아직 그 사실을 모른다. 그리고 그가 옳지 않을 이유는 우리의 이성한테 계속 막연하게만 느껴질 터이다.

40

물에는 왜 불이 붙지 못할까?

인류가 불을 다스리기 위해서 들이는 치열한 노력이 끝나려면 아직 멀었다. 불을 길들이는 과정은 계속 진행 중이고, 거기에 걸린 쟁점은 엄청나기 때문이다. 불은 이제 더 이상 단지 음식을 섭취하거나 몸을 덥히거나 불을 밝히거나 방어하는 데만 사용되지 않는다. 불은 산업 생산과 교통, 우주 탐사 등에 사용되기 시작했다. 유럽의 로켓 아리안Ariane, 또는 미국의 우주 왕복선, 러시아의 소유즈 우주선의 부스터와 엔진 속에서 타오르는 불은 인간이 지금껏 사용한 불 중에서 가장 잘 통제되고 완벽하게 개량된 것일 터이다.

그리고 그 불은 더욱 개선할 수 있다. 가령 청결함 측면에서 말이다. 아니 땐 굴뚝에서 연기 날 리 없다는 말이 있다. 하지만 과학자들은 연기 나지 않는 불도 있다는 사실을 일반화하고자 한다. 그럴 수 있다면 발생하는 오염 물질이 많이 제거될 것이다. 불을 더 잘 알면 불을 더욱 잘 모델화하고 불에 맞서 더 잘 싸울 수 있다.

불은 단순한 동시에 복잡하기 때문이다. 불이 존재하려면 '단지' 세 가지 재료만 필요하다는 점에서 단순하다. 그 재료는 연소하는 물질(나무, 휘발유 등), 산소처럼 연소물과 반응하는 조연성 물질, 열원熱源이다. 이 '불의 삼각형'은 모든 연소에 필요하고 없어서는 안 된다. 세 가지 요소 중 하나만 없어도 불은 아예 생기지 못하거나 꺼진다.

불은 기본적으로 화학 반응이기 때문에 복잡하다. 분자들은 서로에 대해 반응하며, 그 때문에 분자가 재배열되어 열과 빛, 잔류물, 그리고 많은 경우 소리가 생성된다.

원자 중 가장 단순한 수소 원자에서 시작해보자. 수소 원자는 (양성자가 단 하나 있는) 핵 하나와 전자 하나로 이루어진다. 두 개의 수소 원자가 서로 가까워지면, 이들은 '단결은 힘이다'라는 금언을 적용한다. 두 원자는 서로 결합함으로써 떨어져 있을 때보다 더 '강해'진다. 이렇게 만들어진 분자는 더 안정적이다. 분자를 그 상태로 유지하는 데 에너지가 더 적게 필요하기 때문이다. 다시 말하면, 수소 분자는 독립된 수소 원자 두 개보다 에너지를 덜 소비한다.

(산소 원자 두 개로 이루어진) 산소 분자가 수소 원자들에 다가가면 무슨 일이 생길까? 산소 분자가 '차분'하면 아무 일도 생기지 않지만 산소 분자가 높은 온도 때문에 매우 동요된 상태라면 산소 분자가 수소 분자에 달려들 위험이 있다. 그렇게 달려들어 생긴 충격이 충분히 강할 경우, 산소 원자들은 제각기 수소 분자와 결합하면 더 편안해진다는 사실을 깨달을 것이다. 쌍방이 모두 이득을 본다. 그리하여 수소 원자 두 개와 산소 원자 하나를 포함한 분자 하나가 만들어진다. 이것이 물 분자다. 그러므로 물 분자

는 수소가 연소해서 생긴 산물이다. 수소가 타면서 생기는 재가 바로 물이다. 그리고 재는 타오를 수 없다.

이런 화학 반응으로 일정량의 에너지가 방출되면서 새로운 분자들이 만들어진다. 이 에너지는 분자들의 동요, 즉 열기를 더 심하게 만든다. 이렇게 생겨나는 열과 온도 '상승'의 속도, 불의 전파 속도는 개입되는 물질과 초기 조건에 크게 좌우된다. 예를 들어 똑같은 부피의 나무라도 그 나무가 큼직한 통나무이냐, 작은 나뭇조각이냐, 톱밥이냐에 따라 타오르는 불의 양상이 매우 다를 것이다.

불을 활용하다

연소는 느린 산화부터 작고 큰 폭발에 이르기까지 그 양상이 다양하다. 불의 역학은 연소 과학 내에서 온전한 하나의 분야를 이룬다. 불을 연구하려는 진정한 최초의 과학적 노력은 계몽 시대에 이루어졌다. 1737년 프랑스 과학 아카데미Académie des sciences는 '불의 성질과 전파'라는 주제로 경진대회를 개최했다. 볼테르Voltaire가 그 대회에 참가했지만, 우승자는 스위스의 위대한 수학자 레온하르트 오일러Leonhard Euler였다. 라틴어로 쓰인 그의 글은 현실과 거리가 멀지만, 거기에는 현재 우리가 아는 불의 전파 모델의 맹아가 담겨 있다. 그로부터 얼마 후 1777년에 위대한 화학자 라부아지에는 단두대에서 머리가 잘리기 전에 물은 수소가 산소와 함께 연소해서 생기는 산물이라는 사실을 증명했다. 그 후 여러 진보가 이루어졌지만, 연구할 내용은 아직도 많이 남아 있다.

특히 주로 엔진 속에서 불을 활용하기 위해 그렇다. '가정용' 연소의 80퍼센트가 엔진과 연관되어 생긴다고 추정된다. 그 엔진들의 최고 단계는 바로 로켓의 엔진이다. 로켓 아리안 5의 엔진인 벌케인Vulcain(신화에서 불의 신, 제우스의 대장장이인 불카누스Vulcanus의 이름에서 따옴)을 그 예로 들 수 있다. 그 엔진 양쪽에 달린 30미터 높이의 커다란 두 원기둥인 로켓의 부스터를 엔진과 혼동하면 안 된다. 내부가 과염소산 암모늄과 폴리뷰타다이엔, 알루미늄 가루 혼합물로 채워져 있는 이 부스터는 두 개의 커다란 불꽃놀이 장치처럼 기능한다.

벌케인 엔진의 연소실 내부는 압력이 대기 압력보다 110배 높고 온도는 섭씨 3200도에 이른다. 무엇보다 그 엔진에서 발생하는 소용돌이를 제대로 이해하기 위해 연소실 내부에서 생기는 현상을 모델화하는 데 오랜 연구가 이루어졌다. 그 엔진은 원자력발전소 한 개의 위력을 지니며, 저장고로부터 액체 수소(1초당 600리터 주입)와 액체 산소(1초당 200리터 주입)를 공급받는다. 무언가 떠오르지 않는가? 맞다. 아리안의 엔진이 뿜어내는 기체는 바로…… 수증기다.

41

흐르는 모래는 사람을 집어 삼킬 수 있을까?

유사流沙, 즉 흐르는 모래는 치명적일 수 있다. 그 때문에 책 『배스커빌가의 개』부터 영화 〈인디애나 존스〉에 이르기까지, 대중적인 이야기나 문학 작품, 영화를 통해 유사에 대한 신화가 구축되었다.

유사는 어디에서나 음흉하고 가차 없는 위험한 모습으로 그려진다. 영어로는 '빠른 모래'를 뜻하는 퀵샌즈quicksands라 부르고, 독일어로는 '자라는 모래'라는 뜻의 트리브잔트Triebsand, 이탈리아어로는 '유동적인 모래'라는 의미의 사비에 모빌레sabbie mobile, 러시아어로는 '흔들거리는 모래'라는 뜻의 지부치에 페스키ziboutchié peski, 중국어로는 '흐르는 모래'라는 의미의 리우샤流沙, 아랍어로는 '자기 밑에서 움직이는 모래'라는 뜻을 지닌 람라 무타하리카ramla moutaharika라고 한다. 모든 경우에 그것은 움직인다. 하지만 집어삼키지는 않는다. 유사는 사람을 집어 삼킬 수 없다. 물리적으로 불가능하다. 사람이 그 안에 빠지고 걸려들긴 하지만, 그 안으로 가라앉지는 않는다.

'좋은' 유사가 만들어지려면 물과 모래 말고 다른 것이 필요하다. 그렇지 않다면 해변을 거닐 때 발이 빠질 수밖에 없을 것이다. 최소한 다른 두 가지 재료, 즉 소금과 점토가 필요하다. 이것들이 섞여 고체와 액체 사이 혼종 특질을 띠며 점도가 매우 빠르게 바뀌는 물렁물렁한 물질이 만들어진다. 물론 나라와 환경에 따라 몇 가지 서로 다른 유형의 유사가 존재하지만, 물질의 점도가 급작스레 바뀐다는 이 원칙은 모든 유사에 적용된다.

점토는 그 점착성으로 전체가 일정한 모양새를 유지하게 한다. 소금은 유사에 그 특유의 질퍽질퍽한 양상을 부여한다. 유사는 사실 말하자면 카드로 쌓아 올린 점토질의 성으로, 그 안에 모래알들이 들어 있다. 유사에 행위를 가하지 않으면 아무 일도 벌어지지 않는다. 하지만 그 모래 위에 예를 들어 발 하나를 디디면, 에너지를 가하는 행위인 그 단순한 움직임 때문에 카드로 만든 성이 무너지고 점토가 액체화한다. 이것은 숟가락으로 휘젓기 전에는 단단하던 요구르트가 저으면 액체 상태가 되는 것과 약간 비슷하다.

'집게덫' 효과

발을 디디면 모래알은 더 이상 점토로 된 '접착제'로 서로한테 고정되지 않고 아래로 떨어지며 물은 떠오른다. 그래서 사람이 유사에 빠져드는 것이다. 또 이것이 빠졌을 때 심하게 움직일수록 더 깊이 빠져드는 이유다. 하지만 어느 정도까지만 빠져든다. 인간의 몸은 동물의 몸과 마찬가지로 물 위에 뜨는 경향이 있기 때문이다. 그래서 몸이 어느 정도 충분히 잠기면 아르키메데스의 원리가 역할을 발휘한다.

그런데 완전히 가라앉을 수는 없다 해도 붙들릴 수는 있다. 모래가 점토로 된 접착제에서 해방되어 바닥으로 가라앉을 때는 거기에 함유되어 있던 물이 빠져나가 압축되며 매우 단단해지기 때문이다. 그래서 빨아들이고 고정시키는 효과가 생긴다. 이런 상태에서 발을 위쪽으로 들어 올리려면 무척 큰 힘이 필요하다. 아마도 이런 '집게덫' 효과 때문에 사람이 유사에 빠져 죽을 수 있다는 신화가 생겼을 것이다. 몽생미셸만에서 사망해 슬프게도 유명해진 사람들, 또는 몇몇 강과 그 하구에서 사망한 사람들을 떠올리게 된다.

물의 흐름도 유사 효과를 증폭시킨다. 밀물이 드는 순간 유사에 걸려들면(알다시피 그곳에서는 물이 무척 빠르게 올라온다) 물의 흐름을 피하지 못하고 익사할 수 있다. 하지만 이는 물에 빠져서 죽는 것이다.

유사를 이해하면 다른 놀라운 사실들도 알게 된다. 지구과학 영역에서 계속 얘기하자면, 토양의 액체화 현상은 지진 중에, 또는 처참한 산사태가 나기에 앞서 끔찍한 영향을 미칠 수 있다.

점토질의 모든 유동이 이와 같은 원리로 생긴다. 하지만 점토질의 물질만 그런 것은 아니다. 그 분야 훌륭한 전문가 중 한 사람인 프랑스 파리고등사범학교의 한 연구실 소속 물리학자 다니엘 본Daniel Bonn은 물이 나뭇잎에 들러붙는 현상을 연구했다. 거기에 똑같은 '원리'가 작용한다. 잎사귀는 얇은 왁스 층으로 뒤덮여 있는데, 이 층은 물방울이 잎사귀를 적셔 그 안으로 침투하기보다 수축해서 잎사귀 표면 위를 굴러가도록 유도한다. 그래서 작물에 병충해 방지 물질을 살포할 때는 그 양을 물이 잎사귀에 잘 침투한다고 가정하는 경우보다 더 많이 해야 한다. 그런데 그 살포 물질에 특수한 중합체를 더하면 물이 잎사귀에 더 잘 침투해 살포하는 물질의 양을 줄일 수 있다. 그러니 모래를 가지고 장난치는 일은 그것이 흐르는 모래라도 견고한 전망으로 이어질 수 있다.

42

잎사귀는 왜 가을에 떨어질까?

모든 사람은 나무가 두 종류라고 믿는다. 잎이 떨어지는 나무와 잎이 떨어지지 않는 나무. 그런데 이는 사실이 아니다. 나무는 모두 어느 시기에 이르면 잎을 떨군다. 그 잎이 납작하든, 바늘 모양이든, 측백나무처럼 비늘 모양이든 모두 말이다. 어떤 나무는 (근사하게) 가을에 잎을 떨구고, 다른 나무는 벌벌 떨면서 겨울에 (낙엽송, 은행나무), 또 다른 나무는 포근하게 봄에(소사나무, 밤나무), 다른 나무는 따뜻하게 여름에 잎을 떨군다. 그리고 어떤 나무는 시치미를 뚝 떼고 몇 년에 걸쳐 잎을 떨군다(코르크나무, 월계수 또는 침엽수).

프랑스어는 위와 같은 부당한 오해에 부분적으로 책임이 있다. 프랑스어로는 매년 잎이 떨어지는 낙엽수를 '카뒤크caduque' 잎나무라고 부른다. '카뒤크'는 '시대에 뒤진', '케케묵은', '늙은' 또는 '낡은'을 뜻한다. 또 잎이 떨어지지 않는 상록수를 '페르시스탕persistant' 나무라고 부르는데, 이 단어는 '영속적인', '변치 않는', '안정적인' 또는 '영원한'을 뜻한다.

그런데 무척 길 수 있는 나무의 일평생 동안 매년 반복해서 가을이든 봄이든 그렇게 탈바꿈하며 가장 아름다운 광경을 연출하는 나무는 무엇일까? 여름이면 그 꼭대기가 그토록 울창하게 우거져 혜택을 베풀고, 가을이면 그토록 다채로운 빛을 발하는 나무는 무엇일까?

프랑스 랑드주의 소나무나 알프스 산비탈의 전나무 같은 침엽수림은 그 감미로운 향기를 음미할 줄 아는 사람에게 놀라움과 즐거움을 선사한다. 특히 여름에. 하지만 참나무, 너도밤나무, 밤나무, 자작나무, 단풍나무 등으로 이루어진 숲이 선사하는 광경은 또 어떤가? 이 나무들은 가을이면 제 나뭇가지가 맨살을 드러내는 탈바꿈이 부끄러운 듯 온갖 다채로운 색상으로 붉어지거나 노랗게 변한다.

사실 나무들로선 선택의 여지가 없다. 계속 살아야 하기 때문이다. 나무는 온대 지방의 혹독한 겨울을 극복하기 위해 자기 잎사귀를 희생해야만 한다(열대 지방의 나무는 이런 문제가 없다). 수액-피를 공급받는 그 작고 연약한 잎사귀들을 바깥에 내놓는 일은 나무에 치명적일 수 있다(바늘이나 비늘 모양 잎에는 그렇지 않다). 나무는 나무껍질 덮개로 줄기를 감싸고 뿌리는 지하의 털 이불로 보호한 채 자기 집에 틀어박혀 피신해야 한다.

나무가 그 사실을 어떻게 알까? 나무는 빛(더 짧은 낮)과 온도, 공기의 습도를 해독한다. 나무가 그토록 아끼는 뿌리와 잎사귀 덕분에 말이다. 나무는 뿌리에서 물과 무기질을 끌어 올리고, 그 수액을 삼투와 모세관 현상을 이용해 위쪽으로 보낸다. 잎사귀에서는 잎사귀의 호흡 활동(이를 광합성이라고 부르는데, 인간의 호흡과 반대다. 나무는 이산화탄소를 흡수하고 산소를 배출하기 때문이다)으로 온갖 종류의 당 물질을 만들어 이를 (동화된 수액의 형태로) 자기 '몸'의 나머지 부분으로 보낸다.

그런데 나무는 심장이 없다. 수액을 순환하게 만드는 펌프는 잎에서 생기는 물의 발산 현상과 연관된다. 이로써 수액을 한 시간에 평균적으로 몇 미터씩 위로 끌어 올리는 흡인 현상이 생긴다. 하지만 이 때문에 나무의 높이가 제한된다. 수액이 이동하는데 필요한 시간도 그 이유지만, 빨아 올리는 펌프의 능력이 당연히 제한되어 있기 때문이다.

그래서 나무는 수면 상태에 들어갈 필요가 있다. 이는 실제로 동면이라 할 만하다. 겨울이 다가오면 기후 조건 때문에 나무의 물질 대사와 수액의 순환, 성장 호르몬(옥신. 이것은 봄이 올 때까지 따로 보관된다) 생성이 저하된다. 뒤이어 잎자루 밑 부분에 작은 코르크 마개가 형성되면서 나뭇잎에 수액이 전달되는 일이 서서히 멈춘다. 동시에, 잎사귀에서 광합성이 일어나게 만드는 엽록소 생성이 느려지다가 멈춘다. 남아 있는 엽록소는 분해된다. 그러면서 지금껏 엽록소의 초록색 때문에 가려져 있던 카로틴(당근 등의 노란색과 주황색)이나 안토시아닌(붉은색과 자주색) 같은 잎사귀의 다른 색소들이 드러난다.

밤이 춥고 낮이 맑고 햇빛이 많이 비치면 이 색소들을 보존(그리고 엽록소를 제거)하기가 쉽다. 반면에 가을이 온화하고 비가 많이 오면 잎의 색이 옅어진다. 또 나무가 산성 토양에서 자라면 강렬한 붉은빛을 띠는 반면, 알칼리성 토양에서 자라면 더 보랏빛을 띤다. 봄이 오면 낮이 길어지고 기온이 온화해지면서 저장되어 있던 호르몬이 활성화해 싹이 트고 잎이 자란다. 그리고 그 잎이 나무의 메커니즘을 다시 가동시킨다.

숲과 시골에서 낙엽은 땅에 천연 비료를 공급해 동물과 식물의 발육을 돕는다. 정원에서는 청결함과 안전을 위해 낙엽을 쓸어 모은다. 거리에서도 마찬가지다. 사람들은 도시에 잎이 떨어지지 않는 나무를 선택해서 심어야 한다고 자주 주장한다. 그러면서 나무가 산소를 생성하고 이산화탄소를 흡수할 뿐 아니라, 많은 오염 물질을 매우 효율적으로 붙드는 덫이라는 사실을 잊어버린다. 가을에 잎사귀가 떨어지는 것은 봄맞이 대청소와 같다고 보면 된다.

43

어째서 계절이 있을까?

지구는 매년 12월 21일 즈음 동지冬至점에 위치한다. 그날, 북반구에서는 1년 중 밤이 가장 길고 낮이 가장 짧다(8시간 10분). 이로써 겨울에 돌입한다(남반구에서는 그날 1년 중 밤이 가장 짧고 여름이 시작된다). 일반적으로 사람들은 사계절이 있는 지역에서 계절의 변화는 지구가 태양 주위를 도는 궤도의 어느 지점에 위치하느냐에 따라 결정된다고 생각한다. 지구가 태양과 가까우면 여름이고, 멀면 겨울이라고 말이다.

사실 북반구에서는 그와 정반대다. 지구가 태양과 가장 가까운(1억 4,700킬로미터) 순간은 1월 초로 추운 시기이고, 가장 먼(1억 5,200킬로미터) 순간은 7월 초로 한여름이다. 지구에서 계절이 변하는 가장 큰 이유는 양극을 관통하는 지구의 자전축이 기울어져 있기 때문이다. 지구가 팽이라고 가정하면, 지구는 땅과 수직으로 회전하는 것이 아니라 기울어져서 회전하는데, 그 회전축은 수직선에서 23도 26분 기울어 있다. 지구가 돌아가는 궤도의 모양이 바뀐다 해도 계절 변화는 거의 아무런 영향을 받지 않을 터이다. 하지만 지구 자전축이 기울어져 있지 않다면 계절도 없어질 것이다.

이를 제대로 이해하려면 지구가 (원형에 가까운) 궤도를 이동하는 내내 어떤 모습인지 상상해보아야 한다. 예를 들어 동짓날에 지구가 태양 주위를 도는 경로의 한쪽 '끄트머리'에 위치할 때, 북극은 지구 자전축이 기울어 있어 남극보다 태양에서 더 멀다. 따라서 북극은 어두운 반면(겨울철 극야), 남극은 태양 빛을 받는다. 지구의 궤도 반대쪽에서(하짓날) 북극은 남극보다 태양에 더 가깝다. 북극 지방은 밤이 없어지고, 남극 지방은 빛을 잃는다. 그러므로 지구 자전축의 기울기 때문에 태양이 하늘에서 서로 다른 정도로 높이 떠 있는 것이다. 태양이 높을수록 따뜻해지고, 태양이 낮을수록 추워진다.

1월에 더 빨리 움직인다

지구가 기울어 있지 않아도 물론 추운 지대(양극)와 따뜻한 지대(적도), 그리고 그 사이에 점진적으로 변하는 중간 기후대가 있겠지만, 한 장소에서 태양은 항상 같은 고도에서 빛나고 그 지역의 날씨는 항상 똑같을 것이다. 실제로 적도 지방과 남북회귀선 사이 열대 지방에는 엄밀히 말해 계절이 없다. 그곳에서 우기와 건기라고 부르는 시기가 생기는 이유는 대기 순환 때문이다.

한편 계절의 길이 차이는 지구의 공전 궤도 때문이다. 지구는 태양에서 멀리 있을 때보다 태양과 가까이 있을 때 조금 더 빨리 움직이기 때문이다. 그래서 지구는 1월에 가장 빨리 이동하고, 겨울은 계절 중에서 가장 짧다. 마찬가지 원리로 지구는 7월에 가장 느리게 이동하고, 여름이 가장 긴 계절이다. 지구는 초속 2만

9,600미터, 즉 시속 10만 6,700킬로미터의 평균 속도로 매년 약 9억 3,600만 킬로미터 이동한다.

우리 행성에 적용되는 사실은 물론 다른 행성들에도 적용된다. 그러므로 (명왕성이 탈락한 이후 8개가 남은) 태양계의 '공식' 행성은 모두 계절을 지녀야 할 것이다. 그렇다면 화성의 봄이나 금성의 겨울은 어떤 모습일까?

1년이 668일

금성은 자전축이 겨우 3도 기울어져 있다. 그래서 금성에서는 계절이 지구에서보다 덜 또렷하게 구분된다. 또 각각의 계절이 금성의 '하루'보다 더 짧다. 금성에서 태양이 연이어 두 번 뜨는 사이 시간은 금성의 자전 속도가 느려 지구 시간으로 117일이 걸린다.

한편, 화성은 계절 구분이 매우 뚜렷하다. 자전축이 지구보다 더 많이 기울어져 있어(25도) 태양과의 거리가 더 심하게 변한다. 하루의 길이는 지구와 비슷하고, 화성의 1년은 화성의 668.5일(지구 시간으로 687일)이다. 화성의 봄과 여름(372일)은 가을과 겨울(297일)보다 더 길다. 화성의 계절 변화로 생기는 가장 놀라운 영향은 양극의 (얼어붙은 이산화탄소로 만들어진) 빙모가 번갈아 거대하게 '자라는' 것이다.

목성은 자전축의 기울기가 3도로 금성과 같다. 따라서 목성에서는 계절이 별로 분명하게 구분되지 않는다. 태양에서 멀리 떨어져 있기 때문에 한 계절은 대략 지구의 3년쯤 지속된다. 밀도가 무척 높은 목성의 대기 때문에 격렬한 폭풍우가 쉽게 몰아친다. 토성은 자전축이 27도에 가깝다. 하지만 목성보다 태양에서 더 멀리 떨어져 있어 계절 간 변화는 매우 적다. 그리고 계절은 더 길어 한 계절이 지구 시간으로 7년 넘게 지속된다.

천왕성은 돌아가는 궤도가 거의 원형에 가깝고 자전축은 98도 기울어져 있다. 계절은 상대적으로 또렷이 구분되며 각 계절은 지구 시간으로 21년 지속된다. 끝으로, 태양계의 행성 가운데 태양에서 가장 먼 해왕성은 자전축의 기울기가 28.5도다. (40년마다 바뀌는) 계절의 변화는 하얀색 구름 띠의 개수와 분포 변화로 관찰되지만 약할 것으로 추정된다.

물론 예외가 하나 있다. 크기가 가장 작고 태양과 가장 가까운 수성이다. 수성은 2년 동안 세 번 자전하며, 자전축이 기울어 있지 않다. 수성인은 계절을 한 번도 겪어보지 못할 것이다.

44

악당 파도가 존재할까?

바다에서 생기는 온갖 움직임 중에서 악당 파도는 해양 환경을 심하게 동요시키고 이제는 과학계를 뒤흔들고 있지만 여전히 불가사의다. 2004년 12월 말 남반구에서 해저 지진이 한 차례 일어난 후 엄청나게 큰 파도가 연이어 생겨 수십만 명이 사망했다. 해저 지진 말고도 밀물과 썰물, 해소海嘯, 해류나 연안류 등 또 다른 힘들이 바다와 물을 동요시킨다. 그 힘들 중 하나인 '악당 파도vague scélérate'*는 오랫동안 파악하기 힘들었다(이 파도는 변종 파도, 이상 파도, 괴물 파도, 돌발 중첩파 등 여러 이름으로 불린다—옮긴이). 이 파도는 해저와 물의 흐름, 기후 조건을 감안하면 존재하지 말아야 한다. 다른 모든 파도보다 훨씬, 두세 배 혹은 열 배 더 크다. 폭풍우가 이는 도중에 생길 뿐 아니라 맑은 날에 생기기도 한다. 해수면이 과도하게 발달하는 파동은 그 높이가 50 내지 60미터까지 이를 수 있다고 한다.

연구자들은 파도의 골부터 마루 사이 길이가 근처에 있는 파도들의 평균 길이보다 적어도 두 배 더 길면 악당 파도라고 부른다. 하지만 악당 파도는 그보다 훨씬 더 높을 수 있다.

19세기에 쥘 세바스티앵 세자르 뒤몽 뒤르빌Jules Sébastien César Dumont d'Urville(위대한 탐험가. 해군 소장으로 재직하던 중 쉰한 살이던 1842년 베르사유 근처에서 철도 사고로 사망했다)은 여행 일지에서 엄청난 파도를 만났다고 전했다. 그는 한동안 바다의 허풍선이로 여겨졌다. 그리고 1942년에 퀸 메리Queen Mary호는 미국 군인 수천 명을 태운 채 유럽 해안에 다가가다 거대한 파도 때문에 뒤집

---

* 영어 표현인 'rogue waves'를 프랑스 국립해양개발연구소Ifremer 연구원 미셸 올라뇽Michel Olagnon이 프랑스어로 'vague scélérate'라고 번역했다('로그rogue'와 '셀레라트scélérate'는 모두 '불한당, 악당'이라는 뜻을 지닌다—옮긴이).

힐 뻔했다. 1943년에 퀸 엘리자베스Queen Elizabeth호는 파도 하나에 완전히 파묻혀 배의 바닥으로부터 27미터 높이에 있던 앞쪽 선교의 유리창이 깨지고 앞쪽 갑판도 파괴됐다. 또한 1995년에 퀸 엘리자베스 2호도 뉴펀들랜드섬의 먼 바다 북대서양에서 물로 이루어진 벽에 피해를 입어 훼손됐다. 항공 모함 USS밸리USS Valley는 해터러스곶 먼바다에서 주변의 다른 파도들보다 네 배 더 높은 파도 하나 때문에 비행갑판의 앞쪽 좌현이 완전히 잘렸다.

이러한 파도는 모든 바다에서 생길 수 있다. 2001년 11월 22일 흑해에서는 높이 10미터가 넘는 파도가 기록되기도 했다.

악당 파도의 정체가 실제로 밝혀진 것은 해저의 검은 금인 석유를 개발하기 위한 시추선 덕분이다. 1995년 석유 시추선 드라우프너Draupner는 북해에서 높이가 31미터에 이른다고 추정된 파도 때문에 훼손되었다. 그 근처 다른 파도들의 높이는 10~12미터였다.

악당 파도는 마침내 진지하게 연구되기 시작했다. 그러면서 밝혀진 놀라운 사실은 한두 가지가 아니다.

위성 레이더를 이용한 최초의 연구를 통해 그 괴물의 수가 생각했던 것보다 더 많다고 추정하게 되었다. 인도양 남쪽에 있는 어느 석유 시추선에서 1998~2003년에 관찰한 기록을 살펴본 결과, 악당 파도라고 추정되는 파도가 1,563건 이상 집계되었다. 더욱 놀랍게도, 그 6년 동안(5만 359시간에 해당하는 기록) 그야말로 엄청나게 큰 파도가 약 15개 관찰되었는데, 그 높이는 21미터에서…… 70미터에 이르렀다.

이 현상을 아직 과학적으로 완전히 설명할 수는 없다. 논란은 참으로 격렬하다. 파도는 수면에서 이동하는 바람에 의해 주로 형성되는 변형, 파동이다. 파도는 물 위로 솟아오르는 정도뿐 아니라, 파도의 앞쪽 골과 뒤쪽 골 사이 거리로도 특징지어진다. 두 골 사이 거리가 가까울수록 파도는 더 높고 사람들의 입에 그토록 많이 오르내리는 '물로 된 벽'이 형성된다. 그리고 파도가 이동하는 속도가 더 빠르다. 폭풍우 때문에 생긴 파도의 경우를 살펴보면, 고전적인 모델에 따라 폭풍우 초기에 생기는 첫 파도들은 뒤이어 생기는 파도들보다 더 작고 느리며, 더 크고 빠른 파도들에 집어 삼켜진다. 나중에 오는 파도들이 앞서 생긴 작은 파도들을 무시하고 넘어서는 것이다.

악당 파도는 그러한 양상을 보이지 않는다고 한다. 그 파도는 작은 파도들을 통합해 '흡수'한다. 그래서 그 파도들의 힘과 크기를 더한 만큼 강력하다. 또 폭풍우가 끝난 후 소강상태에서 바람이 물에 더 이상 힘을 가하지 않을 때도 해수면이 별안간 상승할 수 있다고 생각된다. 실험실에서 실시한 연구 결과, 크기와 속도, 방향이 정확한 조건을 충족시키면 이런 현상이 생길 수 있으며 이때 '보상 간섭'이 생긴다는 사실이 밝혀졌다. 반면에, 그 파도는 구조상 시간적으로 오래 지속되지 못하는 불안정한 구축물이라고 생각된다. 따라서 악당 파도는 멀리까지 이동하지 못한다고 한다. 이 때문에 그 파도를 관찰하기 힘든 것이다.

악당 파도를 더 잘 알면 자신을 더 잘 보호할 수 있다. 그 파도가 어떤 조건에서 생기며 어떻게, 얼마나 오래 이동하는지, 또 피해를 입지 않으려면 배를 어떻게 적응하고 운항해야 하는지 알아낸다면 말이다. 그야말로 사명을 불러일으킬 만한 연구 주제다.

45

빙산에서도 짠맛이 날까?

1912년 4월 15일, 빙산과 충돌한 지 두 시간 반 만에 침몰해 1,517명의 희생자를 낸 타이태닉Titanic호의 난파는 생각지 못한 결과를 낳았다. 그 참사 이후 근대 해양학의 새로운 장이 열린 것이다. 그 재앙을 계기로 10여 개 국가(현재 17개 국가)가 힘을 합쳐 북대서양에서 빙산을 연구하고 감시하는 특수기관 국제유빙감시대International Ice Patrol를 창설했다. 미국 해안 경비대가 관리하는 이 기관은 1913년 이후 빙산철인 2~3월부터 7월, 때로는 9월까지 그 해역에 나타나는 모든 빙산을 집계하고 추적한다. 이로써 그곳을 항해하는 배들의 안전을 확보했을 뿐 아니라, 수집된 자료를 가지고 해류를 더욱 잘 모델화했다. 지금은 그 자료가 기후 변화의 지표로 활용된다.

바다에서 볼 수 있는 얼음에는 두 가지 유형이 있다. 하나는 빙하 유형의 얼음으로, 그린란드에서 보듯 땅에 내린 눈이 얼음으로 변해 형성되며, 이것이 바다로 흘러가고 조각나서 빙산이 생긴다. 따라서 이 얼음은 짠맛이 나지 않는다. 다른 유형의 얼음은 물속에서 곧바로 형성되며 해빙海氷, 즉 바다 얼음이라고 불린다. 북반구에서 이 얼음은 북극해의 500만 제곱킬로미터 이상을 뒤덮는다. 해빙은 물의 온도가 섭씨 영하 2도 아래로 내려갈 때 생긴다. 따라서 짠물로 이루어지며 두께는 13미터까지 이를 수 있다.

사실 해빙의 얼음은 엄밀하게 말하면 짠맛이 나지 않는다. 그 얼음 조각을 가져다 맛보면 짜지 않다는 사실을 알 수 있을 것이다. 이는 바닷물이 얼 때 소금이 물과 분리되기 때문이다. 이 현상으로 인해 엄청난 물의 움직임이 생긴다. 해빙이 형성되는 순간, 엄밀한 의미에서 본 얼음의 아래쪽에 아주 짠 염담수鹽膽水가 형성되기 때문이다.

이 아주 짜고 아주 차가운 물은 나머지 물보다 더 무겁다. 그래서 깊이 가라앉고, 그 물이 있던 자리는 덜 차고 덜 짠 물이 차지한다. 해빙은 균질하지 않으며 공기 방울과 염담수, 소금을 함유한다. 해빙은 뒤이어 나이가 들면서 밀도가 점점 높아진다. 해빙은 배를 붙들어두거나 전진하지 못하게 방해하는 것 말고는 배에 다른 위험을 끼치지 않는다.

빙산은 그와 다르다. 북대서양에서는 매년 1만 개에서 1만 5,000개의 빙산이 새로 생긴다. 빙산 하나는 3,000킬로미터까지 이동할 수 있고, 차가운 물에서 1년에서 3년까지 '살아남을' 수 있다. 평균적으로 매년 약 500개의 빙산이 상업 항해 구역이 시작되는 북위 48도선을 넘어선다(1994년에는 그 수가 2,200개였다). 빙산은 민물로 이루어져 있으므로 짠물보다 밀도가 낮고, 그 때문에 떠다닐 수 있다. 그리고 표류할 수도 있다.

코르시카섬보다 더 큰 빙산

하지만 빙산의 주요한 위험은 물속에 있다. 실제로 빙산의 8분의 7이 물속에 잠겨 있다. 물 위로 1미터 솟아올라 있는 작은 빙산은 물밑에 가라앉은 부분의 높이가 4미터이고 전체 질량이 100여 톤에 이른다. 그린란드의 빙산들은 대부분 물 위로 60~90미터 솟아올라 있고, 그 길이는 400~500미터, 질량은 150만 톤에 이른다. 물 위에 솟은 부분을 보고 물에 잠긴 부분의 형태를 알아내기란 불가능하다. 남극 지방의 빙산은 보통 그보다 훨씬 더 크다.

2000년에 감시 인공위성은 1만 1,000제곱킬로미터에 이르는 빙산 하나를 탐지했다(코르시카섬의 면적은 8,000제곱킬로미터). 그 빙산은 조각났지만, 몇 년 후 가장 큰 조각은 여전히 3,000제곱킬로미터에 이르렀는데, 그것은 그 시기 해양에 떠다니는 물체 중 가장 컸다.

1950년대에서 1960년대에 걸쳐 빙산을 파괴하기 위한 대대적인 실험이 이루어졌다. 이를 위해 대포나 지뢰, 폭발물을 사용하거나 빙산을 검은색 천으로 덮어 빨리 녹도록 했다. 하지만 어느 방법도 사실상 효율적이지 않았다. 지금으로선 빙산 감시가 해양의 안전을 확보하는 가장 좋은 방법이다. 어떤 사람들은 아직도 민물이 부족한 구역까지 빙산을 견인해갈 생각을 한다. 또 다른 이들은 빙산의 물을 병에 담아 엄청난 가격으로 팔기도 한다.

북극해의 해빙과 빙산을 감시하면서 21세기 초 북극 지역에서 바다의 얼음으로 뒤덮인 해수면이 줄어든다는 사실이 확인되었다. 평균 온도가 더 높고 봄이 더 일찍 오기 때문이다(2005년에는 봄이 예년보다 17일 더 일찍 왔다). 그래서 바다 얼음의 면적이 80만 제곱킬로미터(프랑스 면적의 1.5배) '부족'하다고 한다. 지구의 기후나 해수면의 높이가 여기에 영향을 받지 않을 수 없다. 그 때문에 북극과 남극의 빙하가 더 빨리 녹아 해양에 떠 있는 빙산의 수가 증가할지도 모른다. 이로 인해 들어갈 비용은…… 짭짤할 것이다.

46

모래 언덕은 왜 노래를 부를까?

이 독특한 재능을 지닌 모래 언덕이 아프리카의 칼라하리 사막, 중국의 고비 사막, 미국 캘리포니아주에 있는 데스밸리 등 전세계에 50여 개 있다고 한다. 이 모래 가수들은 참으로 독특하고 매혹적인 사막의 선율을 노래한다. 그중 여러 선율이 녹음되었는데 그 소리를 들으면 참으로 놀랍다.* 그 소리는 굴러가는 소리나 울리는 소리, 마찰하거나 미끄러지는 소리가 아니라, 상당히 센 음성에 가까운 일정하게 유지되는 음이다.

모래 언덕의 노래는 아주 오래전부터 알려져 있었지만(마르코 폴로Marco Polo는 여행담에서 그 노랫소리를 전쟁터의 북소리에 비유했다), 지금에 와서야 그 소리가 어떻게 생기는지 밝혀지고 있다. 그래서 이제는 모래 언덕의 '성대'가 흐를 수 있는 고체인 모래의 이중적 성질에 전적으로 의존한다는 사실을 알게 되었다.

모래 언덕이 기여하는 유일한 부분은 적절한 형상(크기, 모양 등)을 취하는 것이다. 모래 언덕의 노래는, 언덕 꼭대기에 형성되어 있던 모래 덩어리가 바람에 의해 허물어질 때, 가장 심하게 기울어진 언덕 면에서 모래가 다량 떨어지면서 생긴다. 소리는 모래가 흘러 언덕 아래에 도달할 때까지, 즉 몇 분 동안 지속되는데, 분명히 정해진 기본음과 배음을 지닌다. 그 기본음은 약 100헤르츠(65~110헤르츠 사이)의 진동인데, 이는 사람 목소리 음역대여서 모래 언덕의 노래가 나지막한 노랫소리 같은 느낌을 준다. 그 소리는 곧잘 100데시벨(굴착기 소리)에 이른다. 사방 10킬로미터 거리에서도 들릴 정도다.

사람들은 오랫동안 모래 언덕 자체가 공명관 역할을 한다고

---

* www.Ips.ens.fr/~douady/SongofDunes.

믿어왔다. 하지만 그렇지 않아 보인다. 모래 언덕의 크기나 모양이 노랫소리의 진동수에 아무런 영향을 미치지 않기 때문이다. 프랑스 국립과학연구원CNRS의 과학자들*은 모래 언덕과 사막의 변화를 더 잘 이해하려고 몇 년 전부터 이 현상을 연구하고 있다.

모래 사태

그들은 심지어 실험실에서 간단한 장치를 이용해 모래 언덕의 노래를 재현하는 데도 성공했다. 그 장치는 노래하는 모래가 담긴 플렉시글라스로 된 고리다. 거기에는 기계화된 팔이 하나 달려 있어 그것으로 모래를 휘저을 수 있다. 따라서 고리 안에 있는 모래는 원하는 속도로 밀린다. 발생하는 소리는 실제 현장에서 관찰된 소리와 진동수가 같지만 덜 강하다. 고리 안에서 움직이는 모래의 양(10세제곱센티미터)이 자연에서 쉽사리 1세제곱미터에 이르는 실제 모래의 양보다 훨씬 적기 때문이다.

현장 연구 및 모의실험을 여러 번 실시한 연구자들은 모래가 무너져 내리는 현상인 모래 사태가 마치…… 음향 레이저처럼 작용한다는 가설을 제시한다. 레이저 안에서 빛이 방출되는 것은 방출되는 모든 광자(빛 알갱이)가 서로 동위상同位相이라는 사실에 기초한다. 즉 광자는 모두 똑같은 방식 및 똑같은 리듬으로 '진동'한다. 바로 그와 같은 현상이 모래 언덕에서 모래가 무너져 내

* 파리7대학에서 스테판 두아디Stéphane Douady가 이끄는 프랑스 국립과학연구원의 '물질 및 복잡계Matières et systèmes complexes' 연구실.

리는 사면의 몇 센티미터 두께 모래층 안에서 벌어진다는 것이다.

그 소리가 어떻게 생기는지 이해하려면, 수백만 개의 알갱이가 '쌓여서' 이루어진 모래가 지닌 알갱이 측면을 살펴봐야 한다. 모래는 무척 특별한 재료다. 그 특징 중 하나는 모양을 바꾸려면 먼저 팽창해야 한다는 것이다. 즉 모래가 공기를 빨아들였다가 내뿜어야 한다. 그러므로 모래 알갱이가 동시에 움직여 공기가 진동하고, 이 진동이 서로 더해져 노랫소리가 발생한다고 본다. 움직이는 모래층은 확성기의 진동 막처럼 작용해서 진동을 공기에 전달해 소리가 생기게 만든다.

더 최근에 프랑스의 연구 팀이 실시한 연구*에서는 소리가 나려면 모래의 속도가 적어도 초속 0.45미터는 되어야 한다는 사실이 증명되었다. 또 모래의 성질과 상태가 소리를 낼 가능성을 결정한다는 사실도 알게 되었다. 그 연구에서 연구된 모로코 남서부의 도시 타르파야에 있는 한 모래 언덕의 모래 알갱이는 특별하다. 알갱이 하나하나가 점토와 방해석으로 이루어진 일종의 '바니시'로 뒤덮여 있는데, 이를 고고학자들은 '사막의 유약'이라고 부른다. 이 '바니시'가 없으면 노래도 없다. 모래의 습도도 결정적 요인이다. 축축한 모래는 노래하기를 거부한다. 모래 언덕이 부르는 노래의 비밀은 아직도 전부 밝혀지지 않았다.

* 『피지컬 리뷰 레터스Physical Review Letters』, 2006년 7월 14일 자.

47

우리는 어느 방향으로 돌까?

그 힘은 돌아가게 만드는 모든 것의 원인일 거라고 한다. 말하자면 전 지구 수준에서 이슬람 메블레비 교단의 수도자들처럼 빙글빙글 돌며 회전 춤을 춘다는 것이다. 그 힘은 우리가 춤을 추는 방향, 슈퍼마켓에서 장을 보는 방향을 결정하며(정말로 어떤 사람들은 그렇다고 단언한다), 회전 교차로에서 차량이 운행하는 방향, 세면대나 욕조의 물*이 빠지면서 돌아가는 방향, 적도대에서 무역풍이 생기는 것, 사이클론의 바람이 돌아가는 방향을 결정하며, 비행기가 서쪽에서 동쪽으로 날아갈 때 그 반대로 날아가는 것보다 더 빨리 가게 만든다고 한다. 우리가 카페의 카운터에 서서 찻잔의 작은 숟가락을 휘젓는 방향만 그 힘의 영향을 받지 않는 것처럼 보인다.

그 힘은 바로 코리올리 힘이다. 이 이름은 1835년에 그 힘을 수학적으로 기술한 프랑스의 기술자 가스파르귀스타브 코리올리Gaspard-Gustave Coriolis의 이름을 따서 19세기 말에 지어졌다. 코리올리 힘은 사실 인력이나 자기력 같은 '진짜' 힘이 아니다. 이는 두 가지 움직임, 즉 물 또는 공기의 힘과 지구 자전의 힘이 조

* 세면대나 욕조에 담긴 물의 질량은 너무 적어 코리올리 효과가 생기지 않는다. 그러므로 세면대나 욕조를 비울 때 생기는 소용돌이는 아무 방향으로나 돈다.

합되어 생기는 허구적인 힘이다. 그 때문에 정통주의자들은 코리올리 '힘'보다는 코리올리 '효과'라고 부르기를 선호한다. 어찌 되었든…….

지구가 회전하지 않는다고 상상해보자. 그래도 대기 중에는 온도 차이가 존재해 공기가 움직일 것이다. 추운 곳과 더운 곳 사이에서 변함없이 계속 공기가 순환할 텐데, 그 순환은 항상 똑같은 방식으로 이루어질 것이다. 그리고 그러한 세계에서는 코리올리 힘이 만들어내는 즐거움이 결코 존재하지 않을 터이다.

하지만 지구는 회전한다. 그리고 공기 덩어리의 움직임은 그 회전의 영향을 받는다. 그래서 기압이 높은 공기가 기압이 낮은 공기를 향해 황급히 움직일 때 그 경로가 어쩔 수 없이 변한다.

이제 까다로운 질문 하나를 보자. 공기(또는 물) 덩어리는 왜 북반구에서는 오른쪽으로, 남반구에서는 왼쪽으로 서로 다르게 휘는 것일까? 그 이유는 시곗바늘이 양쪽 반구에서 같은 방향으로 돌지 않기 때문이다. 아니, 같은 방향으로 돌긴 한다. 손목에 차는 시계의 바늘은 말이다. 하지만 만일 시계가 남반구에서 발명되었다면, 손목시계의 바늘이 돌아가는 방향이 현재와 반대일 것이다.

시곗바늘이 왼쪽에서 오른쪽으로 돌아가게 된 이유는 무엇인가? 그것은 단순히 태양이…… 북반구의 하늘에서 그리는 궤적의 방향 때문이다. 북반구에서 태양은 동쪽(북극을 등질 때 왼쪽)에서 뜨고 서쪽(오른쪽)으로 진다. 남반구에서는 그와 반대다. 여담이지만, 반대 방향으로 돌아가는 손목시계도 정확한 시간을 알려주며, 어떤 제조업자들은 그런 손목시계를 생산하기도 한다. 그렇게 방향이 남반구와 북반구에서 바뀜으로써 생기는 또 다른 결과는, 코리올리 효과(정통주의자들이 보기에는 적어도 그 힘을 구성하는 수평적인 요소)가 적도에서 0이라는 것이다.

적도에서는 너무 약하다

이렇게 공기 덩어리는 북반구에서 오른쪽으로 휜다. 그렇다면 북반구에서 열대성 폭풍과 사이클론의 바람은 시계 방향으로 돌지 않을까? 아쉽게도 그러지 않는다. 그 바람은 반시계 방향으로 돌아간다. 그리고 남반구에서는 시계 방향으로 돌아간다. 코리올리는 대체 어쩌자는 노릇일까?

이를 분명히 이해하기 위해서는 태풍과 다른 돌개바람들이 어떻게 생기는지 잊으면 안 된다. 이들은 여름 끝 무렵 바닷물이 최소한 섭씨 26도에서 27도에 이를 때 생긴다. 그러한 지점에서 저기압이 형성된다. 그러면 그 주변에 있는 고기압 공기가 반응하며 빈자리를 채우려고 서둘러 오는데, 그 속도는 저기압에 따라 빠르거나 느리다. 그 고기압 공기 덩어리들은 (연간 태풍의 70퍼센트가 생기는) 북반구에서 오른쪽으로 휘어진다. 그러면 중심에 있던 기압이 더 낮은 공기는 마찰에 의해 반대 방향으로 움직이기 시작해, 사이클론은 반시계 방향으로 돈다.

또 적도에서(실제로는 남북으로 위도 5도까지 포함하는 적도대에서) 태풍이 일지 않는 이유는 그곳에서 작용하는 코리올리 힘이 너무 약해 공기 덩어리가 돌아가는 움직임이 생기지 않기 때문이다.

코리올리 효과는 여러 역할을 담당하는데, 태풍의 궤적에도 영향을 준다. 코리올리 효과는 소용돌이치는 그 공기 덩어리를 오른쪽으로 '잡아당겨' 그 공기 덩어리의 궤적을 변화시킨다. 가령 동쪽에서 서쪽으로 이동하는 태풍은 차츰 북쪽으로 휘어질 것이다.

코리올리 효과는 항공사에도 무척 중요하다. 비행시간에 영향을 미치기 때문이다. 자세히 설명하지는 않겠지만, 코리올리 효과를 구성하는 수직적인 요소는 동쪽에서 서쪽으로 이동하는 비행기를 10분의 몇 배만큼 가볍게 만들고, 반대 방향으로 이동하는 비행기는 그만큼 더 무겁게 만든다. 그래서 뉴욕에서 파리로 가는 비행기는 그 반대로 가는 비행기보다 더 가볍다. 이러한 효과를 무시할 수는 없지만, 사실 서-동 방향으로 이동하며 시간이 절약되는 것은 그보다 대기의 윗부분에서 서-동으로 부는 강한 바람 때문이다. 그렇다면 이 바람을 일으키는 것은 무엇일까? 당연히 코리올리 효과다. 정말이지 머리가 빙글빙글 돌 지경이다.

48

구름은 왜 그토록 아름다울까?

"구름 없는 하늘보다는 차라리 신 없는 하늘을!"* 구름이 아름다운 이유를 모조리 적자면 이 몇 쪽으로는 부족할 터이다. 구름은 유용할 때, 그리고 우리가 구름을 원할 때뿐 아니라 걱정스러운 모습을 취할 때조차 아름답다. 양처럼 새하얗 때나 늑대처럼 시커멀 때 모두 아름답다. 구름은 가끔 과도하게 반응해 천둥과 번개를 치며 흥분하거나 억수 같은 눈물을 쏟아붓는 경향이 있다. 하지만 구름은 대체로 현실적이다. 그래서 우리를 태양 광선으로부터 보호하고, 우리에게 물을 가져다주고, 우리가 날씨를 대략 예견하게 해주고, 기분을 전환하고 꿈꾸도록 한다…….

구름의 매력은 공기 중에서 바람과 대기의 움직임에 떠밀려 떠다닌다는 그 특성에서 생기는 것 같다. 구름은 사실상 응결된 미세한(지름이 10분의 몇 또는 100분의 몇 밀리미터) 물 그리고/또는 얼음 입자들이 무척 많이 모여 있는 것에 불과하기 때문이다. 그 안에 이따금 다른 물질들, 바닷소금 결정체, 꽃가루, 모래알 같은 천연 물질, 혹은 오염으로 인한 물질이 끼어든다. 구름이 눈에 보이는 이유는 그 입자들이 작은 반사 장치로 작용해서 태양 빛을

* 아르노 슈미트Arno Schmidt(1914~1979), 독일의 작가이자 번역가.

퍼뜨리기 때문이다. 구름은 고도에 따라, 빛을 직접 받는지 아닌지에 따라, 그 구성 성분에 따라 서로 다른 정도로 불투명하게 보일 것이다. 우리가 구름을 바라보는 시각에 따라 구름은 온갖 색조를 띨 수 있다. 그래서 구름을 그림으로 표현하기가 참으로 어렵다. 그런데 구름의 색깔은 착각을 불러일으킬 수 있다. 가령 짙은 색 구름이 반드시 비를 뿌리는 것은 아니다. 또 축구장만 한 '중간' 크기의 구름에는 기껏해야 욕조 하나 분량의 물이 담겨 있으며, 그 '무게'는 남자 어른 한 사람의 몸무게에 불과하다.

하늘에 구름이 떠갈 때 우리는 구름이 안정적이고 고요한 형성물이라는 인상을 받는다. 하지만 사실은 전혀 그렇지 않다. 구름은 무척 동요되어 있다. 그 안에서 작은 물방울과 결정체들은 끊임없이 이동하고 형성되고 수증기나 물로 변하고 이 과정을 되풀이하며, 그 모든 것이 공기로 휘저어진다.

작은 물 입자를 하나 분리해서 살펴보자. 그 입자가 구름 아래쪽에 있다고 가정해보자. 즉 자기 위쪽보다 덜 차가운 공기층 속에 있는 것이다. 그러면 그 물방울은 증발하고, 올라가는 경향이 있는 더 따뜻한 공기에 붙들려 함께 올라가 구름 꼭대기에 이를 것이다. 그곳에서 물방울은 마치 겨울에 유리창 내부나 밤에 차가워진 땅에 이슬이 맺히듯 더 차가운 공기층 속에서 결국 응결한다(다시 물방울이 된다). 그리고 다시 내려간다. 대략적으로 말하면 그렇다.

그런데 자세히 들여다보면 온도와 압력, 공기 덩어리의 이동 속도 등이 무수한 가능성에 따라 구름의 모양을 조각한다. 그래도 제대로 파악하려면 구름을 분류해봐야 한다. 첫 번째 기준은 구름이 생기는 고도다. 이는 500미터부터 10킬로미터 이상까지 다양하다. 가장 높이 떠 있는 권운은 하얗고 섬세한 실 모양이다. 그 아래 고도 2~6킬로미터에서는 균질하고 대체로 회색을 띠는 층이 생기는데, 이 구름 이름에는 접두사 고高(프랑스어로는 alto)가 붙는다(고층운altostratus, 고적운altocumulus). 그보다 낮은 고도 2킬로미터 아래에 뜬 구름의 이름에는 층운stratus이라는 말이 들어간다. 이 구름들은 길쭉하고 비교적 균질한 층을 이룬다. 네 번째 범주의 구름은 그 '층들'을 동시에 여럿 차지하는 구름으로, 키가 엄청나게 커 높이 가 닿을 수 있는 적운과 적란운이다. 이 구름에서 내부 기류와 난류가 가장 많이 나타나고 그 정도도 대체로 심하다. 그래서 항공기 조종사들은 이 구름을 피하려 한다.

구름과 그 모양, 지리적 발생지, 속도, 색깔을 관찰하면 단기적인 날씨를 쉽게 예측할 수 있다. 하지만 구름을 관찰하는 일이 우산을 가져가야 할지 양산을 가져가야 할지 예측하는 데만 도움을 주는 것은 아니다. 이는 상상과 미지의 세계를 향해 열린 창문이다.

하늘은 바다의 모습을 띠거나 눈밭, 산자락이 펼쳐진 풍경의 옷을 걸쳐 입을 수 있다. 하지만 구름은 무엇보다 말과 들소의 무리, 혼종의 생물체, 얼굴과 메시지들로 지평선을 가득 채운다. 구름은 심지어 지도를 그리고, 여정을 제시하고, 목표를 정해줄 수도 있다. 수천 년 전부터, 아마도 인류가 생겨났을 때부터 구름은 인간이 하는 생각의 중심을 차지해왔을 것이다. 정신을 집중하기 힘들어도 말이다. 그래도 몽상에 빠지고 싶다면 단지 고개를 들어 구름에 흠뻑 빠져들면 된다.

49

지구가 방향을 잃을 수 있을까?

지구는 방향을 잃을 수 있고, 실제로 그런 일이 이미 여러 번 벌어졌다. 80만 년 전 인간에게 나침반이 있었다면, 지구의 북극이 남극에 있고 남극이 북극에 있다는 사실을 확인할 수 있었을 터이다. 바로 그때 마지막으로 양극의 자기 역전이 벌어졌다. 하지만 세월을 더 거슬러 올라가면 지구 자기 역전을 더 많이 찾아볼 수 있을 것이다. 그러한 역전은 현재 평균적으로 100만 년에 5번 정도 생긴다고 추정된다.

하지만 이러한 지식을 알기까지 과학적 탐색 여정이 길었다. 중국인이 1000년경에 지구의 자성과 나침반을 발견한 이후 5세기가 지나서야 그 현상을 자료로 뒷받침해 처음으로 설명할 수 있었다. 16세기 영국 여왕 엘리자베스 1세의 주치의였던 윌리엄 길버트William Gilbert는 균질하게 자기를 띤 구체가 그 양극에서 자기장을 만들어낼 수 있다는 사실을 증명했다.

거대한 자석 때문에 지구에 자기장이 생긴다는 가설은 오래 유지되었다. 1800년에 볼타Volta가 전지를 발견하고 전류의 특질을 최초로 관찰한 다음에야 앙페르Ampère는 전류가 스스로 '발현된 것'이라고 규정한다. 따라서 그는 자연스럽게 지구의 자기장이 지구 여기저기 분산된 전지들 때문에 생긴다는 가설을 제시했다. 하지만 이 가설이 완벽하게 옳지는 않다.

지구 자기장을 설명하는 현재 이론 중 하나에서는, 지구 중심핵의 일부가 액체 상태로 움직이고 바로 이 때문에 전류가 생긴다고 본다. 지구의 내부가 마치 거대한 발전기처럼 작용한다는 것이다. 19세기 말에 자기장의 세기를 측정할 수 있는 자력계가 발명되면서 이 연구는 진전을 이룬다.

뒤이어 이탈리아의 물리학자 멜로니Melloni가 모든 화산암이 자력을 지닌다는 사실을 발견한다. 그는 용암이 식으면서 그러한 자력이 생겼다는 가설을 제시하는데, 화산암이 식는 과정에서 그 당시 지배적이던 자기장을 기록했다는 것이다. 이것이 지구의 '자기 기억'이다. 하지만 그 화산암의 '기억'을 실제로 해독하기 위해서는 영국의 물리학자 패트릭 블래킷Patrick Balckett이 아주 약한 자기장을 측정할 수 있는 자력계를 개발할 때까지 기다려야 했다. 화산암에서는 시간의 흐름에 따른 양극의 위치, 지리적인 북극 주위로 갈지자를 그리며 움직이는 자기적인 북극의 위치, 자기장의 세기를 알아낼 수 있다. 그래서 화산암을 분석함으로써 지난 6억 년 동안 지구의 자기 '기후' 일부를 재구성할 수 있었다.

태양 광선과 우주 광선

우리가 현재 알고 있는 지식에 따르면, 지구 자기 역전에 정해진 순환 주기는 없는 것으로 보인다. 자기 역전은 약 5,000년에 한 번씩 생기지만, 역전된 극성은 수천만 년 동안 지속되거나, 그보다 훨씬 더 빨리 약 10만 년마다 바뀔 수 있다고 추정된다. 또 자기장의 세기는 그러한 역전 과정에서 10분의 1로 약해지거나, 짧은 기간 완전히 사라질 수도 있는 것처럼 보인다.

어떤 사람들은 바로 이 때문에 생물 종이 대량 멸종했다고 주장한다. 지구의 자기장이 단지 우리 나침반의 방향을 결정하는 데만 사용되지는 않기 때문이다. 자기장은 지구에 사는 생물에게 무척 해로운 태양 광선과 우주 광선으로부터 우리를 보호해준다. 더욱이 인터넷 시대인 오늘날에는 양극의 역전 때문에 많은 컴퓨터에 이상이 생길지도 모른다. 어쨌든 한 가지 사실만은 분명하다. 앞으로 양극이 역전되는 일은 다시 생길 것이다. 하지만 그게 언제일지는 아무도 모른다.

50

바나나에는 어째서 씨가 없을까?

많은 경우에 그렇듯, 무엇에 대해 말하느냐에 모든 것이 달려 있다. 그래서 비가 오면 '페팽pépin'을 꺼내 들어야 하고, 날씨가 나쁘면 여러 '페팽'이 생길 수 있다(프랑스어 명사 pépin에는 '일부 과일의 씨', 구어로 '우산', 비유적으로 '곤란한 일'이라는 뜻이 모두 있다—옮긴이). 또 몇 년 전만 해도 '페팽Pépin'이라는 이름이 지어지는 아이들이 매년 조금씩 있었다. 이 모든 페팽은 물론 과일과 채소에 들어 있는 페팽, 즉 씨와는 아무 상관 없다. 그런데 과일과 야채 속에 있는 씨도 서로 매우 다를 수 있다. 토마토의 씨는 포도의 씨와 아무런 공통점이 없다. 사과나 배의 씨는 멜론이나 호박의 씨와 매우 다르다.

하지만 어쨌거나 씨는, 항상 그런 것은 아니지만 대체로 다육 과일과 채소 한가운데 있는 작은 종자로, 싹이 터 자기를 만들어 낸 식물을 다시 만들 수 있다. 그런 의미에서 보면 바나나에는 씨가 없다. 어떤 사람들은 바나나의 씨가 껍질의 겉이나 안쪽에 있다고 생각한다. 하지만 그렇지 않다. 바나나를 길게 반으로 가르면 바나나의 긴 방향을 따라 한가운데에 작고 검은 점들이 줄줄이 나 있는 것을 볼 수 있다. 그것은 수정되지 않은 식물의 밑씨인 종자의 '맹아'다. '식용 작물'인 바나나는 생식하는 데 종자가 필요 없는 식물이다. 바나나는 사실 나무가 아니라 (그 높이가 9미터까지 자랄 수 있고 헛줄기가 있는) 풀로, 뿌리에서 새로운 움이 돋아(영양 번식) '자식' 바나나를 탄생시킨다. 이는 100퍼센트 천연 클로닝cloning으로, 불임 식물이 유성 생식이라는 힘든 과정을 거치지 않고 생식하도록 한다.

바나나가 수정하지 않고도 열매를 맺을 수 있는 이유는, 유전

형질에 유전체 사본이 다른 식물처럼 두 개가 아니라 세 개 들어 있는 삼배체이기 때문이다. 그래서 바나나는 염색체의 개수가 총 33개다(염색체 11개의 사본 3개). 한편 지금도 존재하는 야생 바나나는 이배체여서 염색체가 22개(2×11)로, 수정해서 '진짜' 씨가 들어 있는 열매를 만들어 생식한다. 야생 바나나의 열매는 식용 작물인 바나나 열매보다 더 작으며, 그 안에는 단단하고 모난 종자가 가득 들어 있다. '식용 작물화한' 최초의 바나나는 약 1만 년 전 뉴기니에서 생겨나 차츰 동남아시아로 '침입'했을 것으로 추정된다. 바나나는 크리스토퍼 콜럼버스가 앤틸리스 제도를 발견한 지 얼마 지나지 않아 15세기 말 그곳에 도입되었다.

일반적으로 과일의 구조는 식물이 지닌 씨방의 유형으로 결정된다. 씨방이 꽃잎과 수술이 달린 부분 바로 위에 있어 '자유로운' 경우에는 토마토나 녹색 꼬투리 콩 같은 참열매가 열린다. 씨방이 꽃잎과 수술이 달린 부분 아래쪽에 있으면 헛열매, 즉 사과나 멜론처럼 씨가 있는 인과仁果나 살구와 체리처럼 단단한 핵으로 감싸인 씨가 있는 핵과核果가 열린다. 끝으로, 마지막 유형의 식물은 예를 들어 딸기나 블랙베리 같은 열매를 맺는다. 이들은 사실 가짜 열매다. '진짜' 열매는 엄밀히 말하자면 딸기 표면에 흩어져 있는 '수과瘦果'라고 부르는 건조한 작은 씨다. 수과에는 식물의 밑씨가 담겨 있고, 이것이 수정되면 종자가 되어 씨라고 불리게 된다.

모호한 어원

'pépin'의 어원은 상당히 모호하다. 어떤 사람들은 이 말이 그리스어에서 유래한다고 보지만, 확실치는 않다. 대체로 사람들은 이 단어가 '표현적 어근', 이 경우에는 pep에서 유래했다고 인정한다. 이 어근은 로망어에서 크기가 작음을 나타낸다. pépin은 프랑스어의 pépier, papoter, pépite, pompe 등과 같이 입술의 움직임을 본뜬 p-p의 반복으로 구성된 단어 계열에 속한다.

매우 드물긴 해도 본래 씨가 없는 과일이 있지만, 인간은 다양한 방식으로 가령 씨 없는 사과나 포도, 감귤을 만들어낼 수 있다. 만다린나무와 당귤나무의 교배종인 클레멘타인은 처음에 '씨 없는 만다린'이라는 이름이 붙었다가 나중에 그것을 '발견한' 클레망Clément 신부를 기리는 의미에서 이름이 클레멘타인으로 바뀌었다. 클레멘타인은 씨가 없어 주로 접붙이로, 즉 인간의 손에 의해 번식한다.

인간이 씨 없는 과일을 얻기 위해 동원하는 또 다른 방법은 속임수다. 식물과 그 밑씨에 호르몬(지베렐린)을 묻혀 식물이 자기가 수정되었다고 믿게 만든다. 그러면 식물은 과일을 만들기 시작한다. 이렇게 해서 씨 없는 포도를 만든다. 프랑스 역사에는 페팽이 많다. 그중에서 가장 유명한 인물은 샤를 마르텔Charles Martel의 아들이자 샤를마뉴Charlemagne의 아버지인 단신왕 페팽Pépin le Bref(프랑스어로 Pépin이라고 쓰지만, 라틴어로 피핀Pippin이라고도 옮긴다—옮긴이)이다. 그의 할아버지도 이름이 페팽이었다. 카롤링거 왕조의 제1대 왕인 그는 프랑크족의 용맹한 대왕이었다. 하지만 키만 놓고 보자면 대왕이 아니었다. 그는 정말 키가 작아서 '페팽'이라고 불렸을까? '단신왕'이라는 말은 또 왜 붙었을까? 나폴레옹 대제가 페팽 보나파르트라고 불렸을 수도 있을까?

51

남자가 여자보다 머리카락이 더 길 수 있을까?

사람들은 일반적으로 머리카락에 세 가지 유형, 즉 유럽형, 아시아형, 아프리카형이 있다고 말한다. 이를 달리 말하면, 곱슬머리, 매끈한 머리카락, 꼬불꼬불한 머리카락 유형이라고 할 수 있다. 대규모 미용 회사가 의뢰해 실시한 과학 연구에 따르면, 여러 민족이 섞인 결과로 서로 다른 여덟 가지 유형의 머리카락이 존재한다. 머리카락의 주요 성분은 손톱과 마찬가지로 케라틴이므로, 이들은 구성 성분보다 그 모양과 두께로 구분된다. 눈의 색깔처럼 유전적인 특성으로 결정되는 머리카락의 겉모습 차이는 구체적으로 살펴보면 머리카락을 제조하는 매우 정교한 미니 공장인 모낭에서 생긴다.

머리카락 길이가 1.26미터

한 사람이 지닌 모낭은 10만~15만 개다. 이들은 머리뼈를 덮고 있는 두피 표면에 골고루 분포되어 표피 몇 밀리미터 안쪽에 파묻혀 있다. 모낭은 보통 그만한 개수의 머리카락을 한 달에 약 1.3센티미터씩 만들어낸다. 실제로는 한 달에 0.7~2센티미터씩 만드는데, 일반적으로 아시아 사람의 머리카락이 가장 빨리 자라고 아프리카 사람의 머리카락이 가장 느리게 자란다. 한 사람이 1년 동안 만드는 머리카락을 전부 이어 붙인다고 가정하면 그 길이는 수 킬로미터에 달할 것이다. 남자의 머리카락 하나의 수명은 2년에서 4년이고, 여자의 머리카락 수명은 4년에서 7년이다. 이는 곧 남자가 여자보다 머리카락이 더 긴 경우는 드물다는 뜻이다. 예를 들어 머리카락이 한 달에 1센티미터씩 자라고 머리카락의 수명이 2년인 남자는 머리카락의 길이가 24센티미터를 넘을 수 없을 것이다. 하지만 머리카락이 한 달에 1.5센티미터씩 자라고 그 수명이 7년인 여자는 이론적으로 1.26미터까지 자랄 수 있다.

우리 머리카락의 10~15퍼센트는 항상 빠질 태세를 갖추고 있는 것으로 추정된다. 머리카락은 모근에서 생겨나 수개월 동안 자라다 자라기를 멈추고 몇 주가 지나면 빠진다. 새로 자라기 시작하는 머리카락이 기존의 머리카락을 밀어내 빠지는 것이다. 이 과정은 인간이 잉태된 지 석 달쯤 후부터 모낭이 발달하며 시작된다.

갓 태어난 아기는 두피 1제곱센티미터마다 모낭이 1,000개 이상 있다. 그 밀도는 시간이 지나면서 줄어들어 30세에서 50세

사이에는 같은 면적에 있는 모낭의 수가 500개 이하에 이른다. 정상적인 경우라면 모낭은 그때까지 쉬지 않고 머리카락을 만들어낼 것이다.

이를 위해 모낭은 적절한 도구들을 갖추고 있다. 모낭은 일종의 자루로, 그 밑바닥에는 알뿌리 모양인 머리카락의 뿌리가 있다. 모낭에는 작은 돌기가 있어 그 돌기가 산소와 양분을 가져다주는 미세한 혈관과 케라틴을 생성하는 각질 세포를 연결한다. 모낭에는 또 머리카락에 색깔을 부여하는 멜라닌 세포도 있다. 이 모든 기관은 모낭에 있는 결합 세포와 콜라겐으로 진피에 고정된다.

그 모근 위로 털줄기를 지탱하는 일종의 지지대인 뿌리 상피집이 피부 표면을 향해 올라가고, 표피 바로 아래에는 피지를 생성하는 일을 담당하는 작은 피지선이 있다. 피지는 머리카락을 매끄럽게 유지하고 표피를 보호하는 지방 물질이다. 머리카락에서 우리 눈에 보이는 부분은 사실 생물학적으로 죽어 있다. 그 때문에 머리카락을 잘라도 아프지 않은 것이다.

모낭은 줄을 제조하는 공장과 같다. 줄의 모양은 줄이 만들어지는 틀의 모양에 따라 결정된다. 그래서 모낭이 둥글고 길쭉하며 피부 표면에 대해 수직을 이루면, 머리카락은 둥글고 매끈하다. 반면에 모낭의 절단면이 달걀형이고 쉼표 모양으로 약간 구부러져 있으면 머리카락은 조금 납작하고 곱슬거린다. 모낭이 매우 납작한 타원형이며 피부 표면과 전혀 수직을 이루지 않고 피부 밑으로 누워 있으면, 머리카락은 꼬불꼬불하다.

기후에 적응하다

유전적 특질 중 하나인 모낭의 형태는 머리카락 생성 과정에 영향을 미치는 것 같다. 모낭의 형태에 따라 케라틴이 다르게 주입되어 케라틴 층이 어디는 두껍고 어디는 얇아진다. 얇아진 부분은 두꺼운 부분보다 더 유연해서 구부러진다. 이로써 머리카락이 크게 구불거리거나 꼬불꼬불한 것이다.

일부 과학자들은 이처럼 머리카락이 서로 다른 것은 기후에 적응한 결과라고 생각한다. 꼬불꼬불한 머리카락은 매우 좁은 나선 모양을 이루고 납작한 편이며 피부 위로 바짝 누워 자란다. 그래서 태양에 노출되는 피부의 면적을 최소로 만든다. 또 피부 위에 누워서 자라므로 공기층이 머무르면서 머리가 '과열'하는 일을 방지한다. 반면에 피부에 대해 수직으로 자라는 매끈한 머리카락은 공기층을 형성해 '코트'로 삼아 머리를 추위로부터 더욱 잘 보호한다.

하지만 다양한 기법을 사용해 머리카락 모양을 바꿀 수도 있다. 머리카락이 빠지는 끔찍한 탈모증으로 고생하지 않는다면 말이다.

52

우리 눈을 믿어도 될까?

처음부터 말하고 넘어가자. 눈은 모든 것을 거꾸로 본다. 하지만 이는 정상적인 일이다. 망막에 와 닿는 '영상'은 실제 영상에 대해 거꾸로 뒤집혀 있다. 우리 눈에 비친 우리는 머리가 아래쪽에 있다. 그것을 제대로 돌려놓는 것은 눈일까? 눈망울은 역학적으로 단순한 아름다움을 지녔지만, 그런 일은 할 줄 모른다. 그 일을 담당하는 것은 바로 뇌다. 그러므로 눈이 우리에게 환각을 보게 만든다기보다 신경 세포가 우리를 골탕 먹이는 것이다.

사실 건강한 눈은 거의 아무런 조작도 하지 못한다. 하지만 눈이 담당하는 일은 그리 간단하지 않다. 눈은 우리를 둘러싼 것들을 포착하고, 빠르게 연속되는 아주 작고 왜곡되고 뒤집힌 영상들을 '또렷하게' 만들어야 한다. 다시 말해 시신경을 통해 믿을 만한 정보를 뇌로(오른쪽 눈은 좌반구로, 왼쪽 눈은 우반구로) 최대한 많이 보내야 한다. 그리고 그 많은 정보는 단 하나의 시각 중추에서 수집되는 것이 아니라, 뇌의 피질에 있는 30여 개 구역으로 분배된다. 그중 한 구역은 색깔을, 다른 구역은 윤곽선을, 또 다른 구역은 움직임 등을 전문으로 담당한다. 그리고 그 구역들은 서로 묘하게 연결되어 있다.

그래서 의료적인 사례를 살펴보면 참으로 놀랍다. 어떤 환자가 교통사고를 당해 혼수상태에 빠졌다 깨어난 뒤 자기 어머니를 보고 "이분은 내 어머니를 닮았지만 어머니가 아닙니다"라고 말했다. 하지만 어머니 목소리를 전화로 들을 때면 확실히 알아들었다. 이는 그 환자가 시각과 감정 사이 연결은 잃었지만, 청각과 감정 사이 연결은 잃지 않았기 때문이라고 생각된다. 또 어떤 사람들은 거울에 비친 자기 모습조차 알아보지 못하고, 그 모습을 자기를 사칭하는 사람이라고 여긴다. 또 다른 사람들은 얼굴을 알아보지 못하는 장애(안면 실인증)를 겪을 수도 있다. 그들은 정상적으로 보지만, 잘 아는 사람의 얼굴이라도 그 얼굴에 이름을 붙일 수 없다.

이런 극단적인 경우를 제외하더라도, 시력이 멀쩡한 사람에게 생기는 착시 현상은 많다(그리고 마술사는 그런 현상을 한껏 활용한다). 일부 착시 현상은 매우 잘 알려져 있다. 그레고리Gregory의 달마티안 착시 현상이 그 예다. 검은 점이 많이 그려진 이 그림을 처음 보았을 때는 아무런 의미도 없다. 그런데 몇 초 동안 보고 있으면 거기에서 바닥의 냄새를 맡는 달마티안의 모습이 보이게 만든다.

뇌가 하는 일

좀 덜 알려진 다른 착시 현상들도 있는데, 몇 년 전 크게 유행한 입체 사진이 그중 하나다. 입체 사진은 다른 이미지 속에 감추어진 이미지다. 맨눈으로는 보이지 않지만 바로 뇌가, 오로지 뇌만이 몇 분 만에 이미지를 추출해서 재구성한다.

눈과 뇌가 이루는 총체는 투명도 때문에도 오류를 범하는 것처럼 보인다. 유명해진 정책(글라스노스트glasnost)의 정치적 뜻에서 투명하지 못하거나 자신이 투명하다고 주장함으로써가 아니라, 그것을 가늠하는 어려움 때문이다. 어떤 물체의 광도를 감지하는 데는 물체가 받는 빛의 양, 물체가 반사하는 빛의 양, 그 빛의 성질과 배경 등 여러 요인이 작용한다. 여기에서도 눈은 하나의 매개물일 뿐이다.

뇌가 그 서로 다른 요인들을 분석하는 방식은 여전히 논란의 대상이다. 회색이 처리되는 방식은 매우 특별하다. 어떤 그림에서는 물체의 이미지가 외곽선과 질감에서 완벽하게 똑같지만, 그것을 조금 더 검거나 더 하얀 다른 배경에 놓으면 그림의 밝기가 서로 다르게 보인다. 이 사실로써 연구자들은 뇌가 시각 메시지를 분석하는 방식에 대해 여러 중요한 사실을 알게 되었다.

이 모든 실험은 단지 흥미로울 뿐 아니라, 장애나 질병을 치료하도록 의학 지식을 진보하게 만든다. 시각에 관한 이러한 연구들은 미래의 로봇을 개발하는 사람들도 큰 관심을 가지고 지켜보고 있다. 그들은 그 분야에서 할 일이 많다. 시각은 우리 오감 중에서 뇌가 거는 '수리수리마수리'로 피해를 당하는 유일한 감각이 아니기 때문이다. 촉각, 후각, 청각, 미각도 쉽사리 함정에 빠질 수 있다. 그러니 뇌가 져야 할 책임이 크다.

53

우리는 정말 심장으로 사랑할까?

프랑스 사람들은 심한 두려움에 사로잡힐 때 '두려움이 배에 있다avoir la peur au ventre'고 말하고, 무척 배가 고플 때면 '위가 발뒤꿈치에 있다avoir l'estomac dans les talons'고 말하며, 사랑은 머리로 하지 않고 마음cœur을 다해서 한다(프랑스어 'cœur'는 '심장'·'가슴', 비유적으로 '하트'·'중심부', 은유적으로 '마음'·'진심' 등을 뜻한다—옮긴이)고 말한다. 심장은 큐피드의 화살이 겨누는 과녁으로, 에는 듯 아플 수도 있다. 또 마음은 최근의 모든 과학 연구가 확인해주듯, 이성이 모르는 자신만의 이유를 지닌다. 사랑amour, 프랑스어로 단수형일 때는 남성 명사이고 복수형으로는 여성 명사인 참으로 독특한 단어인 이 사랑을 지배하는 것은 바로 심장이다. 심장은 사랑이 신체적으로 가장 '눈에 띄게' 표시되는 부분일 뿐 아니라, 사랑의 온전한 토대다.

이 문제는 이미 고대에 학계를 들썩이게 했다. 아리스토텔레스는 심장을 모든 것의 중심에 둔 반면, 예를 들어 갈레노스는 뇌를 가장 중요하다고 보았다. 아랍 세계는 간을 찬양했다. 오랫동안 심장은 열정보다 이성과 동의어였다. 13세기 후반에 와서야 심장은 도상圖像에서 사랑의 중추로 자리 잡았다. 처음에는 무엇보다 종교적 사랑의 중추였다. 역설적이게도 심장병학이 탄생한

18세기에 심장은 세속 사회에서 감정의 중추가 된다. 그러다가 20세기에 들어서면서 사랑은 점차 두뇌화해 완벽하게 뇌가 만들어내고 통제하는 감정이 된다. 그래서 어떤 사람들은 사랑을 일련의 화학적 반응으로 축소한다. 현재 우리는 이러한 생물학적 '물질주의'에서 조금 벗어났다. 최근 밝혀진 지식에 따르면 사랑하는 느낌은 뇌들(본능의 뇌, 감정의 뇌, 논리적인 뇌)과 심장 사이 복잡한 상호작용으로 생기기 때문이다.

심장은 사랑에 대해 '독립성'을 약간 되찾았다. 심장은 뇌가 결정하는 것을 비추는 '반영'에 불과하지 않다. 일단, 심장은 일부 사람들이 '작은 뇌'라고 부르는 것, 즉 뇌에 '내부' 정보들을 전송함으로써 뇌에 영향을 끼칠 수 있는 자신만의 고유한 수만 개의 신경 세포를 갖고 있다. 또 심장은 자기만의 호르몬 저장고도 지닌다. 하지만 다른 기관들과 마찬가지로 본능의 뇌에 부분적으로 지배를 받는다. 본능의 뇌는 두려움, 분노, 기쁨처럼 이성적으로 따져서 생기지 않고 자동으로 생기는 생리적 반응을 일으킨다. 이런 반응으로는 심장 박동수나 혈류량 증가, 땀 분비 증가나 얼굴의 홍조 등이 있다.

근대적인 뇌 영상 기술 덕분에 오늘날에는 기쁨이나 슬픔, 분노, 사랑 같은 감정에 관계되는 뇌의 부분이 예전보다 더 잘 알려져 있다. 그 부분들을 통칭해 '감정의 뇌'라고 부른다. 이 뇌는 (편도체나 해마 같은) 뇌의 피질과 피질 밑 부위에 분포되어 있다. 하지만 뇌의 왕국에서는 모든 것이 상호작용한다. 본능의 뇌가 하는 일은 감정의 뇌의 반응을 불러일으키고, 이 모든 것을 논리적인 뇌가 '마무리'한다.

'보상 회로'

그래서 우리가 마음에 드는 사람을 만나면 본능의 뇌가 동요하며 감정의 뇌한테 그 사람에 대해 어떻게 생각하는지 묻는다. 감정의 뇌는 자신이 갖고 있는(수년간 학습하는 내내 구축된) 상황들의 메모리에서 그와 관계되는 기억들을 찾아내 그 기억이 좋았는지 나빴는지 알아본다. 한편 논리적인 뇌는 '실현 가능성'이라는 실제적인 기준에 비추어 상황을 평가한다. 이 모든 과정으로 인해 신경 전달 물질과 호르몬들이 분비된다. 이런 호르몬에는 보상에 대한 기대 및 쾌락 현상에 관여하는 도파민, 스트레스와 신체적 노력에 관여하는 노르아드레날린, 수면뿐 아니라 식욕이나 성 본능도 제어하는 세로토닌, 애착을 일으키는 역할을 담당할 거라고 생각되는 바소프레신과 옥시토신이 있다. 따라서 이른바 한눈에 반하는 이유가 여러 가지 있겠지만, 그중에는 이 신경 전달 물질들이 쏟아져 나오는 '대홍수'도 있다.

사랑하는 감정과 욕망은 이른바 '보상 회로'의 일부다. 어떤 감정은 쾌락(또는 고통)을 야기하는 욕망을 일으킨다. 연구자들이 사람들에게 그들과 가깝고 사랑하는 사람들의 사진 또는 모르는 사람들의 사진을 보여주고 그들의 뇌 활동을 관찰한 결과, 놀랍게도 사랑하는 사람들의 사진을 보여주었을 때 활성화되는 부분은 마약을 섭취했을 때 활성화되는 부분과 똑같다는 사실이 확인되었다. 이것이 아마도 사랑이 눈을 멀게 하거나 사람이 사랑의 노예가 될 수 있는 이유일 터이다. 심장은 대단하다…….

54

어째서 사람은 저녁형이거나 아침형일까?

밤이 끝나갈 무렵, 사람이 잠에서 깨기 한 시간쯤 전에 들리지 않는 몸속 자명종이 처음 '울린다'. 이로써 호르몬인 코르티솔이 분비되어 혈액 내 당의 농도가 높아진다. 그러면 몸이 에너지를 받아 신체 온도가 차츰 높아진다. 뇌는 리듬을 바꾼다. 몸은 배가 고프다는 신호를 보내고, 이번에는 식사를 하라는 시계가 울린다.

외부의 자명종이 울리지 않는다면 우리는 110분짜리 수면 주기를 하룻밤에 네 번 또는 다섯 번 거친 끝에 눈을 뜰 것이다. 각 수면 주기는 얕고 느린 수면(45분), 깊고 느린 수면(45분), 렘수면(20분)의 연속으로 이루어진다. 그러므로 이러한 수면 주기를 네 번 거치는 밤에 우리는 얕고 느린 수면을 3시간, 깊고 느린 수면을 3시간, 렘수면을 1시간 20분 취할 것이다. 하지만 모두가 알다시피 잠이 많은 사람이 있고 잠이 적은 사람이 있다. 또 사람은 저녁형이거나 아침형일 수 있다.

혼Horne과 외스트베리Ostberg가 개발해 그들의 이름을 딴 설문지(인터넷에서 쉽게 찾아볼 수 있다)에 답함으로써 내가 어느 범주에 속하는지 정확히 알아볼 수 있다. 이 설문지는 사람이 '심한 아침형'인지 아니면 '단순 아침형', '중립형', '단순 저녁형', '심한 저녁형'인지 평가하는 데 사용된다. 또 아침형-저녁형 검사라고 부르는 단순화된 검사들도 몇 가지 있다. 총인구의 약 15퍼센트가 진정한 아침형(아침 6시에 일어남)이고, 15퍼센트가 저녁형(새벽 1시 넘어서 잠)이라고 추정된다. 나머지 70퍼센트는 이 두 범주 사이를 오간다.

저녁형이냐 아침형이냐에 따라 실제로 생리적인 차이가 생긴다. 아침형인 사람은 잠에서 깨었을 때 주의력과 정신적·감각적·운동적 수행 능력이 하루 중 가장 높다. 그러한 능력은 다음에 잠들 때까지 차츰 줄어든다. 저녁형인 사람은 잠에서 깨었을 때 주의력이 중간 정도다. 그랬다가 하루 종일 수행 능력이 서서히 높아져 밤에 다시 잠들기 직전 몇 시간 동안 정점에 이른다. 따라서 '심한 아침형'인 사람은 야간 근무를 오래 견디기 힘들고, '심한 저녁형'은 그런 업무를 원할 것이다.

수면 실험실에서 체온 곡선과 밤에 생성되는 호르몬인 멜라토닌의 곡선 사이 관계를 연구함으로써 자신이 어느 유형인지 알아볼 수도 있다. 아침형인 사람은 두 곡선이 엇비슷할 것이고, 저녁형인 사람은 두 곡선이 완전히 분리되어 있을 것이다.

출생한 달과 관련될 수도 있다

과학자는 이 현상을 이해하지 못하면 잠을 못 이룬다. 이 현상을 통제하면 수면 장애뿐 아니라, 우울증 같은 다른 여러 질병도 더 잘 치료할 수 있을 터이다. 이를 위해 생체 리듬을 조절하는 몸속의 서로 다른 생체 시계들을 철저히 분석해야 한다. 이것이 시간 생물학이라고 부르는 학문의 연구 대상이다. 소화, 콩팥, 호흡, 신경, 내분비 기능 등 우리의 모든 생체 기능은 특정한 리듬을 따른다. 이 리듬이 하루를 이루는 시간과 일치하면 서캐디언 리듬circadian rhythm이라 부르고, 하루가 아니라 예를 들어 계절 변화를 따르면 인프라디언 리듬infradian rhythm이라고 부른다.

서캐디언 리듬은 '시간을 초월한' 생활 실험에서 증명되었듯 인간에게서 약 25시간이다. 미셸 시프르Michel Siffre는 시간에 대한 아무런 지표도 없이 동굴에 갇혀 생활하면서 자발적으로 25시간으로 이루어진 하루에 일과를 '맞추었다'. 그러므로 24시간 리듬에 맞추어 생활하는 우리는 몸속 시계를 계속 조정해서 외부 시간에 맞추는 것이다.

최근에 이루어진 국제적 연구에 따르면, 이렇게 몸속의 시계를 조정하는 데 가장 큰 영향을 미치는 요인 중 하나는 시각대로 결정되는 '사회적 시간'보다 현지 '태양의 시간'이다. 시각대의 시작 부분에 위치하느냐 말단에 위치하느냐에 따라 시각은 똑같아도 우리의 생체 시계는 태양의 위치에 따라 달리 맞춰질 것이다. 우리는 그 생체 시계가 유전적으로 통제된다는 사실을 알고 있다. 생체 시계가 돌아가는 속도에 관여하는 것처럼 보이는 몇몇 유전자가 알려져 있다. 실험실에서 동물의 유전자 하나에 작용을 가해 그 동물의 서캐디언 리듬 주기를 24시간에서 20시간으로 바꿀 수 있었다.

또 최근에 이루어진 연구에서는 저녁형인지, 아침형인지 정해지는 데는 물려받은 유전적 요인도 작용한다고 한다. 그런데 어른 인구를 대상으로 실시한 광범위한 통계 연구에서 놀라운 사실이 드러났다. 이 현상은 태어난 달의 영향을 받는 것처럼 보인다. 임신 기간 중 또는 출산 전후 낮의 길이가 중요한 영향을 미친다는 것이다. 저녁형인 사람은 대체로 3~4월에 태어났고, 아침형인 사람은 대체로 9~10월에 태어났다. 다른 달에 태어난 사람들은, 각자 알아보기를…….

55

금발 여자가 멸종할 위험이 있을까?

이 질문은 정기적으로 전면에 등장한다. 금발(또는 푸른 눈)을 생기게 하는 유전자가(또는 유전자들이) 언젠가 사라질 위험이 있을까? '우성' 유전자와 '열성' 유전자가 있다고 강조하면서 위와 같은 특질들이 언급되기만 하면 이런 이야기가 다시 들린다. 실상은 어떨까?

우리의 유전체(유전자 약 2만 5,000개)는 세포 하나하나에 그 사본이 2개씩 담겨 있다. 그 2개의 사본에는 각기 23개의 염색체가 들어 있다(염색체는 총 46개다). 성별을 결정하는 염색체 쌍(여자는 XX, 남자는 XY)을 제외한 다른 염색체 22쌍은 쌍둥이 염색체들로 구성된다. 그러므로 각 유전자는 사본이 2개씩 존재하는 것이다. 그중 하나는 아버지에게서 오고, 다른 하나는 어머니에게서 온다.

머리카락 색깔을 결정하는 유전자를 살펴보자. 그 유전자는 모든 경우에 머리카락의 색을 결정하지만, 검은 머리, 금발, 진갈색 머리, 밤색 머리 등 여러 다른 메시지를 담고 있을 수 있다. 어떤 사람이 금발이 되려면, '금발' 유전자가 사본 2개에 모두 있어야 한다. 즉 아버지와 어머니가 그 유전자를 동시에 물려주어야 한다. 그런 경우가 아니라면, 가령 사본 하나는 '금발'이지만 다른 사본은 '진갈색 머리'라면 후자가 머리카락 색깔을 결정한다. 그 사람은 머리카락이 진갈색일 것이다.

이 때문에 우성 유전자라는 말이 사용된다. 그리고 그 '반대'인 '열성'이라는 용어를 선택해 사용하면서 일상 언어에 모호함이 생기고 특정 유전자가 감소할 거라는 말이 나오게 되었다. 그리고 이에 따라 논리적으로 열성 유전자가 결국 사라질 거라고 말하려는 생각이 든다. 하지만 사실은 전혀 그렇지 않다.

한 인구 집단 내에서 유전자는 어떻게 살아가는가? 방정식을 이용해 주어진 인구와 그 후손들에게 한 유전자와 그 다른 형태들이 발생하는 빈도를 모델로 나타낼 수 있다. 그러면 금세 균형이 이루어지고 그 균형 상태가 유지된다는 사실을 알 수 있다. 아일랜드 사람 중에서 머리카락이 붉은 사람은 10퍼센트지만, 인구의 40퍼센트가 그 유전자를 지녀 이를 물려줄 수 있다. 프랑스에서는 인구의 5퍼센트가 머리카락이 붉고, 10퍼센트는 금발, 50퍼센트는 밤색이다.

금발과 진갈색 머리카락 유전자의 사본을 각자 하나씩 지닌 아버지와 어머니의 예를 다시 살펴보자. 두 사람은 모두 머리카락이 진갈색이지만, 금발 자녀를 낳을 확률이 4분의 1, 진갈색 머리카락 자녀를 낳을 확률이 4분의 3이다. 이는 곧 유전자가 우성이든 열성이든 자녀에게 전달될 확률이 똑같다는 뜻이다. 그렇다고 이 커플이 예를 들어 금발인 자녀를 두 명 가질 수 없다는 말은 아니다. 하지만 총인구 수준에서 살펴보면 이 경우에는 통계적으로 금발 자녀 1명에 진갈색 머리카락 자녀 3명꼴로 태어난다고 볼 수 있을 터이다.

인간 역사를 밝히는 조명

물론 현실에서는 상황이 더 복잡하다. 일단 머리카락 색깔이 단지 유전자만으로 정해지지는 않기 때문이다. 또 다른 이유는 머리카락 색깔이 단지 두 가지만 있지 않다는 사실이다. 그리고 더 일반적인 관점에서 보면, 어떤 유전자는 주어진 어떤 상황이나 환경에서 장점일 수도 있고 아닐 수도 있다. 일부 유전성 질환의 사례를 보면 이 점에 대해 중요한 사실을 알게 된다.

적혈구와 연관된 질병인 겸형 적혈구 빈혈이 그 예 중 하나다. 이 병에 걸리려면 해당 변형 유전자의 사본을 두 개 지녀야 한다. 그 병에 걸린 환자는 생식 연령까지 살아남는 일이 거의 없다. 하지만 전체 인구 중에 존재하는 이 질병 유전자의 빈도는 상당히 높다. 유전자를 지녔지만 건강한 사람, 즉 질병 유전자의 사본 하나만 지닌 사람이 다른 사람보다 학질에 대한 저항력이 더 강하기 때문이다. 그 '장점' 덕분에 질병 유전자는 인구 내에서 상당히 높은 수준으로 존재한다(아프리카 일부 지역에서는 5명 중 1명).

같은 유전자의 서로 다른 형태가 분포된 양상을 연구함으로써 인간의 역사를 더 잘 알게 된다. 혈액형(A, B, O형)에 대해 전 세계적으로 실시한 연구 결과, 인류가 어떻게 이동하고 '융합'했는지 알 수 있다. 예를 들어 A형을 부호화하는 유전자의 빈도는 유럽과 터키의 인구에서 25퍼센트 더 높고, 동남아시아로 갈수록 낮아진다.

어떤 지방의 인구는 혈액형에서 특수성을 보인다. 아일랜드 국민은 O형의 빈도가 매우 높다(75퍼센트). 이는 그 나라의 매우 척박한 생활 조건 때문에 인구가 여러 번 심하게 감소했고, 그러면서 혈액형의 빈도가 무작위로 변동했기 때문이라고 본다. 또 다른 특수성을 보이는 곳은 바스크 지방으로, 이곳은 유럽에서 B형의 빈도가 가장 낮다(2퍼센트). 이는 바스크 지방 주민들이 신석기 시대 이전 시기 유럽 거주민에서 유래한 유전자 급원과 신석기 시대 인도·유럽 민족의 유전자 급원 사이 독특한 혼합으로 생겼기 때문이라고 추정된다. 그들의 특수성이 지속되는 현상은 금발 남녀들에게 위안이 되는 메시지이기도 하다.

56

기록은 항상 깨지는 법일까?

"항상 더 빨리, 항상 더 높이, 항상 더 힘차게." 피에르 드 쿠베르탱Pierre de Coubertin이 올림픽을 위해 내건 이 구호가 항상 사실로 검증될 수 있을까? 운동 경기 기록에는 결코 한계가 없을까? 남녀 선수는 훈련을 더 완벽하게 하거나 운동 장비에 도입되는 신기술 덕분에 계속해서 성적을 개선할 수 있을까? 물론 약물을 먹거나 주사하지 않고서 말이다.

언제나 승자와 패자가 존재하리라는 사실은 거의 확실하지만, 현재 일부 종목에서 운동 경기의 기록은 아주 '단순히' 생물학과 생체역학에 근거해서 볼 때 이론적으로 가능한 한계에 매우 근접해 있다. 육상 경기에서 단거리 경주인 100미터, 200미터, 400미터 경주와 각종 도약 경기(멀리뛰기, 높이뛰기, 장대높이뛰기), 역도에서 그렇다. 중거리 경주나 장거리 경주, 다른 종목에서는 상황이 조금 다르다.

단거리 경주나 도약을 할 때는 짧은 시간에 폭발적인 힘을 발휘할 필요가 있다. 100미터 경주를 할 때, 선수는 달리는 약 10초

동안 숨을 쉴 필요가 없다는 사실을 생각해보라. 또 400미터 경주를 하는 선수는 숨을 크게 다섯 번만 들이쉬어도 충분할 수 있다. 2.40미터보다 더 높이 달린 가로대를, 또는 장대를 이용할 경우에는 6미터보다 더 높이 달린 가로대를 넘어서기 위해서도 이와 마찬가지로 폭발적인 힘을 발휘해야 한다. 멀리뛰기로 9미터 떨어진 곳에 가 닿거나 자기 몸무게의 두 배를 들기 위해서도 마찬가지다. 이 모든 행위의 주역은 잘 알려져 있지 않다. 하지만 그것은 근육질의 거구다. 우리가 지닌 기관 중에서 가장 강력한 거구. 바로…… 넙다리네갈래근quadriceps이다.

생물학적 발동기

넙다리 위쪽에 있는 넙다리네갈래근은 인간의 몸에서 부피가 가장 큰 근육이다. 이 근육은 넙다리뼈 윗부분과 부채 모양의 엉덩뼈를 무릎 및 정강이뼈와 연결한다. 그 근육이 네 개의 근육 다발로 이루어져 있기 때문에 그런 특이한 이름이 붙었다. 바로 이 근육이 짧은 시간에 강한 힘을 발휘할 때 수행 능력을 '조절'한다. 그래서 일부 단거리 경주 선수나 역도 선수는 넙다리가 무척 발달해 있고, 실루엣이 그보다 늘씬한 장거리 경주 선수와 무척 다르다.

근육은 훌륭한 생물학적 발동기다. 근육은 화학 에너지를 움직임과 열로 전환한다. 그 에너지 소비량은 방정식으로 표현할 수 있고, 에너지 소비의 효율성, 들이는 힘의 유형과 지속 시간을 감안해 이론적으로 도달할 수 있는 최대 수행 능력을 계산할 수 있다.

단거리 경주 선수의 두 다리는 같은 순간에 똑같은 속도로 달리지 않는다. 한 발이 바닥에 있을 때, 그 발은 움직이지 않으면서 몸을 앞으로 밀어 내보낸다. 한편 다른 발은 선수가 앞으로 나아가는 속도의 두 배 속도로 앞으로 되돌아간다. 계산해보면 발의 최대 한계 속도는 초속 13.5미터 정도다. 현재 최고 선수에게서 그 속도는 초속 약 12미터에 이른다. 그러므로 이 지점에서 기록을 조금 더 개선할 여지가 있다. 똑같은 계산으로 멀리뛰기의 이론적 한계도 검토해볼 수 있다. 그 결과, 약 10미터라는 수치를 얻는다. 따라서 밥 비먼Bob Beamon이 8.90미터에 도달한 지 23년 만인 1991년 8월 30일 도쿄에서 마이크 파월Mike Powell이 돌파한 세계 기록 8.95미터는 개선될 가능성이 있을 터이다.

그런데 넙다리네갈래근의 '단순한' 에너지 효율성이 아닌 다른 요인들도 작용한다. 캥거루는 어째서 시속 20킬로미터로 달릴 때보다 시속 30킬로미터로 달릴 때 에너지를 덜 소비할까? 그 이유는 탄성과 운동 에너지 개념이 끼어들기 때문이다. 땅에 대해 용수철처럼 행동할 수 있으면 운동 에너지를 잃지 않는다. 말하자면 공짜로 에너지를 얻는 셈이다.

단거리 경주나 멀리뛰기에 적용한 유형의 정교한 계산을 높이뛰기에 적용하면 그 계산의 한계가 드러난다. 계산에 따르면 높이뛰기의 이론적 한계가…… 5미터 이상이기 때문이다. 현재 세계 최고 기록은 쿠바의 하비에르 소토마요르Javier Sotomayor가 1993년에 세운 2.45미터다. 그 이유는, 이 종목에서 속도와 수평 에너지를 속도 및 땅에 대해 비스듬히 기울어진 에너지로 전환해야 하기 때문이다. 그러면서 에너지 손실이 많이 생긴다.

어찌 되었든 세계 기록 연대기를 살펴보면 한 기록에서 그다음 기록의 차이가 점점 감소한다는 사실을 알 수 있다. 100미터 경주의 최고 기록은 1968년에 9초95였는데 현재는 9초77이다. 1991년(9초90)과 1999년(9초79) 사이 기록은 0.11초 개선되었다. 1999년과 2006년 사이 기록은 0.02초 개선되었다. 즉 개선되는 속도가 5배 느려진 것이다.

하지만 2010년 1월에 발표된 미국의 어느 연구에 따르면, 그 전에 이루어진 연구 결과와 달리 기록이 갱신될 여지가 상당하다. 우사인 볼트Usain Bolt가 달리는 최고 속도는 시속 45킬로미터에 근접하는데, 그 연구자들은 우사인 볼트가 그 속도를 시속 55킬로미터, 심지어 시속 60킬로미터 이상까지 올릴 수 있을 거라고 추정한다. 이는 100미터를 거의 8초에 갱신하는 속도다. 하지만 그 연구도 한계가 존재하는 것은 불가피하다고 인정한다. 다른 일에서와 마찬가지로 경기 기록에서도 말이다. 경기 기록은 앞으로도 오랫동안 자기 자신을 뛰어넘고…… 별들을 친구 삼는 기회일 것이다.

57

수학적 재능을 나타내는 '혹'이 존재할까?

나는 존재하지 않지만, 눈에 보인다. 나는 존재하지만, 눈에 보이지 않는다. 나는 누구일까? 이것은 그 유명한 '수학의 혹bosse des maths'을 정의 내리는 데 안성맞춤인 표현일 수 있다(프랑스어 관용표현 'avoir la bosse des maths[수학의 혹이 있다]'는 '수학에 천부적 재능이 있다'는 뜻이다—옮긴이). 이 혹은 해부학적으로 보면 존재하지 않지만, 무척 재능 있는 일부 사람들은 확실히 갖고 있다. 혹bosse이 없어도 '보스boss'가 될 수 있다. 하지만 그러려면 열심히 공부해야bosser 한다(프랑스어로 비슷한 단어인 '보스bosse[혹]', '보스boss[보스]', '보세bosser[일하다, 공부하다]'를 이용한 말장난—옮긴이).

수학의 혹이라는 개념은 19세기 초에 탄생했다. 기이한 두 요정이 그 탄생에 기여했는데, 하나는 계산의 천재들이 실연해 보인 놀랍고도 '마술 같은' 능력이고, 다른 하나는 뇌의 작용을 이해하려는 초창기 노력이다.

계산의 천재를 살펴보면, 1811년에 일곱 살이던 미국인 어린이 제라 콜번Zerah Colburn을 들 수 있다. 그는 "7년 14일 40시간은 총 몇 시간인가?"라는 질문에 "61,696"이라고, 또 "25년은 몇 초인가?"라는 질문에 "788,400,000"이라고 즉시 답할 수 있었다. 그리고 1837년에 이탈리아의 열 살짜리 양치기 소년 비토 만

지아멜레Vito Mangiamele는 파리에서 열린 프랑스 과학 아카데미의 한 회합에서 질문을 받았는데, "3,796,416의 세제곱근은 얼마인가?"와 같은 문제를 푸는 데 성공했다. 그는 1분도 채 안 걸려 '156'이라는 올바른 답을 찾아냈고, 그보다 더 어려운 다른 질문에도 정확하게 답했다. 어린 비토는 '골상학'이라고 불리는 학설의 지지자와 반대자 사이에서 과학적·의료적 대논쟁을 불러일으키기도 했다.

인간과 동물의 뇌와 머리 모양으로 본능, 성향, 재능, 도덕적·지적 능력을 알아보는 학문인 골상학의 창립자 프란츠 요제프 갈Franz Josef Gall(1757~1828)의 책 제목은 거의 모든 것을 말해준다. 당시 그는 골상학을 '두개 관찰cranioscopie'이라고 불렀다. 그때 막 파리에 정착한 그는 학계에 매우 큰 영향을 미쳤다. 프랑수아 브루세Françios Broussais나 오귀스트 콩트Auguste Comte, 폴 브로카Paul Broca 등 의학계뿐만이 아니었다. 소설가 오노레 드 발자크Honoré de Balzac도 '골상학자'였으니 말이다.

프란츠 요제프 갈은 자신이 가르치는 학생 중에서 기억력이 빼어난 학생들의 눈이 가장 많이 돌출되어 있다는 사실을 깨달으면서 자신의 이론을 처음으로 착안했다! 그는 이것을 보고 기억력을 관장하는 기관이 눈 뒤쪽에 있다고 생각했으며, 이런저런 능력이 더 발달할수록 그 능력에 관계되는 뇌의 부분이 더 커야 한다고 보았다. 그래서 우정, 교활함, 섬세함, 예지, 형이상학적 정신 등에 관련된 돌출부 30개 이상에 대한 지도를 작성했다. 심지어 두개골을 만져보고 진단 내리는 기법까지 개발했다…….

뇌의 여러 부위가 동시에 동원된다

같은 시기에 이탈리아의 의학 교수 체사레 롬브로소Cesare Lombroso는 위와 같은 '원칙'에 근거해서 '범죄의 혹'이라고 부를 만한 것을 찾아내려 했다. 수천 개의 두개골을 관찰하고 측정한 결과, 그는 일부 범주의 범죄자들에게는 두개골과 얼굴에 고유한 해부학적 특징이 있다고 주장하기에 이른다. 사람을 겉모습과 신체 특징으로 판단하는 이른바 '얼굴색이 다른 죄délit de faciès'가 그때 이미 언급된 것이다.

오늘날 우리는 그 모든 생각이 틀리다는, 그것도 완전히 틀리다는 사실을 알고 있다. 수학에 대한 재능이 타고난 '소질'이라는 생각 역시 잘못되었지만, 여전히 널리 퍼져 있다. 모든 연구에서는 몇몇 특수한 경우를 제외하면 우리가 태어날 때 수학 및 다른 과목들에서 동등하다는 사실이 드러난다. 아기는 생후 7개월부터 이미 수에 대한 개념을 지니므로 아주 이른 시기부터 수학에 취미를 붙여주면 나중에 수학을 편안하게 느낄 것이다.

좀처럼 사라지지 않는 또 다른 고정 관념은 우리 뇌에서 이런 저런 능력을 관장하는 부위가 단 하나라는 생각이다. 우리 뇌에 일종의 '수학 센터'라고 부를 만한 계산에 관여하는 정확한 한 부분이 있다는 것이다. 최근에 의료 영상을 사용해 뇌 기능을 연구한 결과에 따르면 실상은 그와 반대다. 수학 과제를 수행할 때는 뇌의 여러 부분이 동시에 동원된다.

더욱 놀랍게도, 서로 다른 셈 연산은 뇌의 같은 부위에서 이루어지지 않는다. 뺄셈을 할 때는 뇌의 전전두 및 두정엽 부위가 활성화되고, 곱셈을 할 때는 하두정엽 피질이 개입된다.

난독증이 있듯이, 계산 불능증이라 부르는 장애를 아동의 5퍼센트가 지닌다. 그러한 아동은 수를 셀 줄 알지만 단순한 덧셈도 하지 못한다. 이는 완벽하게 치료할 수 있는 장애다. 하지만 뇌졸중 등을 겪고 나서 이러한 장애가 생기는 성인은 치료하기가 더 힘들다. 이 장애는 가령 곱셈표는 암기하면서 암산은 하지 못하거나, 2+2를 글자로 썼을 때는 풀 줄 알지만 말로는 풀 줄 모르는 양상으로 나타난다. 그에 대한 확실한 이유는 아직 알려져 있지 않다.

이처럼 뇌의 기능을 이해하기 위해서는 풀어야 할 수수께끼가 여전히 많다. 가장 최근에 그 존재가 알려진 수수께끼는 2000년대 초 계산하고 있는 어느 암산 천재의 뇌를 촬영한 의료 영상을 관찰하면서 드러났다. 모든 사람이 연산할 때 사용하는 뇌의 부분들은 천재에게서 더 발달해 있거나 더 활발하지 않다. 천재가 다른 사람들과 다른 점은 일반 사람과 다른 뇌의 부위들을 사용한다는 것이다. 특히 장기 기억에 관계되는 부분들이 활용된다. 왜 그럴까? 잘 기억이 안 난다…….

58

산타는 과연 존재할까?

매년 성탄절 직후 수백만 명의 어린이가 산타 할아버지는 엄연히 존재한다고 진지하게 증언한다. 나는 그 특별한 날에 매혹된 모든 어린이에게 어른들이 뭐라고 말하든 산타 할아버지는 더 나아가 천재라고 단언할 수 있다. 이 사실은 과학적으로 증명되었다. 비록 논란의 여지는 남아 있지만.

산타의 눈부신 활약은 현대의 비행기와 로켓을 중세의 물건 수준으로 보이게 만들기 때문이다. 산타가 모든 가정에 선물을 전하기 위해 거쳐야 하는 경로를 계산하려는 무척 진지한 몇몇 연구가 이루어졌다. 거기에서는 두 가지 가설이 검토된다. 산타는 지구의 모든 집을 찾아가거나, 아니면 성탄절을 기리는 사람들의 집만 찾아간다.

첫 번째 가설은 스웨덴에서 이루어진 연구에서 검토되었는데, 그 가설에서 산타가 들러야 하는 어린이의 집은 20억에서 25억이다. 즉 산타는 그만큼 멈춰 서야 한다. 연구 결과, 산타가 선물을 나누어주려면 48시간, 즉 12월 24일과 25일이 필요하다. 전 세계 평균 인구밀도는 1제곱킬로미터당 48명이다(이었다). 그렇게 가정하고 계산하면 각 가정은 서로 20여 미터씩 떨어져 있다. 산타가 임무를 완수하려면 초속 5,800킬로미터로 이동하고, 매번 멈출 때마다 34마이크로초 머물러야 한다. 그 이동 속도는 공기 중에서 소리가 이동하는 속도보다 1만 7,000배 더 빠르다. 따라서 성탄절에는 초음속으로 이동할 때 들리는 폭음이 끊임없이 들려와야 할 것이다. 그런데 그렇지 않다. 그 소리가 들리지 않도록 산타가 그 소리를 지구에서 멀리 떨어진 우주 공간으로 '옮겨놓는' 방법을 알아냈기 때문이다. 하지만 산타는 그 방법을 조심스레 비밀로 간직하고 있다. 그렇지 않다면 그는 산타가 아니리라.

두 번째 가설에서 산타는 성탄절을 기리지 않는 지역에 사는 아이들의 집에는 들르지 않는다. 그러면 선물을 배달해야 할 어린이가 약 3억 7,500만 명이다(이는 추정치이므로 그 수는 그보다 더 많거나 적을 수 있다. 여러분이 나에게 더 정확한 정보를 알려달라고 요구하지 않기를 바랄 따름이다). 이 가설에서 산타가 지구의 자전 방향과 태양의 이동 경로를 따라 동쪽에서 서쪽으로 이동한다고 할 때, 임무를 완수하려면 24일에서 25일로 넘어가는 밤만 필요하다. 사실상 산타한테는 31시간이 있다. 동방정교를 믿는 지역 대부분은 (프랑스처럼 그레고리력이 아닌) 율리우스력에 따라 1월 6일에 성탄을 기린다. 그러므로 배달을 며칠 더 할 수 있다. 어찌 되었든 산타는 멈출 때마다 1,000분의 1초 정도 시간(썰매에서 뛰어내려 선물을 집어 들고 굴뚝을 타고 내려가서 트리 아래에 선물을 놓고 다시 올라올 시간)이 있고, 1억 1,000만 킬로미터가 조금 넘는 거리를, 다시 말해 공기 중에서 소리가 이동하는 속도보다 3,000배 더 빠르게 이동해야 한다. 이 가설에서도 산타는 초음속 폭음을 사라지게 만들 수 있다.

본부의 위치와 두둑한 살집

이 때문에 산타를 볼 수 없고 최첨단 전투기로도 따라잡을 수 없다. 그 어느 나라도 산타가 자기보다 훨씬 뛰어나다는 사실을 인정하고 싶지는 않으므로, 산타가 존재하지 않는다고 믿게 만들려 한다. 그 활약상을 보면 산타는 빛보다 더 빨리 달리는 썰매를 갖고 있고, (썰매에서 트리까지 그토록 빨리 가기 위해) 순간 이동을 할 수 있으며, 유전자를 변형한 순록을 갖고 있다는 사실을 알 수 있다. '일반적인' 순록은 시속 30킬로미터 이상으로는 결코 달릴 수 없다. 또 순록이 끌 수 있는 무게에도 한계가 있다. 썰매에 실은 선물의 무게는 수십만 톤에 이르기 때문이다.

또 다른 문제 하나, 아니 두 개가 제기된다. 산타가 근거를 둔 본부의 위치와 그 두둑한 살집에 관한 문제다. 사람들은 오랫동안 산타의 근거지가 북극 근처라고 생각했다. 북극권의 경계에 있는 핀란드 라피 지역에 있는 도시 로바니에미가 산타의 비밀 기지와 가장 가까운 곳이라고 주장된다. 하지만 성탄절에 전 세계를 누비기 위해 지리학적으로 가장 적절한 곳이 어디인지를 기준으로 실시한 어느 연구에 따르면, 산타의 집은 바로…… 예전 구소련에 속했던 중앙아시아의 키르기스스탄이라고 한다. 산타가 '얼음 할아버지'라고 불리고 푸른색 옷을 입는 키르기스스탄에 사는 주민들은 그 사실을 알고 기뻐했다.

한편 스페인의 어린이들은 설문 조사에서 산타가 조금 심하게 뚱뚱해 다이어트를 하면 좋을 거라고 평가했다. 그런데 그 아이들이 알지 못하는 사실은, 투실투실하고 풍성한 흰 수염이 났으며 붉은 의상을 걸쳐 입은 노인으로 보이는 산타가 사실은 자신의 임무를 수행하기 위해 필요한 특수 장비를 감추고 있을 거라는 점이다. 기후 온난화 때문에 조만간 산타 할아버지가 반바지를 입고 순록을…… 낙타로 대체해야 할 날이 올지도 모르겠지만.

59

심장은 왜 왼쪽에 있을까?

이것은 확실히 정치 문제다. 단, 여기에서 문제가 되는 것은 오로지 생물이 단 하나의 세포로부터 위, 아래, 앞, 뒤, 특히 오른쪽과 왼쪽을 지닌 복잡한 존재를 구축하도록 만드는 정치다.

그 결과, 인간의 경우에는 두 개의 눈, 두 개의 귀, 두 팔, 두 다리, 양쪽으로 갈린 허파, 뇌의 양쪽 반구 등이 형성된다. 하지만 생명체는 항상 모든 것을 두 개로 만들지는 않아 입은 하나이고, 코, 간, 위 등도 하나다. 그리고 언제나 좌우대칭인 것도 아니다. 심장은 일반적으로 가슴우리에서 약간 왼쪽에 있는 한편, 간은 오른쪽에 있다.

신체 기관들의 왕국에서 모든 것을 가능한 한 최선으로 조직하는 역할을 맡는 존재는 유전자 '정부'라는 사실을 알아야 한다. 배아가 발달할 때 서로 다른 세포 그룹들의 위치와 기능을 결정하는 것이 바로 유전자이기 때문이다. 유전자는 건축가인 동시에 교육자다. 유전자는 여러 일을 하지만 특히 서로 다른 기관들이 오른쪽과 왼쪽을 구별하는 법을 '가르친다'. 이를 편측화 현상이라고 부른다. 복부와 흉부에 있는 기관들의 경우에는 오로지 그 좌우 비대칭성 덕분에 기관들이 조화롭게 구성될 수 있다.

어떤 유전자들은 좌우 바뀜을 일으킨다. 그 원인은 대체로 유전자가 이따금 저지르는 '실수' 때문이다. 그 실수로 인해 장기의 위치가 완전히, 또는 부분적으로 반전된다(5,000~1만 명 중 1명).

원인이 되는 유전자들

그래서 어떤 사람은 심장이 오른쪽에 있다. 그러면 자주 문제가 생긴다. 어찌 되었든 연구자들은 이러한 반전을 일으키는 일부 유전자들을 찾아냈다. 그리고 실험실에서 동물을 대상으로 그 이상 현상을 재현해내는 데 성공했다.

배아는 3차원으로 구축된다. 배아가 발달하는 세 축은 발에서 머리로 이어지는 축, 배-등 축, 오른쪽-왼쪽 축이다. 어느 프랑스의 연구 팀은 최근 초파리에서 이 세 번째 축을 교란해 좌우를 완전히 뒤바뀌게 만드는 유전자 하나의 특징을 밝혔다. 인간에게도 그에 해당하는 유전자가 존재하는 것 같다. 그 유전자를 알게 되어 좌우 비대칭 결함에서 비롯되는 기형과 이상을 더 잘 진단하고 치료하게 될지도 모른다.

비대칭성은 배아가 발달한 지 몇 주 지나서 나타난다. 그때까지 완벽하게 좌우대칭이던 배아는 자신의 오른쪽과 왼쪽을 '발견'한다. 이는 '대칭 깨짐'이라 불리는 핵심적인 단계로, 일부 유전자들이 일으킨다. 애초에 (물고기의 심장을 닮은) 단순한 대롱인 심장은 먼저 (개구리의 심장처럼) 두 개의 방으로, 뒤이어 (뱀이나 거북의 심장처럼) 세 개의 방(심방 두 개와 심실 한 개)으로 나뉜 뒤, 끝으로 네 개의 방으로 나뉜다. 태아의 심장은 갓난아기의 몸에서보다 자리를 9배 더 많이 차지한다. 갓난아기의 심장은 아기의 움켜쥔 주먹 크기만 하다. 심장은 그 주먹과 마찬가지로 자라 어른이 되면 어른의 움켜쥔 주먹 크기가 될 것이다(무게는 300~400그램).

그 심장에는 사실 두 개의 심장이 담겨 있다. 사실 이것이 가슴우리 안에서 심장이 위치한 자리보다 좌우 비대칭이 진짜로 중요한 이유다. 허파 심장이라 불리는 오른쪽 절반의 심장(심방 하나와 심실 하나)은 '빈약한' 피를 허파로 보내는 일을 전문으로 담당하고, (오른쪽 심장보다 더 큰) 왼쪽 절반의 심장은 허파에서 나온 산소를 담은 피를 모아서 몸 전체로 밀어 내보낸다. 심장이 이렇게 서로 다른 두 가지 기능을 지녔기 때문에 심장의 위치가 기계적으로 비대칭이 되는 것으로 보인다. 또 복장뼈와 갈비뼈로 이루어진 가슴우리의 뼈대 구조도 심장이 한가운데 있지 못하게 한다.

심장이 약간 왼쪽에 있기 때문에 오른쪽 허파에는 허파엽이 세 개 있는 반면에 왼쪽 허파에는 허파엽이 두 개 있다. 만일 심장의 위치와 양쪽 심장의 기능, 허파 등이 모두 좌우 반전되어 있다면, 전체는 완벽하게 제대로 기능할 것이다. 문제는 반전이 이렇게 완전한 경우가 드물다는 것이다.

어떤 사람들은 심장의 위치가 다른 많은 결과를 야기했다고 생각한다. 인류 대부분이 오른손잡이인 이유는, 역사적으로 우리가 심장에서 가장 가까운 왼팔을 (방패를 가지고) 심장을 보호하는 데 자연스럽게 사용하는 경향이 있기 때문이라고 한다. 그 결과 오른손이 다른 일(창을 드는 일?)을 수행하는 데 더 '자유롭다'는 것이다. 같은 논리로 사람들은 아기를 안을 때 오른손잡이든 왼손잡이든 상관없이 오른쪽보다는 왼쪽 가슴 부분으로 더 자주 안는다는 사실을 깨달았다. 아기가 자신의 심장과 그 박동에 더 가까이 있게 하려고 말이다.

(우리가 감정의 중추라고도 간주한) 심장이 왼쪽에 있기 때문에 (몸의 왼쪽 부분에 더 많이 연관되는) 뇌의 우반구가 직관과 정서의 중추이고, 좌반구가 언어와 논리의 중추일까? 이를 증명하기는 어려워 보인다. 게다가 모두가 알고 있듯, 심장은 항상 이성이 모르는 자신만의 이유를 지니기에 더욱 그렇다.

60

머리카락이 붉은 사람만 주근깨가 날까?

어떤 사람들은 주근깨를 아주 좋아하고, 어떤 사람들은 아주 싫어한다. 어떤 사람들은 그것을 없애버리려 하고, 어떤 사람들은 가지지 못해 안달이다. 주근깨는 때로는 아름다움의 동의어이고, 때로는 저주의 상징이다. 또한 주근깨는 피부가 아예 그을리지 않거나 제대로 그을리지 않지만, 그래도 태양에 민감하게 반응하는 피부라는 표시다.

여름에 많아지는 주근깨는 겨울에 유령처럼 사라진다. 주근깨를 지닌 남녀의 머리카락은 대체로 붉지만, 그렇다고 머리가 금발이나 다갈색인 사람한테 주근깨가 생기지 않는 것은 아니다. 그 이유는 주근깨가 유전적으로 결정되며 유전자 조합의 도움을 받아 거의 모든 사람의 얼굴과 팔, 상반신을 '장식'할 수 있기 때문이다.

프랑스어로 에펠리드éphélide('~ 때문에'를 뜻하는 epi와 '태양'을 뜻하는 hêlios에서 유래한 말)라고도 부르는 주근깨의 생리적 현상은 피부색을 결정하고 피부 그을림을 담당하는 잘 알려진 색소 멜라닌이 두 가지 형태로 존재할 수 있음을 알고 있으면 쉽게 이해된다. 그 한 형태는 '진성 멜라닌eumelanin'인데, 이것은 미세한 쌀알 형태를 보이고 그 색깔은 적갈색에서 까만색에 이른다. 이 멜라닌은 태양 광선을 흡수해(광선의 70~80퍼센트가 무력화된다) 신체를 보호한다.

멜라닌의 다른 형태는 '갈색 멜라닌phaeomelanin'이라고 부른다. (현미경으로 보면) 형태가 덜 명확하고 희미한 점 모양을 취하며, 색깔은 노란색에서 빨간색에 이른다. 이 멜라닌은 진성 멜라닌보다 태양 광선에 저항력이 덜하고, 분해되며 생기는 부산물이 세포에 유해할 수도 있다.

대체로 이 두 형태의 멜라닌이 모두 존재한다. 두 색소 각각의 비율에 따라 색깔은 그 질과 양 측면에서 변화하며, 그 비율은 각 개인의 유전 형질로 결정된다. 따라서 '화가'의 팔레트는 아주 연한 노란색부터 아주 진한 검은색에 이르며 그 사이에 거의 무한하다고 할 정도의 색조가 있다. 머리카락이 검거나 갈색인 사람은 진성 멜라닌을 더 많이 지녔을 것이고, 머리카락이 금발 또는 붉은 사람은 주로 갈색 멜라닌을 지녔을 것이다. 두 멜라닌은 머리카락과 몸에 난 털의 색깔, 눈의 색깔에도 관여한다. 또 곤충 대부분(나비, 무당벌레)과 거미, 새의 깃털, 포유류의 일부 털 색깔도 결정한다. 멜라닌이 없으면 백색증이 생긴다. 그러니 재능이 참으로 대단하다…….

피부 유형을 알려주는 지표

주근깨는 우리 피부의 유형을 알려주는 중요한 지표다. 즉 피부가 태양에 반응하는 방식을 알려준다. 이러한 관점에서 표피에는 여섯 개의 범주가 있다.

광피부형1은 아주 흰 피부를 지니는데, 머리카락이 흰색(백색증에 걸린 사람) 또는 붉은색이고 햇빛에 노출되었을 때 주근깨가 아주 빨리 생긴다. 광피부형2는 매우 흰 피부를 지니고, 햇빛을 받으면 주근깨가 생기며, 머리카락은 금발 또는 옅은 밤색이다. 이 두 유형의 피부를 지닌 사람은 선탠을 하면 안 되고 피부를 온갖 방법(그늘, 의복, 몸 전체 가리개 등)을 이용해 보호하도록 강하게 권장된다. 광피부형3은 머리카락이 금발 또는 밤색이고 피부색이 밝지만 피부가 쉽게 그을고 주근깨가 몇 개 있을 수 있다. 광피부형4, 5, 6(황갈색부터 검은 피부)은 주근깨가 없다.

과학자들이 보기에 주근깨는 무척 흥미롭다. 각종 연구 결과를 살펴보면, 피부암의 발병 여부가 실제로 피부 유형에 달려 있고, 그을리지 않는 밝은색 피부의 경우 발병 위험이 가장 크며, 태양에 노출되면 그 위험이 증가한다.

붉은 머리카락 유전자

16번 염색체에 있다는 멜라닌 생성에 관여하는 유전자들에 대한 정밀한 연구로 암 발생을 더 잘 이해하고, 장기적으로 피부암 발병 소인 단계를 정할 수 있다. 하지만 암이 피부 표현형, 즉 색소가 있는지 없는지에만 관계되는 것은 아니라는 사실도 우리는 안다. 이 영역에서 필연이란 없다. 비록 유럽인이 이주해서 정착한 햇빛이 강한 오스트레일리아 대륙에서 몇 년 전부터 피부암 발생률이 가장 높다는 사실이 잘 알려져 있기는 하지만 말이다.

지금으로부터 5만 년 또는 10만 년 전에 생겨났다고 추정되는 붉은 머리카락 유전자 집합은 '켈트 유전자'라고도 불린다. 붉은 머리카락을 지닌 사람이 생기는 빈도가 서유럽과 북유럽에서 특히 높기 때문이다. 스코틀랜드는 머리카락이 붉은 사람의 비율이 (머리카락이 붉지 않아도 붉은 머리카락 유전자를 지닌 사람의 비율인 40퍼센트는 제외해도) 총인구의 13퍼센트로 세계에서 가장 높다. 아일랜드는 그 비율이 10퍼센트이고 붉은 머리카락 유전자를 지닌 사람의 비율(40퍼센트)은 비슷해서 2위를 차지한다. 프랑스에서 머리카락이 붉은 사람의 비율은 약 5퍼센트로 금발과 비율이 같다. 그러므로 주근깨를 지닌 사람의 비율은 최소한 10퍼센트일 거라고 추정할 수 있다. 그러나 안심하라. 오늘날에는 주근깨가 프랑스어로 '아름다움의 알grain de beauté'이라고 불려 오해를 일으키는 점보다 더 인기가 있으니까.

61

수탉은 아침에 왜 그렇게 힘차게 울까?

닭장 가까이 살 때 만끽하는 시골 생활의 '기쁨' 중 하나는, 새벽빛이 밝으면 곧바로 들려오는 수탉의 힘찬 '꼬끼오' 소리에 잠이 깨는 것이다. 그런데 수탉은 왜 꼭두새벽부터 그렇게 집요하게 울어대는 것일까? 그 이유는 수탉이 가금 사육장의 새들에게 밀림의 동물로 군림하는 사자 같은 존재가 되고 싶어서다. 수탉은 왕이 되고 싶은 것이다. 그래서 날이 밝자마자 잠에서 깨어나 컨디션이 최고인 상태에서 누가 듣고 싶건 말건 아랑곳하지 않고 모든 이에게 자기가 그곳의 '보스'라고 계속해서 상기시킨다. 물론 수탉의 울음은 수탉 대신 대장 노릇을 하려는 동물에게 전하는 메시지일 뿐 아니라, 자신을 따르는 '백성'에게 누가 지배자인지 상기시키는 메시지이기도 하다. 더욱이 프랑스어로 병아리는 (아주 여리거나 우스꽝스럽게) 삐악대고 암탉은 (거의 경멸적으로) 꼬꼬댁거린다고 말하는 데 반해, 수탉은 노래한다고 말한다.

각각의 언어는 수탉의 '노랫말'을 완전히 똑같은 방식으로 옮기지 않는다. 영어로는 '카커두들두cock-a-doodle-doo'라 말하고, 스페인어로는 '키키리키quiquiriqui', 독일어로는 '키케리키kikeriki', 일본어로는 '고케코코kokekoko', 러시아어로는 '쿠카레쿠coucarekou'라고 한다.

암탉이 알을 낳으려면 수탉이 없어도 되지만, 병아리를 탄생시키려면 수탉이 반드시 필요하다. 프랑스 사람들은 '갈리아 수탉'을 자기 나라의 상징으로 삼았지만, 그래도 프랑스에서 수탉은 이웃 간에 자주 분쟁을 일으키는 존재다. 심지어 지방자치단체장들을 위해 펴낸 법률 지침서에 수탉을 다룬 장이 따로 있을 정도다. 수탉이 여러 소송의 이유였기 때문이다. 그 결과 수탉은 가끔 '접근 금지' 조치에 처해졌을 뿐 아니라, 전통 닭 요리인 코코뱅coq au vin의 재료로 '냄비행'에 처해지기도 했다.

수탉은 태양 광선이 비치자마자 노래하는 유일한 새가 아니다. 영어로 songbirds, 즉 '노래하는 새'라고 부르는 참새목의 새들(거의 6,000종)은 암컷이든 수컷이든 노래하는 데 있어 수탉에게 뒤지지 않는다. 프랑스어로 까치의 이름에 괜히 '수다쟁이bavard'라는 수식어가 붙은 것이 아니다(프랑스어로 까치는 'pie bavarde'다—옮긴이). 까치는 공동 침실을 만들어 수십 마리 이상씩 모여 지내기를 좋아해 '베개 싸움'을 자주 벌이고 아침에 잠에서 깨었을 때 유난히 시끄럽다.

자연의 아침 자명종

이 모든 새는 하루 중 이른 새벽에 처음으로 한 차례 큰 소리로 울고, 해 질 녘에 마지막으로 크게 한 번 운다. 수탉은 수 세기 동안 자연의 아침 자명종이었다. 하지만 사실 수탉은 하루 종일 '꼬끼오'를 외친다. 위신을 지키려면 어쩔 수 없다. 하지만 낮이나 저녁에는 그 소리가 훨씬 덜 '들린다'.

수탉은 낮에도 새벽과 똑같은 데시벨로 운다(50~60dB). 지나가는 트럭(70dB) 또는 진공청소기(65~75dB)보다 조금 덜한 소리다. 시골에서는 새들이 울지 않는다 해도 완전한 고요함이란 없다. 일정한 배경음이 항상 존재한다. '조용한' 침실에서도 소리의 크기는 30데시벨 정도다(코 고는 소리가 없을 때). 야간에 어떤 소리가 귀에 거슬리려면 그 크기가 배경음보다 10데시벨 정도만

높으면 충분하다. 수탉의 울음은 가장 고요한 때의 배경음보다 데시벨 수치가 두 배 가까이 높아서 '꼬끼오' 소리가 별안간 '트럼펫을 불어대는 소리'처럼 느껴진다.

수탉의 '울음'은 다른 새들과 마찬가지로 '울대syrinx'라 부르는 발성 기관에 의해 생긴다. 울대는 숨관의 연골 조직으로, 빈 공간이 두 개 있다. 이 연골 조직은 '숨결'의 원천이자 공명관인 공기주머니 하나와 연결된다. 열린 끄트머리를 세거나 약하게 집어서 소리를 내는 백파이프 또는 고무풍선과 조금 비슷하다.

어떤 새들은 거의 노래하지 않지만, 다른 새들은 밤에 가창력을 뽐내기를 좋아한다. 밤꾀꼬리가 대표적이며(셰익스피어는 이 새를 『로미오와 줄리엣』에서 돋보이게 등장시킨다), 일부 종달새와 휘파람새, 울새, 티티새도 그런다. 이것은 아마도 수탉 때문이리라. 새벽이 밝으면 가금이 지내는 안뜰에서 들려오는 군주의 울음이 다른 노랫소리를 전부 뒤덮어버릴 테니까. 수탉처럼 대장이 되고 싶다고 그냥 대장이 되는 것은 아니다.

62

통신용 비둘기는 어떻게 방향을 찾아갈까?

대홍수가 난 후 물이 아직 지구를 뒤덮고 있을 때 노아가 날려 보냈는데 올리브 가지를 가지고 방주로 되돌아온 비둘기부터, 온갖 전쟁에서 활약한 날개 달린 메신저들, 1866년에 자신이 운영하는 식료품점 체인의 각 지점으로 주문 명세서를 발송하는 데 비둘기를 사용한 펠릭스 포탱Félix Potin에 이르기까지, 통신용 비둘기는 인류 역사 어디에나 등장한다. 비둘기는 방향을 잃는 일이 거의 없어 머릿속에 나침반이라도 들어 있는 것 같다. 비둘기는 지구 자기장을 '보는' 생물의 능력을 대표하는 동물일 터이다. 일부 세균과 식물, 동물이 자기장을 감지하고 활용한다는 사실은 확실하다. 하지만 그것이 비둘기가 이동할 때 사용하는 유일한 항법 시스템은 아니다. 비둘기의 'GPS'에는 밤이든 낮이든, 날이 맑든 흐리든 안개가 끼었든 방향을 찾아갈 수 있게 해주는 여러 요소가 포함된다.

지구 자기장의 방향을 감지하는 것은 그 요소 중 하나다. 우리는 이를 여러 가지 방법으로 알 수 있다. 간접적으로는 그 육감을 방해함으로써 알 수 있다. 비둘기의 등 위에 자석을 설치하면 비둘기는 방향 감각을 잃는다. 더 직접적으로 알아보는 방식은 비둘기의 뇌를 검사하는 것이다. 그렇게 해서 비둘기의 두개골 아랫부분에 1×2밀리미터 크기의 세포 조직 안에 모여 있는 자기를 띤 입자 더미를 발견했다. 그 입자들은 자철석 결정들로 약 1,000만 개가 있다. 이들은 신경이 많이 분포되어 있으며 후각과 연관 있는 세포 조직 부위에 있다. 자철석 결정 하나하나는 미세한 자석처럼 작용한다. 이를 이용해 비둘기의 뇌는 자신이 가는 방향의 기억을 보존할 수 있다.

자석으로 비둘기를 방해하는 실험으로 돌아가보자. 그 비둘기는 날씨가 맑은 낮에는 여전히 자기 집으로 돌아올 수 있지만 밤에는 불가능하다. 이 현상을 밝혀줄 수 있는 것은 바로 식물에 대해 실시한 연구들이다. 그 연구들에서 식물의 생장이 자기장에 민감하게 영향을 받는다는 사실이 증명되었다. 그 영향은 크립토크롬cryptochrome이라고 부르는 푸른빛을 잘 받아들이는 색소를 매개로 이루어진다. 그런데 이 크립토크롬이 특히 비둘기와 철새의 망막에서 발견된다. 크립토크롬은 남북을 식별하는 과정에 관여할 수도 있다고 한다. 한편 자성을 띤 자그마한 세포 조직이 자기장의 강도에 관한 정보를 비둘기에게 알려줄 거라고 한다.

하늘을 '읽는' 그 새들

철새가 지닌 GPS의 또 다른 요소는 하늘에 떠 있는 태양, 그리고 심지어 별들의 위치와 높이를 식별하는 것이다. 남북 축을 '이동'할 수 있는 플라네타륨에서 실시한 연구에서 새들이 하늘을 '읽는다'는 사실이 증명되었다. 새들은 또한 바닥에 있는 시각적 지표들도 참조할 수 있다. 이것이 철새들의 유일한 '도구'가 아님을 알아보기 위해 형태를 변형하는 곡면 유리 안경을 끼워 새들을 날려 보냈다. 그렇지만 그 새들은 제 길을 찾아냈다.

새들의 항법 시스템 마지막 요소는 놀랍게도 바로 후각이다. 이탈리아와 뉴질랜드의 연구 팀들은 아무런 훈련도 받지 않은 비둘기들을 사용하기로 했다. 비둘기의 절반은 후각 신경을 절단해서 후각을 사용하지 못하게 하고, 나머지 절반은 자성에 민감하게 만든다고 여겨지는 3차 신경을 절단했다. 그런 다음 비둘기들을 비둘기장에서 50킬로미터 떨어진 곳으로 운송해 날려 보냈다. 결과는 놀라웠다. 후각을 잃은 비둘기의 절반은 길을 잃은 반면, 자성 감각을 잃은 비둘기는 거의 전부 빠르게 비둘기장으로 되돌아왔다. 따라서 비둘기는 자신이 지나가는 장소들의 '후각 지도'를 작성해 기억할 수 있는 것으로 보인다.

통신용 비둘기는 그러한 정교한 항법 장치를 갖춘 유일한 동물이 아니다. 모든 철새, 벌, 돌고래, 고래, 바다거북, 심지어 일부 세균도 지구 자기장 덕분에 방향을 찾아갈 수 있다. '마그네토스피릴룸 마그네토탁티쿰Magnetospirillum magnetotacticum'이라고 부르는 미생물은 자철석 결정들을 지닌다. (일종의 작은 프로펠러인) 편모들을 지닌 이 세균은 자기장의 선을 따라 이동할 수 있다.

동물에 따라 지배적 항법 시스템이 다르다. 예를 들어 연어는 무척 발달한 후각으로 자기가 태어난 강의 냄새를 맡을 수 있다. 하지만 연어는 지구 자기장에도 민감해 편광을 볼 수 있는데, 편광은 연어가 영양을 섭취하는 장소로 가기 위해 거쳐간 길을 기억하고 같은 경로를 따라 생식 장소로 되돌아올 수 있도록 부가적 정보를 알려준다. 그렇다면 인간은 어떨까? 많은 이야기를 할 수 있을 터이다. 인공위성 GPS를 사용하는 만큼 할 말이 더욱 많을 것이다.

63

동물원을 없애야 할까?

수영장, 기포욕을 할 수 있는 자쿠지Jacuzzi 욕조, 게임 및 휴식 공간이 갖춰진 4성급 호텔이 있는가 하면, 단출하면서 예스러운 매력을 지닌 시골 호텔도 있다. 프랑스에는 150개 가까운 동물 공원이나 동물원, 수족관이 있다. 면적은 몇 헥타르부터 수백 헥타르에 이른다. 수만 마리에 이르는 동물이 그 시설들에 갇힌 채 생활하거나 간신히 살아남는다. 그러한 동물은 전 세계에서 유래한 서로 다른 수백 종에 이른다.

어떤 동물원은 동물이 방대한 공간에서 반쯤 자유로운 상태로 생활하도록 하는 반면, 다른 동물원에서는 동물에게 담장으로 둘러싸인 땅이나 우리만 제공한다. 어떤 동물원에서는 동물이 각별히 좋아하는 '식사'를 만들어줄 수 있는 반면, 다른 동물원에서는 그렇게 하지 못한다. 어떤 동물원에는 동물의 생리와 생식 등 동물 연구를 담당하는 연구부가 있는 반면, 다른 곳은 그렇지 않다. 그러니 동물원도 각양각색이다.

이런 물질적 측면 말고도 '철학'이 서로 다를 수 있다. 30~40년 전만 해도 동물원은 사람들이 일요일에 산책하는 장소라는 목적만 띤, 기분을 전환하고 경탄하는 장소에 불과했다. 이후 동물 종의 멸종 문제가 차츰 전면에 등장하면서 캘리포니아주에 있는 샌디에이고 동물원 같은 큰 동물원들은 멸종 위기에 처한 종을 보존하는 일을 최우선 과제로 삼기 시작했다. 이러한 '노아의 방주' 동물원은 야생의 자연을 이해하고 보존하는 도구가 되었다. 이로써 종들을 구해내 그들이 살던 자연환경으로 되돌려놓는 아름답지만 너무나 드문 몇 가지 성공을 거두기도 했는데, 그 예로는 프셰발스키말, 아라비아오릭스, 사불상, 수염독수리 등이 있다.

생물 다양성과 그 다양성을 보호할 필요성, 생태계와 자연 서식지를 보전하는 일에 대해 과학적으로 소통하는 교육 도구로서 동물 공원이 지닌 역할이 과거보다 더욱 중요해졌다. 그리고 우리는 동물에 대한 이러한 접근법이 어린이들에게 중요함을 알고 있다. 가장 근대적인 동물원들은 이러한 목표를 유지하면서도 동물의 안락함을 증진하려고 노력을 집중한다.

동물이 고통받는 장소에 불과하다며 동물원을 폐지하자고 주장하는 사람들이 보기에 동물원의 약점이 바로 그것이기 때문이다. 동물 보호론자들이 보기에 교육적이고 보호적인 측면을 둘러싼 멋진 담론은 모두 '처참한 상황을 가리는 겉옷'에 불과하며 동물원은 여전히 감옥이다. 그들이 내세우는 논거는 무엇인가? 하나는 역사적 근거여서 오늘날에는 들어맞지 않을 것이다. 예전에는 동물원-공원에 동물들을 공급하려고 몰이꾼과 밀렵꾼들이 동물 떼를 몰살했다. 그래서 어떤 사람들은 유럽의 동물원에 도착하는 영장류 동물 한 마리를 위해 같은 동물 열 마리가 포획이나 운송 도중에 죽었다고 추정한다. 다행히 오늘날은 상황이 다르다. 비록 이국적인 동물 암거래는 계속되고 있지만.

'유전자은행'

반면에, 가령 고릴라를 가두어둔 상태에서 번식시키는 데 성공했다 해도, 그 덕분에 아프리카에서 자유롭게 생활하는 최후의 '진짜' 고릴라들의 일부가 인간 사이에서 벌어지는 분쟁에 희생되어 사살당하지 않은 것은 아니다. 또 동물 보호론자들의 말에 따르면, 가장 풍족한 시설에서도 갇힌 동물이 처한 상황은 자연환경에서 살아가는 동물과 전혀 비교할 수 없다.

그래서 많은 동물이 지루해한다. 그리고 그 행동이 변한다. 동물들은 되는대로 아무렇게나 지내며 '의기소침'해진다. 심지어 어떤 동물은 지루해서 죽기도 한다. 기후가 다르고 제한된 공간 안에서 생활함으로써 그들의 문화, 생활 방식, 동물들 간의 관계 등이 변질한다. 동물원 반대자들이 보기에 동물을 가두는 그 '형무소'들의 진정한 목적은 경제적 또는 상업적인 것, 즉 일자리를 창출하고 이윤을 남기는 것이다.

거기에 덧붙여 그들은 동물원이 후손을, 또는 동물원이 존속하도록 클론을 만들어낼 목적으로 '유전자은행'으로 사용된다고 주장한다. 그들은 동물 종을 자연환경에 재도입하는 일이 거의 성공하지 못했다는 사실을 지적하며 동물 종의 보존이라는 담론도 비판한다.

하지만 이미 동물 공원의 새로운 '철학'이 대두하고 있다. 그래서 지금은 (이제 인기가 없어진) 동물원이라는 말보다는 보전을 목표로 동물 사육을 담당하는 '사육 개체군 보호 지역'이라는 말이 더 많이 쓰인다. 이는 국제자연보전연맹IUCN의 권고에 따른 것이다. 이 방침의 독창적인 점은 동물 사육자들이 본래 자연환경에서 실시되는 연구 프로그램을 담당하는 사람들과 함께 일해야 한다는 것이다. 그리고 장기적 목표는 애초의 생물학적 환경을 복원하고 사육된 동물 집단을 그곳에 되돌려놓는 것이다. 꿈은 언제든 꿀 수 있는 법이니…….

64

어떻게 하면 물 위를 걸을 수 있을까?

꽁꽁 언 물을 제외하면 사람이 물 위를 걷기란 극도로 어렵다는 사실을 인정할 수밖에 없다. 그러니 신적인 존재가 아닌 우리는 앞으로도 계속 팔다리를 휘저으며 물에 떠다녀야 할 것이다. 하지만 어떤 동물들은 물 위를 걸어다니고 심지어 뛰어다닐 수도 있도록 만들어져 있다. 바로 곤충(동물 종의 80퍼센트)이다. 곤충의 다리 6개와 가벼운 몸무게는 물 위에서 이러한 쾌거를 이루기 위한 중요한 수단이다. 하지만 이것이 결정적 요인은 아니다. 열쇠는 바로 물 자체와 물의 '표면 장력'에 있다.

이는 이해하기 쉬운 개념이다. 물 내부에서는 모든 물 분자가 다른 물 분자로 둘러싸여 있다. 하지만 수면, 즉 물과 공기 사이 경계면에서는 물 분자들이 수면 아래쪽에서만 다른 물 분자들로 둘러싸여 있다. 따라서 물 분자는 다른 곳보다 수평으로 조금 더 많은 에너지를 가할 수 있다. 물 분자들이 양쪽으로 서로 바짝 달라붙는 것이다. 그래서 다른 곳보다 수면에서 물 분자들 사이 응집력이 매우 강하다. 물 표면에는 사실상 물의 다른 부분보다 저항력이 조금 더 강한 아주 얇은 막, 섬세한 피부 같은 것이 형성된다.

그렇기 때문에 물의 표면에 바늘이나 클립을 띄울 수 있다. 물 위에 종이 한 장을 띄우고 거기에 (빠르게) 바늘을 얹어본 경험이 있을 것이다. 종이는 물에 충분히 젖으면 가라앉지만, 바늘은 물의 표면 장력 덕분에 계속 떠 있다. 이와 똑같은 이유로 유리컵에 가득 담긴 물의 표면은 한가운데가 약간 볼록하게 솟아 있다. 표면 장력 때문에 물 분자가 컵의 중앙으로 갈수록 컵의 가장자리보다 더 높이 올라가는 것이다.

소수성 물질

저항력이 조금 더 강한 이 물의 표면 위에 곤충이 깃털처럼 가벼운 자신의 몸무게를 완벽하게 배분한 6개의 다리를 얹는다. 거기에 더해 어떤 곤충은 다리 끝에서 기름 또는 지방질에 해당하는 물질을 분비한다. 이것을 소수성疏水性, hydrophobe 물질이라고 부르는데, 이 물질이 물을 '밀어낸다'. 곤충은 물의 표면을 눌러

살짝 파이게 만들기는 하지만 수면을 완전히 깨뜨리지는 않는다. 덧붙이자면, (비눗물 같은) 세제를 물에 조금 흘리기만 해도 물의 표면 장력은 사라지고, 제아무리 재능이 뛰어난 곤충이라도 어쩔 수 없이…… 가라앉는다. 한편 거울의 반대편 수면 아래에서는 위와 같은 표면 장력 덕분에 곤충이나 잠자리의 유충이 수면 아주 가까이 붙어 지내며 물에 잠겨 있을 수 있다. 유충의 몸은 이런 식으로 수중 생활을 하는 기간 내내 물밑에 잠겨 일종의 호흡관이 공기와 계속 접촉해 있도록 유지할 수 있다.

물 위를 걷는 곤충 중에서 가장 유명한 것은 소금쟁이다. 육식성인 소금쟁이는 수면에서 망을 보면서 파리나 모기 같은 다른 곤충이 물에 떨어질 때 생기는 진동을 기다린다. 진동이 감지되면 초속 5센티미터 속도로 먹이를 향해 이동해서 속이 빈 튜브를 빨대처럼 먹잇감에 꽂아 빨아 먹는다. 소금쟁이의 다리에는 아주 가늘고 촘촘하며 길이가 5만분의 1밀리미터인 털이 수천 개 나 있는데, 그 털 덕분에 물과의 접촉 면이 상당히 늘어나 각각의 다리가 그 곤충 몸무게(10~ 20그램)의 15배를 지탱할 수 있게 해준다.

전 세계 여러 연구소가 물 위를 걸을 수 있는 작은 로봇을 개발하려고 소금쟁이를 모델로 삼았다. 그리고 성공했다. 그런데 그 로봇은 걷는다기보다 미끄러져 나아간다. 소금쟁이의 이동 방식이 연구되었는데, 그 곤충은 다리를 번갈아 움직여 걷지 않고 물속에 진동 또는 작은 소용돌이를 일으켜 그 '흐름'을 타고 이동하는 것처럼 보인다. 그 일을 하는 것은 중앙에 있는 두 다리이고,

두 개의 앞다리와 두 개의 뒷다리는 '스케이트' 역할을 한다.

곤충이 지닌 또 다른 능력은 천장에서 걷는 것이다. 파리는 6개의 다리 끄트머리에 각기 두 개의 작은 쿠션이 달려 있는데, 그 쿠션은 수백 개의 미세하고 유연한 털로 뒤덮여 있고 두 개의 고리가 달려 있다.

빨판 효과

그런데 그게 전부가 아니다. 대비책은 하나보다 두 개 있는 것이 낫기에, 파리는 여기에 더해 접착 물질을 사용한다. 이 물질은 위에서 말한 쿠션 가장자리에 난 털에서 분비되고, 이로써 빨판 효과를 내는 접합부가 생긴다. 그래서 파리는 마음 놓고 천장에 붙어 있을 수 있다.

파리는 가는 길에 (불행히도) 등반과 접착의 명수인 게코라는 이름의 열대성 도마뱀을 만날지도 모른다. 이 도마뱀의 다리는 아주 미세한 수백만 개의 털로 뒤덮여 있는데, 이 털이 너무 미세해 원자나 분자를 서로 잡아당기게 만드는 '판데르발스 힘'에 반응한다. 이 현상을 이용해 어쩌면 벨크로에 비견할 만한 새로운 접착 도구를 만들어낼 수 있을지도 모른다. 벨크로는 1941년 스위스의 기술자 조르주 드 메스트랄이 자기 개의 털에 엉겅퀴꽃이 붙어 있는 방식에서 영감을 얻어 발명했다. 그러니 물 위를 걷게 될 날을 기대해본다.

65

예티는 존재할까?

모든 대륙, 모든 문명에서 후미진 산골에 반인반수인 신비한 생물체가 숨어 지낸다는 이야기가 전해진다. 히말라야산맥에서는 '예티yeti'라고 불리고, 로키산맥에서는 '빅풋bigfoot', 캅카스 지방에서는 '알마스티almasty', 중국에서는 '예렌野人', 오스트레일리아에서는 '요위yowie'라고 불리는 이 생물체는 모두 영장류와 인간을 닮은 동물의 특징을 지니고, 털이 많고 사람의 눈에 잘 띄지 않으며 겁이 많고 몸집이 크다.

어떤 사람들은 그 생물체가 네안데르탈인이 살아남은 흔적이라고 추정하기까지 한다. 사람들은 크로마뇽인이 출현한 시기에 네안데르탈인이 사라졌다고 오랫동안 믿었다. 하지만 이제는 2만 5,000~3만 년 전에 이 두 인류 분파가 공존했다는 사실이 알려져 있다. 그러니 극소수의 네안데르탈인이 지금껏 존재한다고 상상하지 못할 이유가 있을까?

하지만 네안데르탈인이 존재한다는 증거는 땡땡의 모험에도 불구하고 무척 미미하다(벨기에 사람 에르제Hergé가 지은 만화 〈땡땡의 모험〉 시리즈 중 『티베트에 간 땡땡』 등에서 반인반수의 존재가 등장한다—옮긴이). 희미한 사진 몇 장, 발자국, 털, 모호한 증언들은 그들의 존재를 확실하게 증명하기에 불충분하다. 인간은 현실을 바탕으로 환상을 만들어내는 성향이 있기에 더욱 그렇다. 길이가 수십 미터에 달하는 괴물 네시Nessie가 신비롭게 헤엄치는 곳이 스코틀랜드의 네스Ness호만은 아니다. 스웨덴이나 캐나다, 조지아, 중국 등 전 세계 여러 호수에도 각기 나름대로 거대한 뱀이 산다.

그래도 당혹스러운 점은, 서로 아무런 관계가 없고 서로 소통할 가능성도 없는 인간 집단들이 거의 비슷한 이야기를 한다는 사실이다. 이는 자신의 대범함과 용기를 더욱 돋보이게 하려고 위험을 과장하기를 좋아하는 인간의 생각이 만들어낸 '인공 산물artefact'일까, 아니면 그런 신비로운 생명체가 정말로 존재할까?

신비동물학

이 모든 것을 이성적으로 설명하려고 어떤 학문 분야가 대두했다. 미확인 동물을 연구하는 신비동물학cryptozoology이다. 그 분야 연구자는 '미확인 목격 동물' 애호가들이다. 공식 과학은 그들의 연구를 부인하지만, 신비동물학자들은 증언을 수집하고 그 증언들을 평가하고 심화하려고 시도한다. 그런데 모든 신비동물학자가 과학자는 아닌 반면, 일부 과학자는 스스로 깨닫지 못한 채 신비동물학을 한다.

일부 과학자들은 지구에 사는 동물 종 가운데 20~30퍼센트만 인간에게 알려져 있다고 본다. 우리는 지구에 사는 동물의 수를 기껏해야 10분의 1 오차 수준으로 추정할 뿐이어서 실제로는 동물이 800만~8,000만 종 존재할 거라고 한다. 동물 종의 80퍼센트는 곤충이며, 그다음으로 많은 동물은 절지동물, 그다음은 선형동물과 연체동물이라고 한다. 호모 사피엔스가 속하는 척삭동물문(하나의 척추를 중심으로 골격이 조직되는 동물)은 주로 물고기로 이루어지는데, 거기에 속하는 종은 수만 개에 불과하다.

그러므로 앞으로 발견해야 할 종이 수백만 개 남은 셈이다. 물론 그러한 모든 종이 화려하지는 않다. 신비동물학자라고 자칭하는 일부 사람은 약간 '속물'이라서 시각적으로 또는 상상 속에서 눈길을 끌지 않는 미지의 종에는 관심을 갖지 않는다. 반면에 신비곤충학자라 자칭하는 이들은 그런 경멸감 없이 아주 작고 특별히 화려하지 않은 미지의 종들에도 관심을 갖는다. 모든 동물을 망라해 매년 약 1만 5,000개의 새로운 종이 등록된다. 미지의 종들을 찾아내고 검토하고 분류할 수 있는 학자의 수가 더 많다면 새로 발견되는 종도 더 많을 것이다.

그래도 최근 몇 년 동안 새로운 종을 발견한 눈길을 끄는 사례가 몇 가지 있었다. 그중에서 가장 잘 알려진 것은 아마도 '선사시대' 물고기인 실러캔스일 것이다. 그 물고기군群이 공룡의 시대 이후 사라졌다고 생각되던 1938년에 처음으로 한 마리 잡혔고, 1952년에 두 번째로 잡혔다. 그 후 또 다른 실러캔스들이 잡히고 동영상으로 촬영되었다. 또 선원들이 전하는 이야기가 '유일한' 존재 증거였던 대왕오징어의 사체가 바다에서 떠밀려와 발견되기도 했다.

기린과 가장 가까운 친척인 오카피는 20세기에 와서야 발견되었다. 뉴질랜드에서는 2세기 동안 날지 못하는 커다란 새 타카헤takahe가 멸종했다고 생각되었는데, 그 섬의 아주 후미진 지역에서 발견되었다. 1995년에는 한 프랑스-영국 합작 탐사대가 티베트의 계곡에서 눈 폭풍을 맞아 길을 잃었다가 그 계곡에 사는 주민들의 집에서 리워체riwoche 품종의 말을 발견했다. 이 말은 선사 시대 동굴 암벽 벽화에서만 볼 수 있던 동물이었다. 그러니 예티나 다른 미지의 생물도 존재할 가능성이 여전히 있다.

66

타조는 닭살 피부를 지녔을까?

타조는 프랑스어 표현에서 말하듯 완전히 쫄딱 젖은 닭poule mouillée, 즉 겁쟁이가 아니다. 본래 닭살 피부를 지니긴 했지만 말이다. 타조는 위험이 닥치면 모래 속에 머리를 파묻는 습성이 있다고 잘못 알려지면서 문제를 감추기만 하면 문제가 해결된다고 믿는 사람의 상징이 되어버렸다. 타조는 포식자가 눈에 보이지 않으면 포식자도 자기를 못 본다고 생각한다는 것이다. 하지만 타조는 모래 위에 서 있는 상당히 드문 경우에도 절대로 모래 속에 머리를 파묻지 않는다.

오스트레일리아로 이주해간 아프리카 새 타조는 어째서 이렇게 별로 좋지 않은 평판을 얻게 된 것일까? 어떤 사람들은 타조가 많은 질투를 불러일으키기 때문이라고 말한다. 실제로 타조는 비록 날지는 못하지만 몸집이 가장 크고 가장 무거운 새다. 수컷은 높이가 2.5미터에 몸무게가 150킬로그램, 암컷은 1.9미터에 120킬로그램까지 나갈 수 있다. 또 두 발 달린 동물 중에서 가장 빨라 시속 70킬로미터 속도로 달릴 수 있다.

타조는 지구상 모든 동물 가운데 눈이 가장 크다. 그 알도 무게가 보통 1.5킬로그램에 이르러 세계 기록에 올라도 손색이 없을 정도다. 또 다른 사람들은 타조의 나쁜 평판이 타조의 확실히 나쁜 성격, 또는 심술 때문이라고 말한다. 적대적 태도를 보이는 타조가 일부 있을지 몰라도 이 사실은 증명되지 않았다.

하지만 실상은 이보다 더 단순해, 타조에 관한 풍설은 그 새가 실제로 보이는 두 가지 행동 때문에 생긴 것 같다. 첫 번째 행동은 위험에 처했을 때 이따금 바닥에 웅크리고 머리와 목을 땅에 바짝 붙여 앞으로 쭉 뻗는다. 두 번째 행동은 알을 품는 기간에 보이는 것으로, 가장 더운 낮 동안에는 암컷이 알을 품는데, 암컷은 앞으로 태어날 자식이 담긴 알들 한가운데 머리를 자주 푹 박아 알들의 온도를 확인하고 정기적으로 알을 뒤집어놓는다.

17세기에 생긴 표현

타조는 위험이 닥치면 다른 동물들처럼 행동한다. 즉 맞서 싸우거나 '뺑소니친다'(후자의 경우가 더 흔하다). 그리고 타조가 닭살 피부를 지닌 이유는 모든 새와 마찬가지로 타조의 솜털과 깃털이 충분한 공기 단열층을 형성하도록 배치되어 있기 때문이다. 새는 포유류처럼 '온혈' 동물이어서 스스로 체내 온도를 조절한다. 털이나 깃털 속에 '갇힌' 공기층의 단열을 이용하기도 한다. 게다가 이 방법은 물에서 헤엄치거나 날씨가 몹시 나빠 비바람이 칠 때 온도 변화뿐 아니라 물에서도 새를 보호해준다.

인간을 비롯한 다른 동물이 닭살 피부를 지닌다는 말은 털이 곤두선다는 뜻이다. 기원이 17세기로 거슬러 올라가는 이 표현은, 털이 추위나 두려움 때문에 곤두설 때 살갗이 깃털을 다 뽑은 새의 모습을 닮아서 생겼다.

인간에게 이것은 아득한 옛날부터 전해져 내려오는 반응으로, 실제로는 더 이상 필요가 없다. 이 반응은 우리 조상들의 몸에 털이 많았고 심지어 온몸이 털로 뒤덮여 있던 시절에 생겼다. 털을 곤두서게 해 털 안에 '갇힌' 공기층을 더 두껍게 만들 수 있고, 이로써 그 공기층의 단열 능력을 높여 체온을 쉽게 높일 수 있다.

이는 우리 뇌의 시상 하부라는 부분에서 생기는 완전히 무의식적인 반응 행동이다. 시상 하부는 체온 같은 유기체의 생물학적 변수들을 일정하게 유지하는 일을 담당하는데, 피부 전체에 분포된 온도 수용기thermoreceptor라고 부르는 작은 감지기 약 20만 개를 이용해 체온에 대한 정보를 얻는다. 이 감지기들은 체온이 섭씨 100분의 1도 정도 변하는 아주 미세한 변화도 알아챌 수 있다.

털세움근

체온이 낮아졌다는 경고가 들어오면 시상 하부는 그 부분을 덥히겠다고 결정하고 특수한 신경 세포들을 통해 털을 곤두세우는 근육(털세움근)에 메시지를 보낸다. 이 근육은 수축해서 털을 꼿꼿이 세우고 피부 표면에 작은 좁쌀 같은 소름이 돋게 한다. 그래서 피부가 닭의 껍질이 보이는 특징적인 모습을 띤다.

여기에 더해, 털이 곤두서면 털이 있는 동물이 자기 몸의 부피를 부풀리는 효과가 생겨 몸집이 적의 눈에 실제보다 더 크게 보인다. 고양이가 다른 고양이나 개 앞에서 이런 모습을 보인다. 이 때문에 우리 머리카락이 머리 위로 곤두서는 것일 터이다. 고슴도치가 가시를 곤두세우는 것도 마찬가지 원리다.

추위에 맞서 싸우는 것과 생존을 위해 싸우는 것의 생리학적 메커니즘은 많은 공통점을 지닌다. 그래서 추위로 인한 오한도 있지만, 두려움으로 인한 오한도 있다. 이상하게도 두려움 때문에 생기는 오한의 경우 우리는 피가 얼어붙는다고 말한다. 오한은 몸을 덥히기 위한 반응인데 말이다. 반면에 사랑은 우리를 활활 불태우는데도 사랑으로 인한 오한이라고 말하지 않는다. 어쨌거나 그렇다고 해서 머리를 쥐어짤 필요도, 머리를…… 모래에 처박을 필요도 없다.

67

기린은 왜 목이 길까?

기린은 모든 반추 동물 중에서 키가 가장 크고, 가장 무겁고, 가장 빠르고, 가장 온순하다. 높이가 5.8미터, 무게가 2톤이나 나가는데도 시속 60킬로미터까지 속도를 내어 달릴 수 있고, 높이 1.8미터가 넘는 장애물을 뛰어넘으며…… 헤엄도 칠 수 있다. 앞다리가 뒷다리보다 더 긴 그 끝없는 '다리', 길고 우아한 목 끄트머리에 달린 깜짝 놀란 표정을 띤 작은 머리를 보면 기린은 사바나의 패션 모델로서 손색이 없다. 게다가 자그마한 우리 인간이 아까시나무(기린이 즐겨 먹는 식사) 근처에서 기린을 마주치기라도 하면, 마치 딴 세상에서 온 듯 인상적이고 놀랍고 사랑스러운 그 동물을 결코 잊을 수 없다. 게다가 기린은 과학의 역사에서도 진정한 스타다. 기린은 실제로 종의 진화에 관한 신랄한 논쟁의 중심에 있었다. 그리고 그 논쟁은 아직도 결판이 나지 않았다.

기린의 조상은 약 2,000만 년 전(전기 마이오세) 아프리카와 유라시아에서 시작되었다. 이 동물이 속한 기린과科는 소과와 조상이 같다고 추정된다. 둘 다 반추 동물이기 때문이다. 기린과는 현재와 상당히 가까운 시대까지 매우 번성한 것 같다. 지금은 가장 잘 알려진 아프리카 기린Giraffa camelopardalis과 오카피Okapia johnstoni 두 속屬만 남아 있다.

콩고 민주 공화국 북부 습한 숲에서 거의 눈에 띄지 않게 사는 오카피는 1901년에 와서야 발견된 반면, 기린의 모습은 원시 동굴 벽화와 기원전 1500년에 만들어진 이집트의 저부조에서 찾아볼 수 있다. 율리우스 카이사르Julius Caesar는 기린을 자신이 이룬 아프리카 정복의 상징으로 삼았고, 15세기에 유럽이나 중국의 궁중에서는 기린으로 정원을 장식했다. 중세에는 기린이 표범(점무늬)과 낙타(머리 모양)가 교잡해서 생긴 동물이라고 생각해 낙타표범(카멜레오파드cameleopard)이라고 불렀다.

기린의 수명은 20~30년이다. 큰 키 덕분에 나무의 높은 가지에 있는 잎사귀를 뜯어 먹을 수 있다. 기린의 목은 무척 길지만 거의 모든 포유류와 마찬가지로 목에는 척추뼈가 일곱 개밖에 없다. 그저 그 목뼈 하나하나의 두께가 약 40센티미터에 이를 뿐이다. 모든 야생 동물과 마찬가지로 기린에게도 약점이 있다. 물을 마시려면 (발레리나처럼) 앞다리를 쫙 벌리고 목과 머리를 땅으로 수그려야 한다. 기린은 그 순간 반응이 느리고, 따라서 무척 취약하다.

'생물 변이설' 대 '자연 선택설'

기린은 19세기에 동물의 다양성을 설명하려고 시도한 두 흐름의 사상이 서로 맞서는 상징이 되었다. 두 학설을 주장한 최초의 챔피언은 각각 '생물 변이설'을 주장한 장바티스트 라마르크Jean-Baptiste Lamarck와 '자연 선택설'을 주장한 찰스 다윈Charles

Darwin이었다. 그런데 두 사람이 고찰을 시작한 지점은 같았다. 즉 둘 다 기린의 선조가 목이 그토록 길지 않았다고 생각했다.

하지만 고찰을 거친 뒤 두 사람이 제시한 설명은 다르다. 라마르크는 기린이 높이 있는 나뭇잎을 먹으려고 목을 점점 더 길게 뻗기 시작했다고 생각했다. 어떤 불가사의한 기제에 의해 새끼들에게 그 특질을 물려주었고, 그러면서 기린의 목이 차츰 길어졌다는 것이다.

한편 다윈은 (그 이유는 정확히 모르지만) 자연스럽게 키가 작고 큰 동물이 있듯이 목이 길고 짧은 기린이 있다는 원칙에서 시작한다. 목이 긴 기린은 다른 기린들과 경쟁할 필요가 적기 때문에 먹이를 구하는 데 더 유리하다. 먹이를 가장 잘 뜯어 먹는 기린이 더 오래 살고 새끼도 더 많이 낳을 것이다. 이러한 '자연 선택'은 계속해서 이루어진다. 세대를 거치며 서서히 기린의 목이 점차 길어진다. 생물 다양성은 결점이나 장점이 되는 자연적 유전자 변이에 기초한다는 사실을 오늘날 우리는 알고 있다. 장점이 되는 유전자 변이가 일어나면 더 잘 살아남는 데 도움이 될 수 있다.

다윈의 이론이 발표된 직후 그에 대해 이루어진 가장 강한 비판 중 하나는, 만일 그의 이론이 옳다면 그러한 진화를 나타내는 동물의 과도기 형태, 즉 짧은 목을 가진 기린에 이어 중간 길이의 목을 가진 기린, 그 후 등장한 긴 목을 가진 기린의 흔적을 찾아볼 수 있어야 한다는 것이었다. 하지만 그러한 중간 형태를 화석으로 찾아볼 수 없었다. 다윈은 그 논거를 반박하는 데 성공하지 못했다.

하지만 사실 다윈의 생각은 옳았다. 단, 중간 형태들이 연속해서 등장해 오랜 시간에 걸쳐 느리게 진화한다는 다윈의 생각은 틀렸다. 오늘날 우리에게는 기린과의 역사를 재구성할 만큼 충분한 화석이 있다. 긴 목을 가진 지라포케릭스giraffokeryx 같은 동물이 500만 년 전에 이미 존재했다는 사실이 확인되었다. 다윈이 몰랐던 오카피의 존재는, 비록 오카피의 목이 길기는 하지만, 진화가 고요하고 평화로운 강물과 같이 진행되지 않았음을 보여준다. 진화는 더 돌발적으로, 때로는 막다른 길을 향해 진행되다가 뒤이어 안정기를 맞는다. 라마르크는 틀렸지만, 다윈이 완전히 옳은 것도 아니었다.

마지막으로 한 가지 덧붙이자면, 다 자란 기린에게는 현재 포식자가 단 하나, 즉 인간밖에 없다. 밀림의 왕인 사자조차 기린의 큰 키(그리고 뒷발질)에 압도된다는 사실은 기린에게 마법 같은 힘을 부여했다. 오늘날 기린은 보호받고 있지만, 그래도 기린과 그 새끼들은 취약하다. 기린이 오래 살아남기를 바라자.

68

나비는 애벌레 시절을 기억할까?

동물의 생애에서 가장 매혹적인 신비 중 하나는 못생긴 애벌레가 명주실 누에고치로 몸을 감쌌다가 멋들어진 나비로 재탄생하는 것이다. 우리는 이 일이 어떤 원리로 벌어지는지 이제 막 알아냈다. 일부 곤충이 겪는 탈바꿈은 완전히 '터무니없는' 현상이다. '아기' 곤충은 그 모양이 다 자란 곤충과 전혀 닮지 않았고, 심지어 식습관도, 움직이는 방식도 다르다…….

이것은 이러한 탈바꿈을 겪는 종들의 재생산과 종의 발달에 별로 이롭지 못한 매우 복잡한 과정처럼 보일 수 있다. 하지만 실제로는 정반대다. 결론적으로 곤충의 60퍼센트 가까이가 탈바꿈을 활용한다. 이처럼 성공하는 이유는 아기 곤충이 성충과 똑같은 것을 먹지 않는다는 사실에 있다. 즉 경쟁이 없으니 모두가 남의 음식을 빼앗을 필요 없이 자기가 좋아하는 음식을 먹을 수 있는 것이다.

탈바꿈하는 곤충은 크게 네 범주로, 딱정벌레목(풍뎅이나 무당벌레), 나비목(나비), 벌목(벌이나 말벌, 개미), 파리목(파리)이다. 발달 과정은 알, 유충, 번데기, 성충 네 단계로 이루어진다.

나비의 수명은 몇 주에서 몇 달까지 다양하지만, 이 네 단계는 항상 똑같다. 암컷은 봄이나 여름에 정확히 정해진 장소에 수백 개의 알을 낳는다(암컷은 평생 1,000~2,000개의 알을 낳는다). 알 단계는 3일에서 8일간 지속된다. 뒤이어 알은 애벌레, 즉 유충이 된다. 이 단계는 가장 긴 단계로 이때 이미 중요한 변화가 일어난다. 약 3주가 지나면 1밀리미터 길이였던 알은 몇 센티미터의 애벌레가 된다. 이를 위해 애벌레는 엄청난 양의 먹이를 먹어치우고,

몇 차례 허물을 벗어야 한다.

청소년기 애벌레만 기억을 전달한다

그런 다음 세 번째 단계, 즉 번데기 단계에 이른다. 애벌레는 명주실을 만들어 그것으로 자기 몸을 감싸 누에고치가 된다. 누에고치의 색깔은 다양한데, 그 색은 보통 위장하는 데 적합하다. 번데기의 내부에서는 7~8일 만에 완전한 변모가 이루어진다. 재투성이 신데렐라가 무도회에 가기 위해 공주가 될 준비를 하는 것이다. 나비의 구조는 완전히 재조정되고 변화한다. 어떤 기관은 사라지고 다른 기관이 생긴다. 다리, 날개, 배, 가슴, 머리가 만들어진다.

어떻게? 왜 그럴까? 과학은 이 과정에 호르몬이 개입하며, 세포들이 자기 때를 기다리며 애벌레의 몸속 어딘가에서 대기하고 있다는 사실을 이제 막 설명할 수 있게 되었을 뿐이다.

그러고 나면 성충이 몇 분 만에 번데기를 뚫고 밖으로 나와 과거 삶의 잔재를 배출하고 날개를 펴서 말리며, 이내 먹이와 짝짓기 상대를 찾아 날아간다. '입체파적' 비행을 하는 다채로운 색의 섬세한 나비, 윙윙거리며 우리를 짜증 나게 하는 들뜬 파리, 꽃의 꿀과 꽃가루를 모으는 성실한 노동자인 벌은 이전 모습인 기어다니는 애벌레나 꿈틀거리는 구더기, 의존적인 유충과는 정말이지 아무런 공통점이 없다.

워싱턴에 있는 조지타운 대학교 연구자들은 그렇다면 성충이 자기가 어렸을 적 기억을 간직하고 있을지 질문을 던져 그에 대한 답을 얻는 방법을 찾아냈다. 그들은 특정한 냄새를 (가벼운 전기 충격과 연결시킴으로써) 식별하도록(그리고 피하도록) 훈련받은 박각시나방의 애벌레가 그 기억을 성충 나방에게 전달한다는 사실을 증명했다. 단, 그러려면 애벌레가 너무 어린 나이에 그런 학습을 해서는 안 된다. '청소년기' 애벌레만 기억을 전달한다. 그 결과, 나방은 뇌와 신경계 등에서 엄청난 변화를 겪었음에도 불구하고 전기 충격에 연관되어 있던 냄새들을 피한다. 바로 이것이 아마도 암컷 나비 또는 나방이 '적절한' 식물의 잎사귀를 선택해서 거기에 알을 낳는 이유일 것이다. 다 자란 성충은 그 잎사귀가 최고의 '식탁'이었음을 기억하는 것이다.

다른 동물들, 특히 수중 환경에서 사는 동물들도 탈바꿈을 거치는데, 항상 나비처럼 화려하고 완전한 변화를 겪지는 않는다. 그런 동물로는 물론 양서류가 있고, 뱀장어, 곰치, 가자미, 넙치, 검정가자미 같은 여러 물고기, 또 극피동물, 연체동물 등이 있다. 한편, 모든 곤충이 탈바꿈을 거치지는 않고, 형태학적으로 성인 동물을 닮은 '아기', 미니어처 판박이를 만들기도 한다.

특히 겨울뿐 아니라 여름에도 긴 잠을 자는 색깔이 노란 멧노랑나비와 색깔 있는 반점이 공작새의 반점을 연상시키는 공작나비는 기르기 아주 쉽지만, 작은 제약이 하나 있다. 가시에 찔리기 일쑤인 쐐기풀에서 알을 거두어야 하고, 애벌레의 먹이로도 쐐기풀을 주어야 한다는 점이다.

69

거북은 왜 등딱지가 있을까?

장 드 라퐁텐과 찰스 다윈은 각자 나름대로 거북에 관심을 둘 만한 이유가 있었다. 라퐁텐은 거북에게 산토끼를 대적시켜 (이른바) 가장 느린 동물인 거북에게 승리를 선사했다. 다윈은 1835년에 비글Beagle호를 타고 갈라파고스 제도로 그 전설적인 여행을 하던 중 거북 위에 올라탔고, 거북을 먹었으며, 죽은 거북의 잔해를 바다에 던졌다(그리고 나중에 그 일을 씁쓸하게 후회했다). 거북은 그야말로 진화의 모든 경로가 교차하는 지점에 위치하며, 매우 놀라운 특질을 보인다. 그리고 거북은 과거에나 현재나 몸 전체가 골질의 바깥 딱지로 감싸인 유일한 동물이다.

3억 년

공룡이 살던 시대에 이미 거북의 선조들은 기어다녔다. 거북은 지금으로부터 3억 년 전에 출현했다고 추정된다. 현존하는 가장 오래된 파충류다. 어떤 거북은 육지에서 살고, 다른 거북은 바다나 민물에서 산다. 오늘날 거북은 300종이 있고, 초식성이거나 육식성, 잡식성이다. '팬케이크거북', '푸른바다거북', '상자거북', '올리브바다거북', '늑대거북', '악어거북' 등으로 불린다. 몇 센티미터(프랑스의 유일한 토착 육지거북인 헤르만 육지거북은 약 15센티미터)로 아주 자그마하거나, 바다에 살며 길이가 2미터가 넘고 무게는 1톤에 이르는 장수거북처럼 덩치가 클 수도 있다. 또 수십 년 동안 사는 것으로 유명하며, 기록에 따르면 거북이 심지어 100년 넘게 산 사례도 몇 가지 있다.

거북은 네발 척추동물로서 골질의 뼈대와 네 개의 발을 가지고 있다. 배아 단계에서 새나 쥐, 심지어 인간의 배아를 쏙 빼닮아 머리가 크고 사지는 짧고 척추가 길다. 그 후 모든 것이 변한다. 거북의 배아는 종이접기를 하듯 여러 차례 접힌다.

등딱지는 사실상 인간의 가슴우리에 해당하지만, 그 갈비뼈들은 뒤쪽으로 전개된 다음 하나로 합쳐졌다. 하지만 거북이 자신을 보호해주는 집 안에서 편안하려면 다른 변형도 이루어져야 한다. 어깨가 그러하다. 다른 척추동물의 견갑골은 바깥에 있는데 거북의 어깨는 갈비뼈 안쪽으로 이동해야 했다. 골반도 마찬가지로 앞쪽으로 기울어 거북의 배를 보호하기 위해 등딱지보다 조금 덜 두꺼운 배딱지의 일부를 이루도록 변한다.

거북은 자기 집 안에 몸을 완전히 숨길 수 있어야 한다. 그래서 거북이 이동하고 무엇보다 발과 머리를 등딱지 안으로 완전히 움츠릴 수 있도록 뼈의 길이와 형태, 관절, 근육이 뼈에 부착되는 방식이 변했다. 그렇게 할 수 없는 장수거북 같은 몇몇 예외가 있는데, 이는 훌륭한 헤엄 능력을 발달시키기 위해 치러야 할 대가다. 장수거북은 물에서 배를 위로 향한 채 헤엄칠 수도 있다.

70

지구상 최초의 동물은 무엇일까?

개구리가 받아야 할 것은 개구리에게 돌려주자. 우리는 개구리한테 많은 것을 빚지고 있지만, 개구리를 오랫동안 그 넓적다리 요리로만 높이 평가해온 것처럼 보인다. 하지만 개구리가 개굴개굴 소리를 높인 지는 꽤 오래되었다. 원숭이는 나무에서 내려온 반면, 개구리는 물에서 나왔다. 그런데 물에서 나오는 이 모험이 훨씬 더 위험하고 훗날 더 큰 변화를 주도했다. 이 작은 양서류는 인간, 그리고 심지어 지구에서 생활하는 대부분 동물의 진정한 육상 선조에 가장 가까운 동물이기 때문이다. 개구리는 물 밖에서 직접 태양 빛을 받고 대기의 산소를 호흡하며 생활할 수 있는 최초의 동물로부터 거의 직계로 이어져 내려온다. 그러면서 공룡과 포유류도 만들어냈다.

하지만 육지에 발을 딛고 서는 일이 간단하지는 않았다. 형태학과 연대 추정, 비교 등의 방법을 사용하고, 이제는 다른 여러 분야의 도움을 받아 화석을 연구하는 학문인 고생물학 덕분에 시간의 흐름에 따른 생물 형태 진화의 거대한 흐름을 정립할 수 있었다. 그 전개 과정을 간략하게 살펴본다(지나치게 단순화하는 것에 대해 전문가들의 양해를 구한다).

지구 행성은 지금으로부터 약 45억 년 전에 형성되었다. 지구는 약 10억 년 동안 차가워지고 응축되며 거의 전체가 물로 뒤덮인다. 아주 덥고 사막 같은 거대한 대륙 하나(판게아)만 물 위로 모습을 드러낸다. 물속에 있는 분자들이 차츰 상호작용하며 복잡해져 서로 결합한다. 이 기묘한 과정이 진행되는 데 대략 10억 년이 걸린다. 그러다가 지금으로부터 약 25억 년 전 최초의 살아 있는 세포가 출현했다.

그 모든 작은 존재가 20억 년이 조금 덜 되는 기간에 뛰놀고 나서 세포들이 서로 결합해 유기체, 최초의 무척추동물이 형성된다. 뒤이어 최초의 척추동물인 뼈대와 딱지를 지닌 물고기가 출현한다. 이 과정 역시 물속에서 이루어진다. 그와 동시에 육지에서는 대변혁이 진행된다. 최초의 식물인 균류와 이끼가 자란다. 뒤이어 턱뼈가 '고안'되어 동물 종들이 크게 동요한다. 동물은 턱뼈라는 장비를 대거 채택한다. 육상 식물은 계속해서 발달하고, 잠자리와 바퀴벌레, 거미 등 원시 곤충은 식물의 폐기물 위에서 번성한다. 그러면서 2억 년이 조금 안 되는 시간이 흐른다.

물 밖에 드러난 땅은 더 '호의적'이어서 '매력'을 발산한다. 그곳에는 먹을거리와 지낼 곳, 샘터와…… 그늘이 있다. 그래서 물의 보호를 받을 필요가 있지만, 공기 중에서 얼마간 시간을 보낼 수 있는 동물들이 사냥하는 영역을 확장한다.

알껍데기가 만들어지다

습한 시기와 건조한 시기가 번갈아 생기면서 일부 샘터가 말

랐는데, 이는 아마도 새로운 샘터를 찾아 나서도록 이동할 수 있는 개체들이 더 쉽게 살아남고 번성하게 했을 것이다. 그래서 (당시 가장 발달한 생물이 아닌) 원시 물고기의 한 분파로부터 초기 양서류가 출현한다. 이들은 (알껍데기를 '고안'한 덕분에 육상에서 최초로 알을 낳을 수 있는) 파충류와 파충류의 가장 유명한 대표 격인 공룡을 탄생시키고, 뒤이어 지구에서 살아갈 육상의 모든 척추동물을 탄생시킨다.

한 세기 전만 해도 '학자'들은 여전히 그러한 과정이 실제로 벌어졌는지 집요하게 논쟁을 벌였다. 그것이 성경에 어긋난다는 이유 때문만은 아니었다. 현재, 학자들은 그 계통에서 빠진 중간 고리인 '구멍'들을 계속 메워가는 한편, 무엇보다 그 과정이 이루어진 방식을 이해하려고 애쓴다. 어떻게 물고기에서 양서류로 넘어갔을까? 또 양서류에서 파충류로는? 파충류에서 조류, 포유류로는 어떻게 넘어갔을까?

연구는 단순히 작은 짐승을 찾아내는 일을 넘어선다. 관건은 '구성적인' 세부 사항에 있다. 가장 최근 사례 가운데 무척 기이한 어느 생물의 화석화한 유해에 관한 연구가 있다. 그것은 공룡의 머리, 네 개의 지느러미 팔이 달린 악어의 몸, 물고기의 꼬리를 지녔다. 연구자들이 '고질라godzilla'라고 별명을 붙인 그 생물은 약 1억 3,500만 년 전 중생대, 쥐라기에서 백악기로 넘어가는 전환기에 살았다. 이 하이브리드 생물은 진화가 도달하곤 하던 막다른 길들 중 하나, 칼로 물 베기라고 할 만한 헛수고였을 수 있다.

또 다른 예는 어느 화석에서 찾아낸 속귀의 작은 뼈로, 이것 덕분에 물고기와 양서류 사이에 위치한 그 기관이 형성된 과정을 더 잘 이해할 수 있다. 또 아가미이면서 허파인 기관, 또는 발의 골격을 지닌 지느러미 같은 이중 기관 등을 지닌 동물을 보여주는 화석도 무척 중요하다. 진화는 고요하게 흐르는 기나긴 강물만이 아니기 때문이다. 진화는 이따금 장엄한 물줄기, 급류, 호수, 샛길이 사라지는 늪이기도 하다. 진화는 항상 낮은 곳에서 높은 곳을 향해 흐르지 않는다. 그래서 육상 동물이 된 어떤 물고기들은 길을 거꾸로 거슬러 가서 다리를 다시 지느러미로 변형시키고 물로 되돌아가 물고기가 되었다. 바로 고래와 돌고래의 선조들이 그러한 동물이다……. 하지만 개구리는 제자리를 충실히 지키면서 자신의 사례로써 머리를 항상 물 밖에 두어야 한다는 사실을 우리에게 상기시킨다.

71

식빵에는 어째서 구멍이 뽕뽕 나 있을까?

관건은 기포의 기술에 있다. 기포의 크기, 분포, 개수……. 샴페인과 마찬가지로 좋은 빵이 우리 입맛을 돋우려면 그 '기포'들이 지나치게 작거나 크지 않고 서로 엇비슷한 크기여야 하며 조화롭게 배치되어야 한다. 좋은 빵은 당연히 제빵사의 노하우와 사용되는 원료의 품질에 달려 있지만, 좋은 빵이 존재하려면 보이지 않는 무수한 군대가 빵의 속살에 마법 같은 연금술을 가해야 한다. 이때 효모가 등장한다.

빵을 만들려면 가루(주로 밀가루)와 물, 소금, 효모가 있어야 한다. 효모는 단세포 진핵 미생물이다. 다시 말해, 세균과 달리 세포 내에 있는 원형 또는 타원형의 핵 안에 염색체가 들어 있다. 효모는 1,000종 이상이 알려져 있는데, 식품에 가장 많이 사용되는 효모는 잘 알려진 출아형효모Saccharomyces cerevisiae(갈리아족의 음료인 세르부아즈를 만드는 '맥주 효모균')로, 이 효모 종은 빵뿐 아니라 맥주나 포도주를 양조할 때도 작용한다. 고대부터 경험적 방식으로 사용된 이 효모는 독일의 식물학자이자 의사인 프란츠 메옌Franz Meyen에 의해 그 '정체가 폭로'됐는데, 그는 1837년에 이 효모를 완벽하게 기술했다. 루이 파스퇴르Louis Pasteur는 광견병에 관한 연구로 유명하지만, 사실 효모와 세균에 관한 연구로 더 유명해야 마땅할 것이다. 효모와 세균에 관해 우리가 아는 사실에 과학적 기초를 놓은 인물이기 때문이다.

에탄올과 탄산 가스

효모는 특출한 작은 존재로서 두 가지 '호흡' 체계를 갖추고 있다. 효모는 우리처럼 산소를 호흡하며 살 수 있다. 산소는 효모가 당을 사용할 수 있게 해주고, 이로써 효모는 양분을 섭취하고 탄산 가스를 생성한다. 하지만 효모는 산소 없이도 편안하게 지낼 수 있다. 이때 발효가 일어나 에탄올과 탄산 가스를 생성하면서 당을 변화시킨다. 효모는 이런 식으로 빵이나 맥주, 포도주 또는…… 생물 연료를 '만들' 수 있다.

빵의 경우를 살펴보자. 처음에는 들판에서 자라는 부드러운 밀이 있다. 밀은 식물로서 종자를 만들고, 종자는 이삭 안에 모여 있다. 밀은 종자 한가운데 발아에 필요한 양분을 '저장'해둔다. 이 비축 양분이 밀가루가 된다. 밀가루는 대부분(85~90퍼센트) 녹말로 이루어지며, 나머지는 질소를 함유한 물질, 그리고 글루텐이라는 매우 중요한 단백질이다.

이 모든 것을 벗겨내고 분리하고 정제하고 나면 제빵사는 사용할 밀가루를 얻는다. 이 가루를 매우 정확한 비율로 다른 재료들과 반죽해 결합시키면 탄성이 있는 반죽으로 변한다. 손 또는 반죽 기계로 밀가루와 재료들을 이길 때 반죽에 응집력이 생기는 것은 글루텐의 작용 덕분인데, 여기에서 프랑스어로 '끈끈이, 아교, 접착제'를 뜻하는 '글루glu'가 글루텐gluten에 의미를 부여함을 알 수 있다. 글루텐은 일종의 끈적끈적한 3차원 거미줄을 이루어 빵을 구성하는 나머지 물질을 일종의 코르셋 안에 담아둔다.

효모의 발효

글루텐이 소금의 도움을 받아 거미줄을 만드는 동안 효모 세포 수백만 개가 활발히 활동한다. 이 세포들은 '발효' 또는 '띄우기'를 시작하는데, 이는 두 단계로 이루어지는 과정으로서 도중에 반죽의 부피가 크게 증가한다(과정이 끝나면 세 배로 증가). 반죽에 들어 있는 효모는 산소를 공급받지 못해 에탄올과 탄산 가스를 생성하며 발효한다. 바로 이 탄산 가스가 반죽을 부풀게 하고 그 안에 나중에 빵의 속살에 구멍을 낼 기포들을 만든다. 그리고 이 기포는 빵에 폭신한 감촉을 부여한다.

좋은 빵을 만드는 데 필요한 조건이 많다는 사실은 어렵지 않게 알 수 있다. 원료(밀의 품질), 온도(효모에 최적인 섭씨 28도), (글루텐을 형성하기 위해) 반죽하는 시간, 반죽을 숙성하는 시간, 일부 단계에 작용할 수도 있는 첨가물 등, 제빵사는 항상 신경 쓸 일이 많다.

빵을 먹을 때 우리가 탄산 가스를 들이마셔 (술의 원료인 에탄올 때문에) 음주 측정기에 걸릴까 걱정해야 할까? 무수히 많은 작은 효모가 밀가루의 당분을 섭취해 에탄올을 상당히 많이 생성하니 말이다. 다른 이유도 있지만, 바로 이 때문에 굽기 전의 반죽이 소화하기 힘들고 빵과 맛이 매우 다르며 조금이나마 취하게 만든다. (섭씨 250도로) 굽는 도중 탄산 가스와 에탄올은 증발하고, 녹말은 더 소화하기 쉽게 변한다. 하지만 굽는 과정은 눈에 안 보이는 무수한 일꾼들도 '처분'한다. 효모가 퇴장하는 것이다. 위풍당당하게.

72

통조림은 어떻게 발명되었을까?

통조림은 이제 심하게 말하면 한물갔다. 냉동식품, 급속 냉동 식품, 압출 성형 조리 식품……. 식품은 양철 통조림 앞에서 기술력을 자랑하며 거드름을 피운다. 그렇지만 18세기에 통조림은 이런 근대적 기법들보다 훨씬 더 중요한 대혁신이었다. 통조림이 발명되기 전 수 세기 동안 식품을 보존하는 방법은 건조, 염장, 훈제, 물간법, 발효, 지방이나 설탕에 '절임(콩피confit)', 우유 응고 등이었다. 이러한 기법들은 상대적으로 단순하고 위생적으로 안전하지만, 처리한 식품의 모양과 맛을 완전히 바꿨다. 영양의 질도 물론 변했다.

그러던 중 별안간 과일과 채소, 고기, 생선 같은 기본적인 식품을 오랫동안 안전하게 보존하는 간단한 통조림법이 발명되었다. 금상첨화로 통조림을 발명한 사람은 그것을 모든 사람에게 제공하고자 그 기법을 비밀로 간직하거나 특허를 얻는 것조차 거부했다. 그 기법은 별명자 니콜라 아페르Nicolas Appert의 이름을 따서 지금도 프랑스어로 아페르티자시옹appertisation이라고 불린다. 그는 루이 파스퇴르보다 60년 앞서 실험을 거듭한 끝에 경험적인 방식으로 열을 이용해 음식을 살균하는 방법을 발견했다.

그 어떤 점쟁이도 1749년 11월 17일에 샬롱장샹파뉴에서 갓 태어난 니콜라 아페르의 요람을 들여다보면서 그가 계몽 시대 양식 있는 저명한 인물이 되리라 예견할 만큼 신통하지 못했으리라. (슈발 블랑Cheval blanc이라는 이름의) 여관을 운영하는 가족의 아홉 번째 자식이었던 그는 가족 여관의 주방에서 직업의 기초를 배운 다음 곧바로 요리사-당과 제조로 직업의 방향을 바꾼다. 그때 이미 식품 보존을 시작한 것이다.

독일에 10년간 체류한 뒤, 그는 프랑스 혁명이 시작되던 시기에 프랑스로 돌아와 1784년 파리의 롱바르 길 47호에 '라 르노메La Renommée'라는 이름의 첫 번째 가게를 개업한다. 40대에 이른 그 당과업자는 사회 격동의 가장자리에 비켜서 있지 않고 국민병에 입대해 롱바르 지부의 대표가 되고, 루이 16세의 처형을 목격한다. 동시에 그의 사업은 번창한다.

모든 상황이 순탄하게 풀린다. 그러다가 공포 정치가 시작되고, 과거의 시민 아페르는 교도소에 갇혀 3개월을 지낸다. 역사의 아이러니이자 프랑스 혁명이 가져온 뜻밖의 결과로서, 바로 그 '휴식기'에 식품 보존의 퍼즐이 아페르의 머릿속에서 맞춰진 것 같다. 그는 교도소에서 출소한 뒤, 혁명 활동을 완전히 중단하고 실험을 시작해, 마침내 식품 보존 기법이 탄생한다. 하지만 당시에는 통을 사용하지 않았다.

처음에는 샴페인 병에

니콜라 아페르는 경험적인 방식으로 보존할 식품에 두 과정을 연속해서 적용해야 한다는 사실을 깨달았다. 즉 일단 식품을 열로 처리한 다음, 그 식품을 공기와 닿지 않게 보관하면 나중에 안전하게 먹을 수 있다는 사실을 깨달은 것이다. 당시 열에 저항할 수 있는 유일한 용기는 유리병이었다. 그래서 아페르는 처음에 샴페인 병을 사용하기 시작한다. 그러다 얼마 안 가 영국제 양철통을 사용한다. 현재는 통조림의 통을 알루미늄이나 얇은 철로 만들지만, 유리나 종이 팩, 봉지 등도 사용할 수 있다.

아페르는 1802년에 에손주 마시의 '샤토 당 오Château d'en haut' 라고 불리는 부지에 최초로 통조림 공장을 설립한다. 곧바로 육군과 해군 등 군대가 관심을 보인다. 아페르의 통조림은 유럽에서 큰 성공을 거두고 뒤이어 전 세계로 퍼져 나간다. 그는 포도주와 양파로 양념한 생선 요리 마틀로트matelote같이 미리 조리된 통조림 요리도 선보인다. 그가 생산한 통조림은 남극 동물상을 연구하기 위해 파견된 과학 탐사용 스쿠너 범선 위라니Uranie호에 실려 남극까지 진출한다.

이제 선원들은 최초의 탐사 항해가 시작된 이후 무수한 사람을 죽게 만든 괴혈병에 걸리지 않게 되었다. 아페르의 기법을 사용해 살균 보관된 식품의 비타민 C 보존율이 60퍼센트에 가까웠기 때문이다.

더욱 많은 사람과 자신의 발명품을 공유하고 싶었던 그는 자신의 비법을 『모든 동물성 및 식물성 물질을 수년 동안 보존하는 기법L'Art de conserver pendant plusieurs années toutes les substances animales et végétales』이라는 책에 담아 전한다. 그로부터 60년 가까이 지난 뒤 루이 파스퇴르가 열이 어떤 식품의 세균학적 품질에 미치는 영향의 과학적 원리를 명확히 밝혔다.

니콜라 아페르는 여생을 자신의 기법을 계속해서 개선하는 데 바치고, 증기 기계의 아버지인 드니 파팽Denis Papin이 발명한 기계를 사용해 현재 우리가 사용하는 압력솥의 선조 격인 고압 멸균기autoclave를 개발한다. 이 기기를 사용하면 물이 끓는 온도보다 더 높은 온도로 익힐 수 있어 식품의 안전성과 능률이 동시에 높아졌다. 니콜라 아페르는 1841년 91세의 나이로 무척 가난한 형편에서 사망하고, 그의 시신은 공동 묘혈에 매장된다. 그의 발명품이 탄생한 지 두 세기가 지난 지금, 모든 프랑스인은 통조림 식품을 1년에 평균 50킬로그램씩 소비하고 있다.

73

생선은 왜 그렇게 냄새가 심할까?

"뭐, 내 생선이 싱싱하지 않다고?" 로마군에 끈질기게 저항하는 작은 마을, 아스테릭스와 오벨릭스가 사는 마을의 대장장이 오토마틱스는 자기 가게와 마주 보는 생선 가게 주인인 골라골라트릭스의 생선이 신선하지 않다고 즐겨 트집을 잡는다. 그러고 나면 시끌벅적한 주먹다짐이 벌어진다. 이유가 뭐냐고? 바로 냄새 때문이다. 그런데 그게 그냥 아무 냄새가 아니다. 상한 생선 냄새는 생각만 해도 전율이 일 만큼 불쾌하고 집요한 냄새 중 하나다. 하지만 싱싱한 생선은 냄새가 아주 좋아 바다와 요오드 냄새를 풍기고, 그 생선살에서도 부드럽고 향긋한 냄새가 난다. 하지만 모든 것이 금세 변한다. 어떤 생선은 그 강한 냄새를 요리사의 손과 조리 도구에 남길 뿐 아니라, 자르지 않은 생선 또는 생선 토막은 어디에서나 쉽사리 알아볼 수 있는 그 역한 냄새를 상당히 빨리 풍기기 시작한다.

냄새는 무엇보다 일단 공기에 섞이는 휘발성 물질과 그 물질을 식별할 수 있는 코의 수용기가 만나는 것이다. 휘발성 물질은 약 30만 개 존재하는데, 인간은 그중에서 약 1만 개를 감지할 수 있다. 뒤영벌부터 개에 이르는 여러 동물은 그보다 훨씬 더 많은 종류의 냄새를 맡는다.

온갖 냄새를 내는 물질 중에서 일부는 매우 부정적인 '심상'에 연결된다. 부패하는 물고기 냄새가 바로 그런 경우다. 악취가 나게 하는 화학 물질은 질소 화합물이다. 즉 그 화학 물질에는 탄소와 수소 외에 질소도 들어 있다. 그 물질의 학명은 메틸아민methylamine이고, 거기에는 디메틸아민이나 트리메틸아민 같은 여러 종류가 있다.

이 분자들은 서로 다른 두 가지 방식으로 생성된다. 첫 번째 방식은 생선살의 자가 분해다. 물고기가 죽으면 유기체 활동이 중단되기 때문에 물고기의 세포가 내부적 변형을 겪는다. 특히 물고기 체내의 염도를 조절하는 물질인 트리메틸아민-N-옥사이드TMAO가 파괴되고 트리메틸아민이 생성된다. 트리메탈아민은 휘발성 분자여서 공기 중으로 퍼지고 물고기는 악취를 풍기기 시작한다.

세균의 작용

기체를 발산하는 또 다른 원인은 바로 세균의 작용으로, 이것이 차지하는 비중이 더 크다. 세균은 생선의 껍질뿐 아니라 아가미와 창자 속에도 있다. 차가운 물에 살든 온대 지방이나 열대 지방의 따뜻한 물에 살든 상관없이 물고기의 몸에 사는 세균은 모두 거의 같다.

물고기는 살아 있거나 잡힌 직후에는 그 면역 체계 덕분에 살이 무균 상태로 유지된다. 물고기가 죽은 다음에는 세균이 물고기를 점령할 수 있다. 적어도 일부 세균이 그렇다. 대부분의 세균은 물고기의 변질에 관여하지 않기 때문이다. 물고기를 손상시키는 세균은 '부패'를 뜻하는 프랑스어 퓌트레팍시옹putréfaction을 연상시키는 퓨트리파시엔스putrefaciens라고 불린다.

세균의 작용으로 메틸아민과 암모니아, 악취를 내는 또 다른 범주의 분자들이 생성된다. 또 적은 양이기는 하지만 다른 커다란 세 범주에 속하는 별로 기분 좋지 않은 물질, 즉 황 화합물(썩은 달걀과 채소 냄새)과 알데히드(산패한 맛), 휘발성 지방산(식초 같은)도 생긴다. 역한 맛과 냄새는 물고기의 지방, 즉 그 지질 때문에 생길 수 있다. 지질은 산화하면 물고기의 살에 불쾌한 냄새와 산패한 맛을 부여한다.

생선살이 변질하는 속도는 종에 따라 무척 다르다. 예를 들어 껍질이 얇고 약한 민대구나 대서양 대구는, 표피가 튼튼한 넙치보다 훨씬 더 빨리 부패한다. 물고기가 보관되는 조건(냉동 이전에 흐른 시간, 냉동 온도)도 생성될 수 있는 악취 분자와 그 분자가 출현하는 데 걸리는 시간에 영향을 미친다.

하지만 변질되어 생기는 생선 비린내가 날 위험이 없는 생선을 먹을 수 있다. 생선으로 만들었지만 냄새가 안 나는 식품이 존재하는데, 바로 게맛살이다. 17세기에 일본 사람들이 만든 게맛살은 애초에 생선을 보관하기 위해 생선을 가공하는 한 방식이었다. 생선을 잡자마자 머리를 떼어내고 속을 비운 다음 생선살을 민물에 씻어 피와 지방질, 결합 조직들을 제거한 뒤 압착하면 색깔이 하얗고 아무런 맛과 냄새도 없는 반죽이 만들어진다. 육지에 일단 도착하면 그 반죽을 빚어 향을 첨가한다.

생선 냄새를 줄이거나 제거하기 위한 민간 비법도 많다. 그중 여러 방법에서 등장하는 레몬은 요리할 때 팬이나 냄비에 넣거나 손에 즙을 발라 사용한다. 또 스테인리스 스틸을 사용하는 방법도 있다. 그런데 그 방법이 왜 통할까? 전혀 모르겠다. 누가 그 이유를 아는가?

74

그림자는 도대체 무엇을 감추고 있을까?

누구나 한 번쯤 경험해봤을 것이다. 자기 그림자를 쫓아 달려가는 일이 쓸데없다는 것을. 생명이 있든 없든 그 어떤 물질과도 뗄 수 없는 동반자인 그림자는 사실상 감추고 있는 것보다 드러내 밝혀주는 것이 훨씬 더 많다. 실제로 존재하면서도 동시에 비물질적인 그림자는 오늘날 인기를 끌게 된 가상 세계의 잘 알려지지 않은 최초 스타다. 하지만 상황이 항상 그렇지는 않았다.

그림자는 오랫동안 불길한 존재였다. 그림자는 어두운 의도를 감추고 있는 것이 분명했다. 기름 등잔이나 촛불의 흔들거리고 변화무쌍한 빛을 받아 생기는 변덕스럽고 가끔은 무시무시한 실루엣들이 벽 위에서 요란하게 춤추곤 했다. 그림자는 거의 독립적인 존재였다. 피터 팬은 그림자를 잃어버리고 분노하지 않는가? 만화 주인공인 루키 루크의 가장 큰 장기는 자기 그림자보다 더 빨리 총을 쏘는 것이 아닌가?

중세 아랍어로 그림자는 '추적자'를 뜻한다. 인도에서는 '불가촉 천민(가장 낮은 신분)'의 그림자가 '브라만(최고의 카스트)'에게 닿으면 브라만은 더러워졌다고 여겨 자신을 정화해야 한다. 그늘 속 인물homme de l'ombre과 그늘에 처박히는 일mise à l'ombre은 비슷하다. 그림자가 감탄의 대상이 되는 유일한 경우는 해시계다. 해시계가 '재깍'거리게 해주는 것이 바로 그림자이기 때문이다.

하지만 그림자 없는 세상을 어떻게 상상할 수 있겠는가? 그림자는 만물의 진정한 성질을 밝힌다. 바로 그림자가, 오직 그림자만이 우리를 에워싼 것들이 우리 눈에 입체감을 띠게 만든다. 그림자는 윤곽선을 그리고, 입체를 조각하고, 곡선을 둥글린다. 그림자를 이용하는 예술가인 사진가는 그림자를 조련하는 사람이다. 그림자가 없으면 산은 돌 더미에 불과하고 풍경은 밋밋하다. 그림자가 없으면 행성과 위성들은 표면이 우툴두툴하지 않을 것이다.

그림자와 식蝕

그림자가 화려하게 등장해 많은 것을 알려주는 경우 중 하나는 놀랍게도 의심의 여지 없이 일식과 월식이다. 프랑스는 그 사실을 2005년 10월 3일 월요일에 다시 한번 확인했다. 그날 태양은 대낮에 거의 완벽하게 사라졌다. 하지만 구름이 그 광경 여기저기에 그늘을 드리웠다. 태양의 원형은 밝은 고리로 변모했다. 달이 태양과 지구와 짜고 그 둘 사이 위치한 덕분에 펼쳐진 장관이었다.

지구에서는 물고기가 그 일식을 처음으로 만끽했다. 달의 그림자가 이루는 원뿔의 꼭짓점이 프랑스의 시각(9시 41분)으로 지구에서 북대서양에 가장 먼저 가 닿았기 때문이다. 그 원뿔의 중심은 포르투갈 북부와 스페인으로 빠르게 이동했다. 마드리드 사람들은 11시에 95퍼센트로 정점을 이룬 일식을 4분 11초 동안 경험했다. 5분 후 알제리의 알제 사람들은 태양이 3분 51초 동안 거의 완전히 사라지는 모습을 볼 수 있었다. 그다음에 달의 그림자는 튀니지와 리비아, 차드, 수단, 에티오피아, 케냐를 거쳐 인도양 한가운데에서 사라졌다. 이번에도 다시 한번 물고기에게 영예를 선사하며 말이다.

프랑스는 그림자가 이루는 원뿔의 중심에 위치하지 않았기 때문에, 프랑스에서는 부분 일식만 볼 수 있었다. 일식은 프랑스의 도시 릴(태양 원반의 2분의 1이 가려짐)이나 아미앵, 파리보다 툴루즈(태양 원반의 4분의 3이 가려짐), 바욘, 아작시오에서 더 심하게 일어났다. 태양은 9시 45분쯤 인사를 하고 몸을 숨겼다가 12시 30분쯤 다시 완전히 모습을 드러냈다. 이러한 장관을 (21세기에) 프랑스 땅에서 다시 보려면 수십 년을 기다려야 한다.

시간이 흐르며 사람들은 이러한 일식과 월식이 생기는 도중 관찰한 덕분에 지구가 둥글고 축을 중심으로 회전하면서 태양 주위를 돈다는 사실 등 여러 사실을 이해했다.

하지만 그림자가 천문학자인 것만은 아니다. 물리학자이기도 하고, 그 재치 덕분에 여러 분석을 할 수 있다. 그림자는 천체물리학자이고, 사람들은 바로 지구의 방패 그림자 속에서 우주의 숨겨진 물질 일부를 발견할 거라고 기대한다. 그림자는 화가다. 그림자가 최초로 그려진 그림의 기원인 동시에, 그림자를 반영하기를 오랫동안 기피한 화가들한테 골치 아픈 대상이기 때문이다. 그림자는 건축가이기도 하다. 1940년대 뉴욕의 건물들은 바닥에 그림자가 생기는 면적을 줄이려고 위를 향해 날씬하게 뻗어 있었다.

하지만 절대로 잊지 말자. 그림자가 우리를 저버릴 수도 있다는 사실을. 그런 일이 20세기 초 미국인 탐험가 로버트 피어리 Robert Peary에게 생겼다. 그는 1909년 4월 6일 북극에 도달했다고 단언했고, 그날 정오 북극에서 찍은 사진 한 장을 증거로 가져왔다. 그 사진에 찍힌 탐사대원들의 그림자를 연구한 결과, 그들이 북극에 있지 않다는 사실이 증명되었다. 의심의 그림자가 단 한 점도 없이 말이다.

75

얼음은 어째서 미끄러울까?

그 이유를 안다고 생각하는 사람이 많다. 하지만 그들은 예기치 않게 미끄러지거나, 심지어 굴러떨어질 위험이 있다. 가장 흔하게 제시되는 이유는, 우리가 사실상 얼음 위가 아니라 신발이나 스케이트의 압력을 받아 형성되는 물로 된 아주 얇은 층 위에서 미끄러진다는 것이다. 그 물로 된 층은 무거운 물체가 이동하자마자 곧바로 다시 언다고 한다. 이 가설은 일부 실험들로 확증되는 것처럼 보였지만, 현재 다른 실험들로 반증된다. 얼음의 미끄러움은 사람들의 마음에 불을 활활 지피고, 그에 대해 제시되는 가능한 세 가지 이유(가장 최근에 제시된 설명이 가장 흥미롭다)를 둘러싸고 숫자 싸움이 치열하다.

뭐든지 남들처럼 하는 법이 없는 물은 이번에도 자신만의 방식으로 우리를 놀라게 한다. 물의 특질은 엄밀한 의미에서 본 물의 화학적 구조(산소 원자 하나와 수소 원자 두 개로 이루어진 분자로, 분자 세계에서 가장 단순한 구조 중 하나)보다 물 분자들 사이 상호작용에서 주로 생긴다. 예를 들어 물은 그 구조에 따르면 상온 및 대기압에서 액체로 되어 있으면 안 된다. 또 다른 물의 독특한 특징 중 하나는 물의 고체상이 물의 액체상보다 밀도가 더 높다는 점이다. 그래서 얼음은 다른 액체 대부분의 고체상과 달리 물 위에 뜬다.

끊임없는 발레

물결이 하나도 일지 않는 고요한 액체 상태의 물을 충분히 강력한 현미경으로 관찰할 수 있다면, 물 분자들이 미친 듯 끊임없이 발레하는 모습을 보게 될 것이다. 물 분자들은 진동하고 제자리에서 회전하고 파트너를 바꾼다……. 기온이 내려가면 그러한 동요가 차츰 느려진다. 그러다가 섭씨 0도 아래에서 물 분자는 멈춘다. 하지만 얼음도 각양각색이다. 얼음이 형성될 때 받는 압력을 높이면 서로 다른 열한 가지 결정 형태를 얻을 수 있는데, 그 형태는 매우 정돈된 구조부터 명백한 질서 없이 무정형한 구조(지구의 중심부나 저 멀리 있는 행성들에 존재할 수 있을 것으로 보이는 결정 형태)에 이른다. 그런데 후자의 결정 형태를 띤 얼음은 물보다 더 무겁다! 여기에서 이해해야 하는 것은, 얼음이 압력을 받으면 더 쉽게 녹는다는 사실이다. 그런데 그러한 압력은 어떤 물체나 인간의 몸무게가 가하는 압력보다 훨씬 더 강해야 한다. 대기압보다 100배 더 강한 압력이라도 얼음이 녹기 시작하는 순간을 아주 조금 앞당길 뿐이다. 하지만 아주 작고 아주 가벼운 물체라도 얼음 위에서 미끄러질 수 있다.

얼음이 미끄러운 이유를 설명하려고 제시되는 또 다른 이유에서도 일시적으로 형성되는 물로 된 얇은 막이 언급되는데, 여기에서는 그렇게 물로 용해되기 위해 필요한 에너지가 압력이 아니라 미끄러지는 물체의 마찰력으로서, 얼음이 마찰해 일시적으로 더워지기 때문이라고 설명한다. 이는 실제로 존재하는 현상이지만, 얼음이 미끄러운 이유를 완벽하게 설명하지는 못하는 것 같다.

세 번째 설명은 최근에 제시되었다. 이 설명에서는 얼음의 분자 구조를 동원한다. 예를 들어 스케이트장 바닥의 표면에 위치한 얼음 분자들은 사방이 다른 분자들로 에워싸여 있지 않아 바닥 속에 더 깊이 있는 얼음 분자들보다 덜 '얽매어' 있다. 그 분자들은 움직임이 더 자유로워 완전히 물도 아니고 완전히 얼음도 아닌 아주 얇은 층을 자연스레 형성한다. 그래서 공기와 물 사이 경계면은 미끄럽게 만들기 위해 에너지를 추가할 필요 없이 그 자체로 고유한 물 층을 지닌다는 것이다. 그에 따르는 부수적인 결과로, 얼음은 미끄럽게 하기 위해 표면이 매끈할 필요가 없다.

미세한 물방울로 이루어진 매트

그러므로 사실상 두 가지 요인이 조합된다고 볼 수 있다. 그 요인은 얼음의 내재적 특질과 얇은 물 층을 형성할 가능성이다. 눈 위에서는 상황이 조금 다르지만, 근대 스키 제조업자는 스키의 밑바닥이 마찰로 생기는 물 층을 분할해 그 층이 하나의 막을 이루기보다 미세한 물방울들로 이루어진 일종의 매트로 변하도록 디자인한다. 막은 더 들러붙어 흡착 현상을 일으킬 수 있는 반면, 미세한 물방울들은 구슬처럼 구른다. 일부 드문 경우에는 얼음이 미끄럽지 않다. 심지어 얼음은 가끔 심하게 들러붙기도 한다. 얼음은 아주 차가우면 피부에 있는 물 분자들을 '냉동'시켜 손가락에 '들러붙을' 수 있다. 그때 생기는 현상은 얼음 위로 얼음 조각을 미끄러뜨릴 때 벌어지는 현상과 똑같다. 얼음 조각은 바닥의 얼음과 하나로 합쳐져 금방 멈출 것이다.

겨울 스포츠만 얼음의 진정한 면모를 탐색하는 연구들에 관심을 갖는 것은 아니다. 이 문제가 개입되는 또 다른 중요한 분야는 바로 지구의 기후 모델화다. 지구의 표면은 40퍼센트까지 얼음으로 뒤덮일 수 있고, 얼음은 높이 떠 있는 구름을 이루는 물 질량의 45퍼센트를 구성하기 때문이다. 바다 얼음은 평균적으로 해양의 7퍼센트를 뒤덮고 있다. 바다 얼음은 반사하는 특질을 지닐

뿐 아니라, 물과 대기 사이 교환을 상당히 많이 변화시킨다. 그러므로 물과 대기 사이 경계면의 정확한 특질을 아는 것은 세계 기후를 제대로 모델화하기 위해 무척 중요하다. 다행히 얼음의 미끄러움을 연구해 득을 보는 것이 빙상 경기인 컬링만은 아니다.

76

숫자는 어디에서 유래되었을까?

가격, 가치, 비용, 요금, 임금……. 킬로그램, 초, 미터, 면적, 부피……. 숫자가 없다면 우리 삶이 어떨까? 하지만 인류는 숫자를 사용한 기간보다 숫자 없이 지낸 기간이 훨씬 더 길다. 어느 정도까지는 숫자 없이 '세는 것'이 가능하기 때문이다. 인간은 바로 그런 방식으로 자기 부족의 구성원 수나 사냥에서 죽인 동물의 수, 무리에 속한 짐승의 수를 알았다. 사람은 자신이 어디쯤 있는지 파악하고, 거리를 가늠하고, 시간의 흐름을 측정해야 했는데, 이 모든 일을 숫자 없이 해내야 했다.

이른바 '원시적인' 어떤 부족들은 지금도 그런 방식으로 수를 헤아린다. 각종 연구에서 인간이 본능적으로 세 가지 '수량', 즉 하나, 둘, 여러 개를 구분한다는 사실이 드러난다. '여러 개'는 '하나'와 '둘'로부터 수량화된다. 즉 3은 1-2이고, 4는 2-2 등이다. 하지만 이런 방법으로는 큰 수를 수량화할 수 없다. 또 다른 방법은 어떤 매체에 새긴 홈을 '세는' 것이다. 2만 년에서 3만 5,000년 전의 오래된 뼛조각들을 발견했는데, 거기에는 일련의 홈이 새겨져 있었다. 이는 아마도 가장 오래된 '수를 헤아리는 기계'로 보인다. 동물을 표현한 프레스코 벽화 옆에서도 사냥한 동물의 수를 나타내는 선이 그려진 돌이 발견되었다.

일찍이 등장한 수를 세는 또 다른 방법은 바로 손가락이다. 많은 기수법이 10을 기본으로 삼는데, 이는 열 손가락에 의거하기 때문이다. 하지만 일부 사람들, 가령 마야족이나 켈트족은 (발가락 열 개를 더해) 20을 기본으로 삼아 수를 셌다. 어떤 기수법은 12 또는 60을 기본수로 삼는다(수메르인). 이로부터 한 시간의 60분, 1분의 60초, 원의 각도 360도가 유래했다.

숫자를 학습하는 그다음 단계는 기원전 8000년쯤 다른 물건(돌멩이나 나뭇조각 등)을 매개로 삼는 시기였을 것이다. 역사상 최초의 산술 방법은 짝짓기였다. 목동은 동물의 수만큼 돌멩이가 담긴 작은 주머니를 들고서 짐승을 몰고 떠났다. 그런 다음 되돌아와서 동물을 한 마리씩 우리에 넣을 때마다 주머니에서 돌멩이를 하나씩 꺼냈다. 주머니에 돌멩이가 남아 있으면 동물을 그만큼 잃어버렸다는 뜻이었다. 같은 방법이 군대에도 적용되어, 전사가 한 명 돌아올 때마다 돌멩이를 하나씩 꺼냈다.

0을 발명하다

기원전 네 번째 천년 중에 지금 알려진 가장 오래된 문자(상형 문자, 뒤이어 쐐기 문자)를 사용하던 수메르인은 숫자와 수를 나타내는 최초의 기호를 만들었다. 1의 자리는 직선으로, 10의 자리는 둥근 고리, 100의 자리는 구슬 모양 등으로 나타냈다. 이 기호들은 햇볕에 말린 점토판에 갈대 끝으로 새겨져 있었다. 돌멩이로 가득 찬 주머니가 주머니의 내용물을 언급한 내용이 적힌 '페이지'로 변모한 것이다. 하지만 수학으로 '진입'하려면 매우 중요한 '발명'이 이루어져야 했다. 바로 0의 발명이다.

알려진 바에 따르면, 바빌로니아인이 역사상 가장 오래전에 0을 사용했다. 맨 처음에는 0이 아무것도 없는 수량을 나타내는 기호이기보다 10의 자리 수, 100의 자리 수 등임을 표시하는 기호였다. 하지만 금세 수량이 없음을 뜻하게 되었다. 0은 다른 문명들에서도 신성 문자나 다른 문자 등 각기 나름의 문자 체계 틀 안에서 발견되었다.

선사 시대에 사용된 새긴 홈에서 유래했으나 수학적 계산을 할 수 있도록 다듬어진 로마 숫자는 오늘날 세기를 나타내는 용도 외에는 더 이상 잘 사용되지 않는다. 현재 사용되는 '아라비아' 숫자는 지금으로부터 16세기 또는 17세기 전에 인도에서 탄생한 표기법이 중동에서 변해 만들어졌다. 여담으로 말하자면, 그 숫자를 아랍어로는 '인도 숫자'라 부르고, 프랑스어로는 '아라비아 숫자'라 부른다.

흥미롭게도 프랑스어로 숫자를 뜻하는 단어 'chiffre'의 어원을 살펴보면 0을 발견한 일이 얼마나 중요했는지 알 수 있다. 그 단어는 아랍어 'sifr'에서 유래했고, 이 아랍어는 인도에서 기원한 단어 'sunya'에서 유래하는데, 'sunya'는 '비어 있음'을 뜻한다. 더욱이 15세기 초까지도 프랑스어 cifre 또는 chifre는 여전히 그 애초의 뜻인 아무것도 없는 수량이라는 뜻으로 이해되었고, 1491년에야 'chiffre'가 수nombre를 구성하는 요소들을 가리키기 시작했고, 그와 동시에 (진정한 의미의) 0이 등장한다.

일부 공연 무대에 등장하는 동물들을 제외하면 동물은 수를 셀 줄 모르지만, 수 감각을 어느 정도 지닌 동물은 많다. 까마귀나 까치도 그에 속한다. 유명한 일화 하나가 이 사실을 완벽하게 예증한다.

까마귀 한 마리가 어느 성의 망루에 둥지를 틀었는데, 그 성의 주인은 까마귀를 쫓아버리기로 결심했다. 하지만 성주가 망루로 갈 때마다 까마귀는 도망쳤고, 성주가 떠나기를 기다렸다가 둥지로 되돌아왔다. 성주는 까마귀를 속이려고 도우미 한 사람을 고용했다. 두 사람이 함께 망루에 갔다가 도우미만 망루에서 나왔다. 하지만 까마귀는 속지 않았고, 까마귀가 돌아오기를 기다리다 지친 성주가 망루를 떠날 때까지 기다린 뒤에야 둥지로 돌아왔다. 세 사람이 협동해도 결과는 마찬가지였다. 하지만 까마귀는 4 또는 5 이상은 '셀 줄' 몰랐기에 결국 붙잡혔다. 그러니 속지 않으려면 수를 셀 줄 아는 편이 낫다.

77

잔에 남은 커피 찌꺼기를 보고 과학적 발견을 할 수 있을까?

어떤 사람이 어느 과학자에게 어디에서 어떻게 과학적 발견을 할 영감을 얻느냐고 물었더니, 그가 간단히 대답했다. "잔에 남은 커피 찌꺼기를 보면서요."(유럽에서는 커피를 마시고 바닥에 남은 찌꺼기로 점을 치는 미신이 잘 알려져 있다—옮긴이) 질문을 교묘하게 피해 가려던 것일까? 거만하게 보이거나 농담을 하려던 것일까? 전혀 그렇지 않다. 그가 말한 '커피 찌꺼기'는 사실상 '커피 타임(또는 티타임teatime)'을 뜻했다. 커피 타임은 시간 낭비일까? 규정상 의무일까? 우리 마음속에 웅크리고 있는 게으름뱅이에게 양보하는 일일까?

전 세계에서 가장 큰 실험실부터 조그마한 실험실에 이르기까지, 이름도 들어본 적 없는 연구소부터 최고로 명망 높은 연구소에 이르기까지 (거의) 모든 곳이 커피 타임을 무척 중요하게 여긴다. 어떤 기관들은 커피 타임에 쓸 장소와 시간, 커피 타임이 이루어지는 정확한 방식과 규칙을 정함으로써 커피 타임을 '제도화'했다. 어떤 기관들에서는 이런 만남이 조금 더 비형식적으로 이루어진다. 그리고 어떤 기관들에서는 음악이나 칠판, 과자 등 이런저런 요소를 더한다. 그 시간이 너무나 중요하기에 서로 다른 커피 타임'파'들이 만들어져 커피 타임을 어떻게 조직할지 열렬하게 논쟁을 벌인다.

그러한 커피 타임은 단순히 긴장을 풀며 사람들을 만나는 시간, 또는 더 효율적으로 일하려고 카페인을 충분히 섭취하는 기회가 아니다. 연구자 대다수의 견해에 따르면, 커피 타임은 발견으로 가는 길에서 창조에 중요한, 심지어 필수적인 시간이다. '유레카'를 일으킨 순간을 '장황하게 전하는' 여러 일화에서 커피 타임이나 다른 사람들과 긴장을 풀며 나눈 대화, 생각들을 비교하고 대조한 일, 자신의 연구 분야가 아닌 다른 분야를 접한 일 등이 언급된다.

학계도 압박이나 경쟁, 시한 등을 피할 수 없다. 다른 곳과 마찬가지로 그곳에서도 사람들은 시간에 쫓기고 자칫하면 시간이 전혀 없을 수 있다. 그러므로 가끔은 연구자들이 억지로라도 '휴식'을 취하고 자기 연구실의 시험관이나 방정식으로부터 시선을 들어 다른 곳을 바라보도록 만들어야 한다. 바로 이 때문에 여러 연구소가 매일 일정한 시간에, 보통 오후 중간쯤에 사람들이 서로 만나도록 제도화했다.

예를 들어 미국 시카고 인근의 도시 버테이비아에 있는 페르미랩Fermilab의 경우가 그렇다. 이 연구소는 고에너지 입자물리학을 연구하는 대규모 연구소인데, 강력한 입자 가속기 테바트론Tevatron을 보유하고 있다. 그곳에는 '휴식'을 위한 방 하나가 마련되어 있고, 벨이 울려 휴식 시간이 시작되었음을 알린다. 프랑스에서는 수학과 이론 물리학 분야에서 최고의 연구 센터 중 하나로 에손주 뷔르쉬르이베트에 위치한 고등과학연구소Ihes의 경우가 그렇다. 매일 오후 4시에서 5시에 여러 국적의 연구자들은 (알코올이 없는) 음료수를 마시고 과자를 먹으며 자신의 연구에 대해 대화를 나누도록 초대받는다. 케임브리지 대학교에서는 하루에 두 번 15분간 휴식 시간이 주어진다.

역시 강력한 입자 가속기를 보유한(현재 가장 강력한 입자 가속기인 대형 강입자 충돌기Large Hadron Collider, LHC를 보유하고 있다) 유럽 입자물리학연구소Cern(제네바 근처 프랑스와 스위스 국경 지하에 위치)에서는 정확히 정해진 커피 타임은 없지만 방 하나가 커피 타임을 위해 특별히 마련되어 있다. 사람들은 그곳에 가면 언제든 다른 연구자들을 만날 수 있다. 이러한 방법은 연구소의 건물 구조가, 가끔 '어항'이라고도 불리는 중심에 위치한 방을 둘 수 있는 구조여야만 가능하다. 그 방에는 거의 항상 보드(흑판보다는 화이트보드)가 하나 마련되어 있다. 그곳에서 이루어지는 토론은 비형식적이며 반드시 과학만 논의되는 것도 아니다.

새로운 공격 방향

다른 곳과 마찬가지로 그러한 장소에서는 정보가 유통된다. 그곳에서는 학생과 박사 논문 준비자, 연구자, '사장님'들, 행정 업무 담당자 등이 한데 어울리기 때문이다. 또 모든 사람이 다가서기가 조금 더 쉽다. 그곳에서는 논의가 매우 활기를 띠고 논쟁이 벌어지게 마련이다. 또 '좋은' 아이디어가 탄생하기도 한다. 서로 다른 분야 연구자들과 비전문가들이 함께 있다는 점도 높이 평가된다. 연구하면서 스스로 제기하는 질문을 다른 말로 표현해 봄으로써 가끔은 그 문제를 바라보는 새로운 관점과 접근 방향을 찾아낼 수 있다. 일에 코를 덜 '처박고' 스스로 얼마간 자유를 허용함으로써 우리는 더 창조적이 된다.

일부 실험실에는 이런저런 이유 때문에 위와 같은 커피 타임이 따로 주어지지 않는다. 그러면 연구자들은 깨닫지 못한 채 그런 시간을 만들어낸다는 사실을 알 수 있다. 가령 점심을 먹으면서 그런 시간을 가질 수 있다. 또 그러한 만남이 이루어지는 곳이 전혀 '예상치 못한' 장소일 수도 있다.

학생과 연구원들을 위해 마련된, 파리 원교에 위치한 연구소들과 파리 사이를 왕복 운행하는 어느 셔틀버스 안이 그랬다. 김이 서려 자주 부옇게 변하는 그 버스의 유리창은 흑판으로 사용되었다. 교토 대학교의 일본 연구자들은 커피 타임처럼 느슨해진 마음 상태로 통신회의를 할 수 있는 시스템을 마련했다. 이 시스템에서는 서로 다른 발언자들의 영상이 3차원 공간을 나타내는 커다란 스크린에 배치된다. 그들은 모두 서로를 보고 서로를 향해 돌아설 수 있으며, 그 공간 안에서 이동하고 언제든 발언할 수 있다. 그리고 커피도 마실 수 있다…….

78

유리는 어째서 투명할까?

유리는 고체이고 단단하며 자르거나 긁힌 자국을 낼 수 있는 재료다. 우리는 유리를 깨뜨리지 않는 한 그것을 통과해서 지나갈 수 없다. 그렇다면 빛은 어째서 유리를 통과할까? 유리를 구성하는 요소 중 어느 것도 그 자체로 투명하지 않은데 말이다. 바로 그 요소들이 섞이고 매우 특별하게 배치되는 방식 때문에 유리는 (우리에게 여전히) 모호하고 역설적인 성질을 띠게 된다. 모호한 이유는 물리학자들도 그 성질을 완벽하게 이해하지 못하기 때문이다. 역설적인 이유는 유리가 고체처럼 보이지만 액체 구조를 지니기 때문이다.

하지만 유리는 흐르지 않는다. 어쨌거나 너무 느리게 흘러 맨눈으로는 그 모습을 볼 수 없다. 유리는 흐르지 않으면서 흐르기 때문이다. 아니, 그보다 유리는 제 부피를 그대로 유지하면서 내부에서 끊임없이 재조직된다고 말해야 할 것이다. 어떤 사람들은 일부 오래된 유리창의 아래쪽이 윗부분보다 더 두꺼운 것을 수세기가 흐르면서 중력의 영향으로 유리가 흘러내린 증거로 여기기도 했다. 하지만 이는 전혀 사실이 아니다. 게다가 어떤 유리창은 위쪽이 아래쪽보다 더 두껍다. 이는 단순히 그 시대의 유리 제조 기법 때문이다.

유리를 만들려면 모래를 녹여야 한다. 조금 더 정확히 말하면, 그 모래는 규사다. 규사는 매우 높은 온도인 섭씨 1,750도에서 녹는다. 그 융해 온도를 낮추려고 탄산나트륨이나 가성 칼륨 같은 '용제'를 더하면 유리는 약 섭씨 1,000도에서 녹아 진짜로 흐른다. 유리에는 유리의 '화학적 비활성'을 강화하는 칼슘이나 알루미나, 또는 유리의 광택을 강화하는 납, 열로 인한 팽창 효과를 감소시키는 붕소(파이렉스Pyrex 유리 같은 특수 유리에 사용된다) 같은 다른 첨가물을 더할 수도 있다. 여러 다른 금속염으로 유리를 착색할 수도 있다(구리염을 사용하면 고대 이집트에서 사용된 이집션 블루egyptian blue색을 낼 수 있다).

모래가 일단 녹으면, 얻어진 액체가 투화透化, vitrification하도록 냉각한다. 물리학자에게 문제가 되는 것은, 물이 섭씨 0도 이하로 내려가면 얼음으로 변하는 것과 달리, 액체 상태의 모래가 유리로 변하는 온도를 정확히 규정할 수 없다는 사실이다. 액체 유리를 냉각하는 속도에 따라 투화 온도는 변한다. 빨리 냉각할수록 투화는 더 높은 온도에서 이루어진다(이렇게 하는 것이 권장된다).

역사상 유리는 항상 투명하지 않았다

투명함의 문제를 거꾸로 살펴보자. 어째서 재료 대다수는 투명하지 않을까? 그 재료들의 분자가 서로 너무 바짝 붙어 있어 지나갈 틈이 없는 것일까? 아니다. 불투명한 재료도 원자 수준에서 보면 대부분 빈 공간으로 이루어진다. 그렇다면 빛이 재료 안에서 미궁처럼 길을 잃는 것일까? 이와 약간 비슷하다. 빛은 원자에 들어 있는 전자들과 상호작용을 하는데, 그 과정에서 '손해를 본다'. 전자들이 빛으로부터 에너지를 '빨아들이는' 것이다. 빛은 피를 빨린다. 그러므로 투명한 재료는 그 원자들이 광선에 무관심한 것이다.

유리가 가시광선에 그렇게 무관심한(하지만 가령 적외선에는 무관심하지 않은) 이유는 주로 유리의 놀랍고도 희귀한 구조 때문이다. 쉽게 드는 생각과 달리, 유리의 원자들은 무척 질서 정연한 결정 구조(가령 다이아몬드)가 아니라 액체 안에서처럼 특별한 질서 없이 배치되어 있다. 물론 이 '액체'는 고정되어 있지만, 기본적으로 그 원자들이 움직이지 못할 이유는 없다고 물리학자들은 단언한다. 유리는 고체 상태와 액체 상태를 오가기 때문에, 말하자면 자신이 처한 상태에 결코 만족하지 못한다. 유리의 투명성은 예외적으로 무질서가 승리한 결과다. 이러한 유리의 '변덕스러움' 때문에 중요한 결과가 생기는데, 바로 유리가 노화한다는 것이다. 그래서 유리는 여러 다른 재료가 노화하는 현상을 연구하기 위한 좋은 모델이 된다.

유리가 투명하려면, 균질하고 기포나 미소 결정이 들어 있으면 안 된다. 그러므로 제조할 때 충분히 높은 온도에 도달할 수 있어야 한다. 오랫동안 유리 제조자들은 고립된 장소에 정착해 살았다. 작업실의 화재 위험이 높기 때문이기도 하지만, 제조 비법을 은밀하게 보존하기 위해서였다. 가령 베네치아에서는 13세기에 유리 제조자들이 무라노섬에 모여 살면서 섬을 떠나는 일이 금지되어 있었고, 섬에 배를 대는 일도 심한 감시를 받았다.

유리의 투명성에 관한 무시할 수 없는 마지막 측면은 바로 온실 효과다. 투명한 유리가 없다면 유리창도 없을 것이다. 그리고 유리창이 없다면 온실도 없을 것이다. 따라서 온실 효과도 생기지 않을 것이다. 농부에게뿐만 아니라 우리 지구에도.

79

급수탑은 조만간 사라질까?

급수탑은 큰 것도 있고 작은 것도 있다. 또 오래된 것도 있고 얼마 안 된 것도 있다. 날씬한 것도 있고 통통한 것도 있다. 돌로 지어지거나 콘크리트, 금속으로 지어질 수도 있고, 탑이나 로켓, 비행접시를 닮거나…… 아무것도 닮지 않을 수도 있다. 프랑스의 유럽 본토에는 급수탑이 약 1만 6,000개 있다고 추정된다. 급수탑은 프랑스의 거의 모든 가정에 식수를 공급하는 시스템의 주요 구조물로, 눈에 무척 잘 띈다. 급수탑은 외관이 풍광을 해친다는 이유로 자주 논란의 대상이 되었지만, 무척 유용해서 결국 도처에 설치되었다. 게다가 건축 자재가 진보함에 따라 어떤 급수탑은 그야말로 건축학적 쾌거라 할 만하다. 하지만 프랑스에서는 급수탑을 점점 덜 짓고 있다. 그렇다면 급수탑은 사라질 위험에 처해 있을까?

급수탑은 환상적 자연력인 중력과 아주 단순한 물리학 원리인 연통관 원리를 활용한다. 급수탑은 일단 높은 곳에 설치한 물탱크다. 그 용량은 물 수백 세제곱미터부터 수천 세제곱미터에 이른다. 저수탑은 영토에서 지대가 높은 지점에 설치되어 다른 형태의 에너지를 가하지 않아도 오로지 중력의 작용만으로 담긴 물을 수 킬로미터 떨어진 곳까지, 저수탑보다 낮은 곳에 있는 모든 수도꼭지로 보낼 수 있다.

이것은 인간이 물을 다스리는 필수적인 통제력을 얻으려고 시도하며 태곳적부터 사용한 기술이다. 처음에는 거주 장소를 향해 물이 흐르도록 물의 방향을 바꾸었다. 모든 위대한 문명이 그 기술에 도전했다. 기원후 100년에 로마에는 수도교가 19개, 저수탑이 250개, 분수가 1,352개 있었다. 그리고 부유한 로마 시민의 저택에는 수도 시설이 갖추어져 있었다.

점점 번져 나간 아이디어

하지만 대다수 사람은 아주 오랫동안 강이나 우물로 가서 물통에 물을 담아 힘겹게 가져다 생활했다. 중세부터 19세기까지 프랑스에서 그 소중한 물을 배급하는 일은 무수한 '물 운반인'이 주로 담당했다.

급수탑의 비약적 발전이 철도 발달과 긴밀하게 연관되어 있다는 사실은 잘 알려져 있지 않다. 기관차는 많은 양의 물이 필요했다. 기관차의 물탱크를 규칙적으로 채워야 했기 때문이다. 그래서 철로를 따라 높은 지대에 설치한 물탱크가 등장하기 시작했다. 그리고 그 아이디어는 기름 자국처럼 번져 나갔다. 하지만 1930년 프랑스 코뮌commune의 23퍼센트만 가정까지 연결되는 급수 체계를 갖추었고, 1945년에도 농촌 지역 코뮌의 70퍼센트에 여전히 수도 시설이 없었다. 프랑스인 거의 대부분이 가정에 수도 시설을 갖춘 것은 1980년대 말이다.

따라서 1950년대, 1960년대, 1970년대에는 급수탑 건설이 크게 발달했다. 이렇게 시간이 오래 걸린 이유는 무엇보다 배관망에 수압을 가하는 기술이 개발되지 않았기 때문이다. 그리고 높이 10미터는 추가적인 압력을 1바bar(대기압에 해당하는 압력) 가하기 때문이다. 참고로, 수도꼭지로 나오는 물은 압력이 2~3바이면 괜찮다고 여겨진다. 이것은 사는 곳의 층수에 따라 수압이 다른 이유이기도 하다. 따라서 그 당시에는 높은 곳에 급수탑을 최대한 많이 지어야 했다. 하지만 그 후 수도망의 내부 압력 유지 장치가 크게 진보하면서 급수탑의 두 가지 결점이 드러났다.

첫째는 급수탑을 건축하는 데 비용이 많이 들고, 둘째는 물이 급수탑에서 저절로 흘러내리지만 수원이나 지하수층부터 수십 미터 높이에 있는 급수탑의 물탱크까지 물을 운반해야 한다는 점이었다. 더욱이 물탱크는 지반이 높은 곳에 있어 물을 그 높이까지 끌어 올리려면 비용이 들었다.

일정한 수압

그래서 식수 배급을 확보할 목적으로 최근에 지은 물탱크 대부분은 지표 높이에 위치하며, 대부분 물탱크의 절반 또는 전체가 땅속에 묻혀 있다. 그러면 물탱크에 물을 채우는 데 비용이 훨씬 적게 든다. 물탱크는 하수를 처리하는 시설 내지 공장에 인접해 있을 수 있다. 물론 강력한 펌프를 사용해서 수도망에 수압을 가해 유지해야 하지만, 거기에 필요한 기술은 이제 완전히 정착되어 있다.

그러므로 급수탑은 이제 사라질 수밖에 없다고 생각할 수 있다. 하지만 그렇지 않다. 일드프랑스 상수도협의회Syndicat des eaux d'Île-de-France(이용자 400만 명, 배관망 길이 9,000킬로미터, 매일 10억 리터의 상수를 배급한다)의 설명에 따르면 급수탑은 여전히 여러 측면에서 유용하다. 예를 들어 수돗물 생산시설에 문제가 생기면, 급수탑을 이용해 보통 12시간에서 24시간 동안 각 가정에 물을 공급할 수 있다.

급수탑은 다른 급수탑을 채우는 데도 사용된다. 이렇게 해서 수도망 내부의 압력을 일정하게 유지한다. 또 급수탑은 물의 품질을 개선하는 데도 기여한다. 급수탑은 침전물을 가라앉혀 물을 맑게 거르고, 물의 품질을 확보하는 역할을 하는 물질들과 물이 한 번 더 접촉하게 만들기 때문이다. 그러니 급수탑이여, 장수하기를!

80

포도주는 어째서 변질될까?

맛이 좋은지 맛이 없는지 알아내는 문제는 과학자들의 발밑에 깊이를 헤아릴 수 없는 심연을 펼치며 그들이 식은땀을 흘리게 한다. 그에 대한 대답은 "모른다"일 가능성이 크다. 모두가 알고 있듯, 요리는 많은 기초적 과학 분야를 결합하는 기술이다. 화학은 물론이고 물리학, 신경생리학 등 여러 분야가 개입된다. 그리고 과학은 오븐 안에서 무슨 일이 벌어지는지 밝혀낼 뿐 아니라, 요리를 더 잘하고 심지어 새로운 요리를 만들어내도록 도울 수도 있다.

고기의 숙성 정도를 어떻게 알까? 고기를 구울 경우, 언제 소금을 쳐야 할까? 초반에? 아니면 거의 다 구워졌을 때? 가루가 엉겨서 생기는 멍울은 어떻게 제거할까? 바닷가재는 익히면 왜 빨개질까? 이 모든 질문에 과학은 해답(해답의 시초)을 줄 수 있다.

설명부터 살펴보자. 예를 들어 포도주는 어째서 코르크 마개 bouchon의 악취가 나도록 변질될까(이렇게 변질되는 것을 프랑스어로 '부쇼네bouchonné'된다고 한다—옮긴이)? 코르크 마개 때문일까? 뜻밖에도, 항상 그런 것은 아니다. 곰팡이 또는 부패한 코르크를 연상시키는 그 불쾌한 뒷맛을 나게 하는 분자는 포도주가 발효되는 나무로 된 양조 통 안에서 곧바로 생길 수도 있기 때문이다.

그것은 극도로 강하고 냄새가 심한 페놀과 결합한 염소가 들어 있는 분자로 주로 이루어진다.

페놀은 반응성과 향이 무척 강한 들떠 있는 분자다. 타닌과 대마초, 위스키뿐 아니라 아스피린이나 일부 폭발물에도 들어 있으며, 극도로 적은 양만 있어도 냄새가 느껴진다. 그리고 그 농도에 따라, 가령 기분 좋은 낡은 가죽 냄새부터 불에 탄 고무의 역겨운 냄새에 이르기까지 좋거나 나쁜 맛과 향을 부여한다. 페놀은 또 사과 같은 과일이 갈색으로 변하는 원인이기도 하다. 이렇게 색이 변하는 이유는 과일이 효소의 활동으로 인해 산화(공기에 들어 있는 산소와 반응한다)하기 때문이다. 산화 방지제인 레몬즙은 그러한 갈변을 늦춰준다.

그렇다고 해도 책임이 있는 것은 흔히 코르크 마개다. 과학적으로 분석한 결과, 그 코르크 맛이 발달하려면 아주 많은 분자가 상호작용한다는 사실이 밝혀졌다. 그러한 복잡성 때문에 포도주를 병에 담기 전 어떤 마개에 결함이 있는지 알아내기란 불가능하다.

'시원한' 분자

초여름에 어떤 음료수, 특히 멘톨 맛과 향이 나는 음료를 마시면 어째서 산뜻한 기분이 들까? 멘톨 맛이 나는 음료를 한 잔 가득 마시거나 멘톨 향이 나는 추잉 껌을 씹으면 확실히 시원한 느낌이 든다. 하지만 이 모든 것은 착각이다. 정교한 신경생리학 연구를 실시한 결과, 멘톨 유형의 분자는 외부 온도를 감시하는 역할을 하는 신경의 연결을 '해킹'한다는 사실이 밝혀졌다. 그 '시원한' 분자들은 신경-온도계에 있는 수용기에 작용해, 말하자면 신경이 온도가 낮아졌다고 믿게 만든다. 그래서 온도를 감시하는 그 보초들은 뇌에 '더 서늘하다'라는 메시지를 보낸다. 이 메시지는 물론 반갑게 받아들여지고 의식적인 감각 기관으로 전송된다. 멘톨 향을 좋아하지 않는 사람들에게는 다행스럽게도 이러한 연구들이 이루어진 덕분에 멘톨 향이 나지 않는 시원한 분자들을 개발할 수 있을지 모른다.

방정식으로 풀어내는 소스

과학에서 또 다른 큰 '도전'은 바로 소스 연구다. 소스를 만드는 조리법은 수백 가지가 넘을 뿐 아니라, 그 대부분을 만들려면 서로 다른 아주 많은 재료를 여러 조작법으로 다뤄야 한다. 그런데 '분자 미식학'을 창시하고 소스를 방정식으로 나타낸 연구자 에르베 티Hervé Thys는 소스의 범주를 기본적으로 23개'뿐'이라고 보았다.

하지만 아직 탐색되지 않은 요리 영역이 많이 남아 있다. 요리의 '규칙'과 거의 정반대되는 '소스 물eaux-de-sauce', 즉 소스의 액체 부분이 그렇다. 실제로 소스 조리사는 지나치게 묽지도 않고 지나치게 굳지도 않은 소스를 만들어야 한다. 그리고 소스는 다양한 요소로 다시 분해되지 말고 그대로 유지되어야 한다. 이 때문에 소스의 액체 부분이 미각과 조리법 측면에서 새롭고 흥미로운 특질을 지닐 수 없는지 알아보려는 생각을 하게 되었다. 그 결과는 무척 감미롭다고 한다.

81

지구의 중심에서는 무슨 일이 벌어질까?

지구의 중심은 그 자체로 하나의 세계다. 자기만의 고유한 규칙이 있고, 법적(물리학과 화학의 법칙) 금지 사항과 서로 다른 계급 등이 있는데…… 이는 그 바깥에 존재하는 것, 아니 그보다 더 위쪽에 존재하는 것과 전혀 다르다. 테니스공 안에 무엇이 있는지 알고 싶고 그게 정말 궁금하다면, 단순한 해결책이 하나 있다. 테니스공을 그냥 열어보면 된다. 그러나 지구에 대해서는 이런 방법을 쓸 수 없다. 지구는 지름이 (평균) 약 1만 2,700킬로미터다. 인간의 평균 신장보다 700만 배 더 긴 길이다. 게다가 지구의 심층부는 초강력 금고 안에 들어 있다고 보면 된다. 언젠가 그 금고를 여는 숫자 조합을 알아내기를 기대한다. 그것이 존재한다면 말이다.

반세기 전부터 지구 중심 탐사 분야에서 이루어진 과학적 발전을 과소평가하는 것은 아니지만, 현재 우리가 유일하게 확신할 수 있는 점은 지구의 중심으로 '인간이 포함된 탐사대'를 보내는 일이 조만간 이루어지지는 못할 거라는 사실이다. 해저 여행, 우주와 달을 향한 여행과 달리 말이다…….

직접 관찰은 포기할 수밖에 없다. 사용할 수 있는 다른 방법으로는 일단 지표면의 뜨겁거나 차가운 암석의 구성 성분을 연구해볼 수 있다. 그런 다음 청진을 한다. 즉 지구를 뒤덮은 얇은 껍질에 귀를 대고 그 박동 소리를 측정하고 이해하려 시도하는 것이다. 벽을 두드려 속이 꽉 차 있는지 비어 있는지 알아보듯, 지진파를 분석함으로써 눈에 안 보이는 것을 묘사할 수 있다. 하지만 그래도 우리가 아는 정보가 너무 적기 때문에 지하의 거의 모든 층에 대해 논쟁이 분분하다. '씨'를 둘러싼 논쟁이 특히 심하다.

씨 하나…

일단 과학자들이 이제껏 재구성하는 데 성공한 것들을 정리해보자. 우리 행성의 내부는 서로 다른 층들로 이루어진다. 각 층의 높이는 주로 지구가 진동할 때 각 층이 '공명'하는 현상에 근거해서 알아낸다.

깊이 5,100킬로미터 이상(그리고 최대 6,400킬로미터)에 위치하는 지구의 중심에는 거대한 고체 공이 있는데, 그것은 지름이 약 2,500킬로미터(거의 달의 크기)이고 그만한 깊이에서 '허용되는' 유일한 재료인 철이 주성분이다. 그 공은 두께가 약 2,200킬로미터인 두꺼운 껍질로 둘러싸여 있다(씨와 그 껍질을 합하면 지구 질량의 거의 33퍼센트에 이른다). 그곳의 환경은 끔찍하다. 씨 바로 위쪽에서 껍질을 구성하는 재료는 아주 뜨겁고(섭씨 5,000도 정도) 전기를 통과시키는 액체다. 그 껍질 안에서 씨가 움직이면서 생기는 다이너모dynamo 효과 덕분에 지구 자기장이 생긴다고 생각된다. 자기장은 우주에서 오는 모든 종류의 입자로부터 우리를 보호해준다. 게다가 자기장이 과거에 변화해온 양상을 살펴봄으로써 그 다이너모 효과의 크기와 역학을 알 수 있다.

껍질 안에서 '자유로운' 씨는 지구와 같은 방향으로 회전할까? 그렇다면 어떤 속도로? 과학자들은 이 문제를 붙들고 씨름하고 있다. 최근에 이루어진 어느 연구는 지진을 관찰한 내용을 바탕으로 지구의 중심이 지표보다 아주 조금 더 빨리 회전한다(1,000년마다 한 바퀴 더 돈다)는 것을 증명하려 했다. 하지만 그 결론은 즉시 다른 여러 전문가에게 반박당했다.

…그리고 외투 한 벌

씨와 씨를 감싼 껍질을 외투가 둘러싸고 있다. 이는 무척 두꺼운 옷으로, 지구 질량의 65퍼센트를 차지한다. 그곳의 온도는 섭씨 2,000~3,000도다. 이 부분은 씨에 대해 일종의 대기에 해당한다고 볼 수 있다. 공기 중에서와 마찬가지로, 이곳에서는 대류 '구름'이 작용한다. 열과 압력 때문에 씨의 껍질 가까이 있는 재료들이 융해해 위로 올라갔다 대부분 냉각해서 다시 내려간다. 그런데 그 재료들은 이따금 더 위쪽에서 무슨 일이 벌어지는지 가서 살펴보겠다고 '결심할' 수도 있다. 끓는 우유의 표면에 얇은 막이 생기듯, 그 '대기' 위에 (지구 질량의 0.5퍼센트도 안 되는) 얇은 고체 막이 형성되었기 때문이다. 그 막은 외투가 움직이는 힘의 작용으로 조각난 채 움직여 대륙들을 탄생시켰다. 대륙들의 두께는 평균 50킬로미터(에펠 탑의 150배)지만 200킬로미터까지 이를 수 있다.

그 오렌지 껍질 위에서 지내는 인간은 이제 새로운 도구를 사용해 지구의 심층부를 탐색하고 있다. 바로 시뮬레이션이다. 우리는 지구 속 수천 킬로미터에서 지배적인 온도와 압력 조건을 실험실에서 현재 거의 그대로 재현해 그곳의 양상을 유추할 수 있다. 그러니 지구의 중심으로 향해 가는 지름길은 이미 우리 손안에 있는지도 모른다.

82

수소는 미래의 에너지원일까?

어떤 이들은 그렇다고 믿고, 다른 이들은 믿지 않는다. 믿지 않는 사람의 수가 점점 줄기는 하지만, 사실 이 문제를 과학적·기술적으로 정리하는 일은 매우 까다롭다. (기술적으로) 불확실한 지점이 아직도 많고, (경제적·산업적) 쟁점은 엄청나며, 그 실현은 아직 멀기(따라서 상당히 비밀스럽기) 때문이다. 하지만 그 분야에서 활동하는 모든 주체는 미래가 결정되는 시기가 바로 지금임을 잘 알고 있다.

수십 년이 지나 21세기 중반 이후 지구 행성의 거주민이 사용할 주요 에너지원은 무엇일까? 앞으로 고갈될 석유와 그 비용이 계속 올라가는 가스, 보일러로 되돌아오려고 과감히 시도하는 석탄, 느리게 자리 잡아가는 재생 에너지(태양열, 풍력, 지열, 조력, 바이오매스), 아직은 불확실한 다른 미래 지향적 계획들 사이에서 벌어지는(단지 말싸움에 불과하지 않은) 싸움은 격렬하다.

물론 모든 형태의 에너지가 필요할 것이다. 하지만 현재 우리를 진정으로 꿈꾸게 만드는 에너지 형태는 단 하나, 바로 수소다. 수소는 존재하는 모든 원자 가운데 가장 단순한(그리고 가장 풍부한) 원자이기 때문이다. 수소 기체 분자는 두 개의 동일한 수소 원자로 이루어진다. 화학적으로 H_2라고 표기하는 수소 분자는 태양과 물에 모두 가장 많이 존재하는 물질이다. 물은 수소 원자 두 개에 산소 원자 하나의 비율로 구성된다(H_2O). 이 사실은 이미 18세기 중반에 발견되었다. 1783년 몽골피에 형제가(화학자 샤를 몽골피에Charles Montgolfier 덕분에) 수소를 이용해 고무를 입힌 실크로 만든 공들을 공기보다 더 가볍게 만들어 띄웠다는 사실을 현재 그 누가 기억할까? 프랑스어로 수소를 뜻하는 단어 '이드로젠hydrogène'은 어원상 '물을 생성하는'이라는 뜻으로, 그 현상을 발견한 화학자 라부아지에가 지었다.

그 후 물에 전류를 통하면 수소와 산소를 분리할 수 있다는 사실을 알게 되었다(수소 생산 기법). 반대로, 산소와 수소를 다시 결합시키면, 물이 생길 뿐 아니라 전기와 열도 얻을 수 있다(연료 전지의 원리).

연료 전지

'H_2'가 전면에 등장하도록 발판을 마련한 것은 바로 우주 정복 계획이다. 우주 정복 계획으로 '연료 전지'에 대한 꿈을 향한 전진이 사실상 시작되었다. 제미니Gemini 우주선에 처음 사용된 연료 전지는 현재 거의 모든 우주 비행체에 사용된다. 지구에서 현재 수소는 암모니아 생산 공장과…… 석유 정제 공장에서 휘발유와 경유, 심지어 메탄올을 제조하기 위해 주로 그 화학적 특질만 사용된다. 하지만 수소가 지닌 에너지를 생성하는 특질은 제대로 활용되지 않고 있다. 수소는 연소하면 천연가스보다 두 배, 석탄보다 다섯 배 더 많은 에너지를 발산한다. 따라서 수소는 거의 이상적인 연료라는 생각이 든다.

하지만 실상은 그렇지 않다. 수소에는 숨은 '결점'이 있고, 이는 그 특질과 연관된다. 수소는 '참을 수 없는 가벼움'을 지녔다고 말할 수 있을 터이다. 수소는 천연가스보다 다섯 배 더 쉽게 불이 붙는다(하지만 수소는 공기와 함께 갇혀 있지 않으면 천연가스보다 덜 위험하다). 수소는 너무 가벼워 매우 엄격하게 저장되어야 한다. 아주 작은 구멍으로도 빠져나가기 때문이다. 따라서 수소가 차지하는 부피와 무게, 생산 비용, 전지나 배터리에 활용하기 위한 재활용 측면에서 기술적 어려움이 생긴다. 그리고 수소를 연소하면 오염 물질이 발생하지 않는 것(오직 수증기만 발생한다)은 사실이지만, 수소를 생산할 때는 그렇지 않다. 이때는 온실 효과 가스가 방출될 수 있다.

하지만 기술자들이 연구 중이다. 스위스 제네바 대학교의 연구자들은 최근 '수소 스펀지'를 개발했다. 이는 일반적인 대기의 압력과 온도 조건에서 수소를 흡수할 수 있는 새로운 재료(란탄과 마그네슘, 니켈의 화합물)다. 일반 가정과 같은 조건에서 말이다. 그동안에는 전혀 불가능했던 일이다.

휴대 전화와 컴퓨터, 사진기에 사용할 수소 배터리 시제품은 이미 만들어졌다. 자동차업계도 당연히 변화에 대비하고 있다. 대규모 자동차 제조업체 대부분이 이를 위해 노력 중이다. 자동차와 버스가 수소로 운행되며, 주유소에도 장비가 갖추어졌다. 하지만 그 판매 가격은 아직 휘발유보다 적어도 2.5배 높다.

연구는 계속 진보 중이다. 예를 들어 네덜란드의 도시 페턴은 유럽 수소 기술 평가 설비를 보유하고 있다. 그러므로 기술적 장애는 과거에 여러 차례 그랬듯 극복될 것이다. 그러려면 산업적·사회적 측면뿐 아니라 정치적 측면에서도 몇 년이 걸릴 것이고 다른 에너지원이 공존할 수밖에 없겠지만, 그래도 수소는 우리를 계속 꿈꾸게 할 것이다. 그런데 왜 프랑스에서는 (역시 프랑스어를 사용하는 퀘벡에서 그러듯) 수소 전지pile à hydrogène라고 부르지 않고 연료 전지pile à combustible라고 부를까?

83

우주는 무엇으로 이루어져 있을까?

자연은 빈 공간을 몹시 싫어한다고 사람들은 말한다. 우주는 정반대다. 그래서 현기증이 날 정도다. 이중 의미에서 그렇다. 별이 총총 뜬 아름다운 하늘을 바라보면 맨눈으로도 우주가 무수히 많은 물질로 채워져 있음을 알 수 있다. 우주에서는 행성, 별, 은하, 성단이 수백만 내지는 수십억 개씩 서로 떠민다. 하지만 사실 우주의 빈 공간은 그 모든 천체보다 훨씬 더 크다. 그런데 그 천체들 사이 거리가 '단순히' 경악할 정도라면 어떨까? 너무 멀어서 한쪽 끝부터 다른 쪽 끝까지 볼 수 없다면? 현재 우주를 탐색하는 기술은 엄청난 수준으로 발전하고 있지만, 대부분이 인간의 지각 능력 범위 안에 있다. 문제는 관찰과 계산 기법이 계속 발달함에도 불구하고 우주를 이루는 물질의 5퍼센트 이하만 알 수 있다는 사실이다. 우리는 그 나머지에 해당하는 것이 어디에 있고 무엇인지 전혀 알지 못한다.

빛을 발하는 물질(별과 은하들)은 계산해보면 우주를 이루는 질량(탄소나 질소, 규소, 철 같은 무거운 화학 원소들)의 0.4퍼센트만 차지할 뿐이다. 그다음으로 '통상적'이지만 어두운 물질이 4퍼센트(오그라든 별, 블랙홀, 성간 가스 등)를 차지한다. 남은 95퍼센트 이상을 차지하는 물질 중에서 4분의 1은 '고전적' 방정식을 극단적으로 동원하면 '이해할' 만한 미지의 물질 중 한 형태라고 간주할 수 있다. 하지만 나머지는 현재 설명해보는 시도조차 불가능하다. 그렇다면 광막한 우주는 대체 어디에 숨어 있는 걸까?

반물질 또는 암흑 물질?

반물질 쪽을 살펴봐야 할까? 반물질은 20세기 초반 이후 물리학자와 이론가, 실험자 들을 비웃어왔다. 애초에 연구에서 가정으로 제시된 반물질은 결국 관찰되었다. 그리고 대형 입자 가속기 안에서 생성되었다. 반물질을 완전히 밝혀내기 위해 앞으로 몇 년 안에 실시될 실험 중에는 알파 자기 분광계Alpha Magnetic Spectrometer, AMS라는 탐지기를 사용하는 실험도 있다. 국제 우주정거장에 설치될 예정인 이 기계는 우주에서 반물질을 탐색하도록 만들어진 입자 분광계다.

우주에서 반물질의 핵(예를 들어 반탄소anticarbon의 핵)을 단 하나라도 탐지한다면, 은하들이 모여 있는 국지적인 성단 바깥 우주 어딘가에 그 반핵자들이 생성되며 반물질 별들을 탄생시키는 곳이 존재한다는 증거를 얻을 수 있을 터이다. 유럽 입자물리학 연구소가 보유한 대형 강입자 충돌기의 고리에도 장기적으로 반입자를 더 잘 알게 해줄, 또는 현재 우주 생성 모델을 공인하거나 산산 조각낼 만한 장비가 갖추어져 있다.

반물질보다 더 불가사의하다고 할 만한 또 다른 탐색의 중요한 실마리가 있다. 물리학자들은 20세기 말에 초신성 및 성단이 이동하는 속도를 관찰하면서 그 연구의 실마리를 '고안할' 수밖에 없었다. 실제적이지만 모색하는 과정에 있던 물리학자들은 모자라는 질량을 '별난 암흑 물질'과 '암흑 에너지'라고 이름 붙였다.

별난 암흑 물질은 전체 물질의 23퍼센트를 차지하며, 매우 고독한 물질들, 즉 방사선을 방출하지 않으며 중성 미자 같은 보통 입자들과 거의 어울리지 않는 질량이 큰 소립자들로 이루어졌을 거라고 한다. 그 물질이 전체 질량에 끼치는 영향은 측정할 수 있지만, 여전히 그 물질을 볼 수는 없다. 그래도 입자물리학의 표준 모델에서 도출한 이론들(초대칭, 대통일 이론, 여분 차원)을 가지고 이 유형의 물질을 '묘사할' 수 있을지 모른다.

위에서 언급한 AMS 탐지기로 전하를 띤 입자의 우주 복사를 측정해볼 수 있을 것이다. 그 측정 건수는 현재 이루어지는 측정 건수보다 1만 배 더 많은, 전혀 비교할 수 없는 규모일 것이다. 이로써 암흑 물질을 구성하는 요소들의 성질에 대한 분석은 크게 진보할 것이다.

똑같은 목표에 도달하는 또 다른 방법은 이와 정반대다. 땅속으로 파고 들어가야 한다. 모단Modane 지하 연구소(프랑스와 이탈리아 국경에 위치)에서는 지하 1,600미터 깊이에 설치된 에델바이스Edelweiss 장치가 1년에 몇 차례 그 불가사의하고 무심한 외로운 입자들을 붙들려고 시도한다. 한편 안타레스Antarès 실험도 시작되어 프랑스 남부 도시 툴롱의 먼바다 수면 2,000미터 아래에 감지기 망이 전개되었다. 이 장치는 중성 미자를 '붙들어 가둠'으로써 은하계나 태양의 중심부에 축적된 암흑 물질을 간접적으로 탐지하는 일도 한다.

그래도 파악하지 못하는 물질이 여전히 70퍼센트 이상 남아 있다. 이는 '암흑 에너지'라는 암호명으로 분류되며, 그 존재 여부는 여전히 심한 논란 대상이다. 암흑 에너지는 입자상 물질과 반대로 '반중력'과 비슷한 밀어내는 효과를 내며 우주 팽창 과정에 개입하는 것으로 보이는 어떤 에너지 유형일 거라고 한다. 2003년과 2004년에 발표된 미국의 연구 결과가 그러한 힘이 존재한다고 확인해주는 것 같았다. 하지만 2005년에 유럽의 XXM-뉴턴 우주 망원경으로 X선을 이용해 우주를 탐색한 결과, 앞서 제시된 결론들이 반박되었다. 그래도 논쟁이 완전히 종식되지는 않았다. 앞으로 누가 과연 이 논쟁을 종식시킬까?

84

운석은 어디에서 발견할 수 있을까?

운석 사냥은 누구나, 또 어디에서나 할 수 있다. 매년 지구로 운석이 수만 톤씩 떨어지기 때문이다. 따라서 아마도 가장 갈리아적인 두려움, 즉 하늘이 머리 위로 떨어질 거라는 두려움이 생겼을 것이다(프랑스의 만화 『아스테릭스』에 나오는 갈리아인은 두려움이 없는 용맹한 민족이지만 하늘이 머리 위로 떨어질 것만은 두려워한다—옮긴이). 하지만 그 우주의 돌멩이를 찾아내기란 그리 쉬운 일이 아니다. 다행히 지구가 그 운석들을 효율적으로 방어하는 막으로 둘러싸여 있기 때문이다. 그 막은 바로 대기다. 운석이 너무 크지만 않다면 말이다.

우주의 자연물은 간략히 세 가지 유형으로 구분할 수 있다. 소행성은 거대한 금속 또는 암석 덩어리로, 지름이 1킬로미터에서 수백 킬로미터에 이르고(아예 찾아 나서지 않는 편이 낫다), 혜성은 얼음과 암석으로 이루어진 우주 '빙산'이며, 운석은 크기가 몇 밀리미터에서 수십 미터에 이르는 암석 또는 금속 돌멩이로 그 수가 가장 많다. 이는 더 큰 다른 천체가 '저절로' 또는 충돌해서 생긴 부서진 조각이다. 운석은 태양계가 형성된 양상을 알려주는 물체로, 많은 천체의 구성 성분에 관한 정보도 담고 있다.

하늘에서 떨어진 돌멩이

운석이 운행하다 초속 20킬로미터(시속 7만 2,000킬로미터)보다 더 빠른 속도로 지구를 만나면 대기와 '충돌'한다. 공기와 마찰이 일어나면서 운석은 고도 80~100킬로미터에서 백열 발광한다. 그래서 밤에 별똥별이 된다. 그렇게 대기에 진입하며 생기는 충격파로 인해 초음속 비행을 할 때 나는 '소닉 뱅' 같은 대포 소리가 발생할 수도 있다. 그 결과, 대부분의 운석이 지상에 도달하기 전 연기가 되어 사라져버린다. 그리고 소멸하지 않은 운석은 바다와 해양에 잠긴다. 그래도 지상에 도달하는 운석이 있다.

운석을 관찰한 역사적 증언은 아주 오래전부터 존재해왔다. 그때는 그것을 유성meteor이라고 불렀는데, 이 말은 '하늘에서 벌어지는 현상'을 뜻하는 그리스어 '메테오론meteoron'에서 유래했다. 하늘에서 떨어진 돌멩이를 '하늘에서 벌어지는 현상'(천둥과 빛)과 연결시킨 최초의 정확한 기술은 1492년 11월 7일 "한낮의 11번째 시간과 12번째 시간 사이"로 거슬러 올라간다. 그때 소년 한 명이 숲 가장자리에 있는 밀밭으로 커다란 운석이 떨어지는 광경을 목격했다. 그 유명한 "세 모퉁이가 검게 탄 암석"이 완전히 사라지지 않았기에 묘사는 더욱 정확했다. 그 운석은 대범하게 '도적질'당했지만, 그래도 여전히 5만 3,831킬로그램에 이르는 큼직한 그 잔해를 알자스 지방에 있는 엔시샤임 섭정 박물관 musée de la Régence d'Ensisheim에서 볼 수 있다. 그 운석은 생조르주협회confrérie de Saint-Georges 엔시샤임 운석 지킴이들의 책임하에 관리되고 있다.

지금도 보존되어 있는 프랑스에 떨어진 가장 무거운 운석(626kg)은 알프마리팀도에 있는 도시 카유에 떨어진 것이다. 이 운석은 18세기 초에 떨어졌다고 추정되는데, '철의 돌멩이'라고 불렸으며 카유의 교회 대문에 있는 벤치로 사용되었으나 1828년에 프랑스 과학 아카데미가 회수했다.

프랑스의 또 다른 곳도 주목할 만하다. 지구상에서 집계된 145개 장소 중에서 크레이터 범주(지름 20킬로미터)로 분류된 유일한 이곳은 프랑스 본토에 떨어진 큼직한 운석으로 파였다. 오트비엔도와 샤랑트도 사이에 걸쳐 있고 로슈슈아르샤세농 근처에 있는 그곳은 2억 년 전에 당한 '폭격'의 흔적을 고스란히 간직하고 있다. 하지만 근처 땅을 파헤쳐볼 필요는 없다. '폭탄'은 충격이 벌어진 순간 완전히 파괴되었으니까. 남아 있는 유일한 흔적은 녹아내리고 니켈과 철을 풍부하게 함유한 (지구의) 암석뿐이다……. 기록으로 잘 정리되어 있는 프랑스에 떨어진 운석의 사례는 총 80건 가까이 된다.

'완벽한' 낙하가 이루어진 경우가 아니라도 운석을 건드려볼 수 있는 다른 방법들이 있다. 집에서도 상당히 쉽게 '별들의 먼지', 즉 미세 운석을 모을 수 있다. 이를 위해 가능한 장치 중 하나는 바닥을 잘라낸 플라스틱병을 바닥을 위로 향하도록 홈통 출구에 대놓는 것이다. 그리고 강력한 자석을 병의 주둥이 가까이 둔다. 자석이 빗물에 휩쓸려온 미세한 금속 입자들을 붙드는데, 그 중에는 미세 운석이 많을 것이다. 성능이 좋은 현미경을 사용하면 그것들을 관찰할 수 있을 터이다.

운석이 자기 집 정원에 떨어지는 모습을 볼 위험한 확률은 통계학적으로 계산해보니 100억분의 1이었다. 로또에 당첨될 확률이 그보다…… 1,000배 더 높다.

85

생명은 어떻게 출현했을까?

성경의 「창세기」나 지구상에 존재하는 여러 다른 종교의 글에 담긴 생명의 기원은 그에 대해 과학적으로 제시된 여러 가설만큼이나 신빙성이 있다. 또는 터무니없다. 21세기에 이른 지금, 엄밀하게 말하면 과학도 그 이야기들보다 더 '그럴싸한' 논거를 제시하지 못한다. 과학적 지식이 축적되는 것은 확실하다. 또 실험과 결론들도 쌓이고 있다. 하지만 과학은 아직 불완전하고 단편적이며 모순된다. 생명이 출현한 신비는 저 옛날과 마찬가지로 불가사의다. 탐색은 계속 이루어진다.

태초에……. 사실 이에 대해 말하기는 참으로 힘들다. 흔적이 많이 남아 있지 않거나, 우리가 그 흔적을 찾아낼 줄 몰랐기 때문이다. 그래서 매우 실질적인 분야로 돌아서야 했다. 바로 요리다. 아주 오래전 행성들이 형성된 후 불길이 차츰 약해진 다음…… 별나라 가마솥 안에서 '원시 수프'가 만들어졌을 거라고 한다.

과학자들은 별이 달린 요리사 모자를 쓴 채 상상력을 한껏 발휘해 '바로 그' 조리법을 만들어냈다. 이를 간략히 묘사하면, 열의 원천과 물, 서로 혼합되어 상호작용하고 변화할 수 있는 여러 요소, 그리고 아주 약간의 지식 또는 운이 필요하다.

각별히 '풍미 좋은' 혼합물

이리하여 해양과 대기, 대륙의 암석들, 태양, 열수 원천이 존재하며 상호작용한 덕분에 각별히 '풍미 좋은' 어떤 혼합물이 만들어졌을 거라고 한다. 그 혼합물은 미래 전망도 밝았다.

아이디어는 매력적이지만 여전히 설득력 있는 시연을 보이지 못하는 것이 단점이고, 실험실에서 '원시 수프'를 다시 만들려는 시도는 너무 자주 씁쓸한 뒷맛만 남긴다. '원시' 분자들이 몇몇 시험관 속에서 만들어지기는 했다. 하지만 아주 단순한 것에서 아주 복잡한 것으로 어떻게 넘어가는 것일까? 여기에는 두 가지 해결책이 있다.

첫 번째 해결책은 외부의 개입이다. 예를 들어 소행성이나 혜성 또는 심지어…… 외계인의 개입 말이다. 우주 공간에서 온 물체들에서 복잡한 분자들이 발견된 것은 사실이다. 이는 지구 바깥에도 생명이 존재한다는 가설에 신빙성을 부여하거나(하지만 이 가설로는 생명이 어떻게 탄생했는지 설명하지 못한다), 독보적인 지구의 원시 수프에 우주 공간에서 온 '양념'이 가해져 생명이 '응고되기' 시작했을지 모름을 뜻한다.

두 번째 해결책은 내부에 집중하면서 화학과 물리학, 생물학, 고고학 등에 도움을 요청하는 것이다. 이에 따르면 자연에는 자연적으로 생기는 기포가 존재한다. 비누 거품 같은 기포 말이다. 이는 단순하고 연약하고 일시적인 유탁액이다. 그런데 기포 형성 방식에는 세포의 시초가 담겨 있다. 내부를 외부와 분리하는 막

하나다. 만일 이 막이 더 견고해지면, 그 내부는 외부로부터 '안전하게' 작업할 수 있다. 이것이 바로 동물인지 식물인지 상관없이 세포의 고유한 특성이며 생명의 기초다.

'원시 수프'

생명의 기원을 연구할 때 우리의 가장 좋은 조력자는 독립적인 유기체 중에서 가장 단순한 형태인 세균이다. 세균은 어디에서나, 양극의 얼음부터 아주 뜨거운 온천, 해양 수면의 수천 미터 아래에서도 찾아볼 수 있다. 어떤 세균은 방사능에도 저항할 줄 안다. 세균은 지금으로부터 약 35억 년 전에 출현한 것으로 추정된다. 황과 철, 질소, 탄소, 물, 태양의 빛을 사용하는 세균은 우리가 지금 알고 있는 (산소가 풍부한) 대기가 형성되게 한 확실한 장본인일 것이다.

겉보기에 단순한 '기초' 세균조차 사실은 매우 복잡하다. 섬모를 받아들이거나 홀씨로 변모할 저항력이 있는 막 하나, 염색체 한두 개, 에너지 '발전소' 하나……. 모든 세균 중에서도 20세기 후반기에 발견된 고세균古細菌에 대한 연구로 큰 희망이 생겼다. 해저에는 열과 단순한 화학 원소들을 동시에 방출하는 지하 열수 원천들이 존재한다. 이곳은 지금으로부터 35억~38억 년 전 지구에서 지배적이었을 거라고 생각되는 환경 조건을 지닌다. 그 뜨겁고 쾌적하지 않은 해저 환경에서 사는 고세균이 발견되었다. 게다가 지금으로부터 32억 년 전에 열수 작용으로 형성되었다고 추정되는 화산암에서 미생물의 화석 흔적이 발견되었다. 오늘날의 고세균은 생명의 초기 형태와 가장 닮은 생물일 수 있다.

이렇게 '원시 수프'는 우연히, 또는 필요해서 그러한 세포들을 '분만'했고, 시간이 흐름에 따라 그 세포들이 복잡해지면서 서로 협동하고 유기체를 구축하는 법을 배웠을 거라고 한다. 하지만 이 모든 것은 엄연히 가설에 불과하며, 이에 대한 반론이 제기된다. 암석과 탄소, 질소, 물로부터 각종 단백질이나 당, 지방으로 대체 어떻게 넘어간다는 말인가? 또 그보다 훨씬 더 복잡한 유전 형질 분자들을 합성하는 묘기는 또 어떻게 부릴까?

개입되는 시간의 척도가 매우 다른 것은 사실이다. 생명이 출현한 시기와 현재 우리가 떨어져 있는 거리를 1킬로미터라고 한다면, 그 위에서 사람속인 '호모'가 출현한 것은 끝에서 3미터 지점에 불과하다. 그리고 근대 인간은 맨 끝의 5센티미터에만 등장한다. 우리는 그 앞쪽 999미터의 몇몇 단편을 알고 있긴 하지만, 앞으로 이루어야 할 연구가 참으로 많이 남아 있다…….

86

태풍의 눈에는 무엇이 있을까?

태풍의 눈은 고요함, 단 거짓된 고요함과 동의어다. 하지만 프랑스어로 일상적 표현인 '태풍의 눈 안에 있다être dans l'œil du cyclone('몹시 어려운 상황에 처해 있다'는 뜻—옮긴이)'는 거짓이 아니다. 이는 태풍이 지나간 뒤의 고요함이지만, 태풍이 다시 돌아오기 전의 고요함이기도 하다. 되돌아오는 태풍은 더욱 난폭하고 거세며, 이때 바람은 태풍의 눈이 일시적으로 잠잠해지기 전에 불던 바람과 반대 방향으로 미친 듯 빠르게 휘몰아친다. 전문가들은 태풍의 이 중심 지대에 점점 더 많은 관심을 갖는다. 바로 이 지대가 태풍의 진행을 좌우하기 때문이다. 우리는 여전히 태풍의 궤적도, 그 강도도 완벽하게 예견하지 못한다.

사이클론, 허리케인, 돌개바람 등으로도 불리는 태풍은 해수면의 온도가 수십 수십 미터에 걸쳐 섭씨 26도보다 높을 때 바다 위에서 발생하는 강한 열대성 저기압이다. 저기압과 증발로 인해 수직으로 강하게 상승하는 거대한 구름이 형성된다. 높고 낮은 압력, 고기압권과 저기압권의 유희로 높이가 500킬로미터에서 1,200킬로미터에 이르는 그 구름 더미가 움직이기 시작한다. 지구의 자전으로 코리올리 힘이 생기고, 이 힘 때문에 구름 덩어리들이 북반구에서는 반시계 방향으로, 남반구에서는 시계 방향으로 돌아가기 시작한다. 코리올리 힘은 폭풍의 궤적에도 영향을 미쳐 만일 폭풍이 동쪽에서 서쪽으로 이동한다면 그 궤적은 차츰 북쪽으로 비켜갈 것이다.

이러한 회전 움직임은 구름 더미 한가운데 너비가 평균 40킬로미터(20~100킬로미터)인 '눈'이라고 불리는 지대를 형성한다. 태풍의 눈은 위쪽이 아래쪽보다 더 넓은 깔때기 모양이고 높이가

14~18킬로미터까지 솟아오르는 구름 벽으로 에워싸여 있다. 태풍의 눈 안쪽은 바람이 약하고 하늘에는 구름이 거의 없다. 바람이 격렬하게 불고 비가 억수로 쏟아지는 폭풍에서 조건이 최악인 곳은 바로 태풍의 눈을 에워싼 구름 벽 안이다.

매우 강한 열대성 태풍은 바람의 속도가 시속 210킬로미터 이상이고 시속 330킬로미터가 넘는 돌풍이 분다. 땅에서 측정된 바람의 최고 속도는 시속 370킬로미터였다. 대기의 '보통' 압력이 1,013헥토파스칼hPa인데, 태풍의 눈 안에서 측정된 가장 낮은 기압은 가끔 900헥토파스칼 이하였다. 최저 기록은 태평양의 북서쪽에서 발생한 태풍 팁Tip이 세웠는데, 1979년 10월 12일 측정된 그 중심부의 기압은 870헥토파스칼이었고, 그 때문에 시속 305킬로미터의 극도로 강한 바람이 지속적으로 불었다.

지구에서 1년에 태풍이 90건

대서양에서 발생한 태풍 중에서 기압의 최저 기록은 허리케인 길버트Gilbert가 자메이카를 초토화하고 24시간이 지난 1988년 9월 13일 측정한 888헥토파스칼이다. 그 허리케인의 강한 바람의 속도는 시속 295킬로미터로 추정되었다. 길버트는 북반구에서 또 다른 기록도 보유하고 있다. 그 기압이 24시간 만에 72헥토파스칼만큼 낮아진 기록이다. 이 부문에서 전 세계 최고 기록은 태평양 북서부에서 발생한 슈퍼 태풍 포러스트Forrest가 보유하고 있다. 이 태풍의 눈의 기압은 1983년 9월 단 24시간 만에 976헥토파스칼에서 876헥토파스칼로 떨어졌다. 그러면서 바람의 속도는 시속 120킬로미터에서 시속 285킬로미터로 빨라졌다.

시애틀에 있는 워싱턴 대학교 연구자들은 태풍의 강도가 어떻게 변화하는지 이해하는 데 결정적인 어떤 현상을 최근 밝혀냈다. 그들은 태풍 리타Rita의 레이더 영상을 연구하면서 태풍의 눈을 에워싼 벽이 갱신되는 주기를 알아내는 데 성공했다. 그 외부의 벽이 차츰 형성되는 가운데, 내부의 벽은 약화된다. 그래서 바람은 일시적으로 약해졌다가, 외부의 벽이 내부의 벽이 있던 곳으로 와서 그 자리를 차지하면 다시 강해진다. 연구자들은 태풍의 강도 변화를 컴퓨터로 시뮬레이션할 수 있는 모델을 개발해냈다. 이 도구는 태풍의 변화를 더 잘 예견할 수 있게 해준다.

지구상에서는 평균적으로 1년에 90개의 태풍이 발생한다. 그 수는 약 35년 전부터 전 세계적으로 안정적이다. 하지만 그 강도가 변했다. 대형 및 초대형 허리케인(4~5급)의 수와 비율이 1970년 이후 북태평양과 남서태평양, 인도양에서 거의 두 배로 늘었다. 한편, 북대서양에서는 태풍의 수가 1995년 이후 급격히 증가했다. 예를 들어 2004년 플로리다는 대형 허리케인(3~5등급) 6개를 포함해 15개의 허리케인이 거쳐가 118년 만에 최악의 시기를 맞았다. 그리고 2005년에는 5등급 태풍 3개(카트리나Katrina, 리타, 그리고 가장 강한 윌마Wilma)가 단 몇 주에 걸쳐 멕시코만을 강타했다.

많은 기후학자가 이것을 지구의 기후 변화 때문으로 본다. 열대 지방에서 태풍이 형성되는 5개 해저 분지의 수온이 1970년에서 2004년 사이 평균 섭씨 0.5도 높아졌다. 태풍이 발생하는 주요 요인은 물의 온도이므로 기후 온난화가 태풍에 영향을 미치리라는 생각은 비논리적이지 않다. 태풍에서 눈을 떼지 말고 계속 엄중히 감시해야 할 것이다.

87

빅뱅 이전에는 무엇이 있었을까?

빅뱅설보다 더 역설적인 것은 없다. 일단 그 이론이 대중에게 널리 알려진 주요한 이유인 이름부터 그렇다. 그 이름은 빅뱅설을 비방하던 주요 인물 중 한 사람이 1950년에 '착안'했다. 영국인 프레드 호일Fred Hoyle은 빅뱅의 아버지 중 한 사람인 벨기에인 조르주 르메트르Georges Lemaître를 조롱하려고 그에게 '빅뱅 맨Big Bang Man'이라는 별명을 붙였다. 역사의 또 다른 아이러니는, 조르주 르메트르가 가톨릭 사제였다는 점이다. 비록 아직 부분적이기는 하지만 그래도 현재 우주에 대해 우리가 지닌 지식을 밝히는 우주론의 빛을 교회 성직자가 제시한 것이다. 그러니 빅뱅과 성경은 양립할 수 있다.

빅뱅의 또 다른 역설은 그것이 우리가 우주와 우리 역사에 대해 이제껏 축적해온 모든 지식을 합리적으로 정돈하는 유일한 방법이라는 사실이다. 이것은 최근 이루어진 관찰에서 확인된다. 하지만 빅뱅은 '시각화'하기가 무척 힘들다. 한편, 바로 이 때문에 호기심 많은 사람들에게 각별히 사랑받는 연구 분야이기도 하다. 그리고 아마도 앞으로 매우 여러 해 동안 그러할 것이다.

그 이론에 어떻게 도달하게 되었을까? 결정적 진보는 20세기 초에 이루어졌다. 1920년대까지 사람들은 우주가 고정되어 있고 불변한다고 생각했다. 천문학자 에드윈 허블Edwin Hubble이 실시한 관찰로 인해 생각했던 것과 달리 우주가 움직인다는 사실이 증명되었다. 은하들은 서로 멀어진다(이제 우리는 그 멀어지는 속도가 계속 빨라진다는 사실을 알고 있다). 즉 우주는 팽창 중이다. 그리고 우주가 커진다는 것은 곧 우주가 과거에는 더 작았음을 뜻한다. 시간을 거슬러 올라가면 어느 순간 우주 전체가 하나의 점에 집중되어 있었다고 생각할 수도 있다. 현재 그 지점은 지금으로부터 137억 년 전이라고 추정된다.

시간의 영점에는 도달할 수 없다

수학자, 물리학자, 천체물리학자 들이 방정식과 모델을 고안하려고 연구하기 시작했다. 일반 상대성 이론을 만든 아인슈타인이 우주의 물리-기하학적 특질을 관장하는 방정식들을 다듬었다. 알렉산드르 프리드만Alexandre Friedmann은 그 방정식들에 대한 비정역학 풀이를 구상했고, 우주가 시간에 따라 변동하는 양상을 기술하면서 우주가 '특이점singularity'에서 시작되었을 수 있다고 제시한다. 한편 조르주 르메트르는 우주의 이론적 팽창을 관찰된 은하들의 움직임과 연결시켜 훗날 빅뱅설이 될 이론의 물리학적 기초를 만들었다.

이 모든 시기 동안에는 아직 빅뱅설이라는 말이 사용되지 않았다. 1960년대 와서야 빅뱅설이 전면에 등장한다. 그런데 그 이론에 대한 최초의 구체적인 확증은 우연히 발견되었다. 1965년 벨 연구소Bell Labs에서 근무하던 두 젊은 전파 천문학자 아노 펜지어스Arno Penzias와 로버트 윌슨Robert Wilson은 재미 삼아 우주의 '잡음'을 녹음한다. 그리고 천공의 모든 방향에 존재하는 모호한 전파 배경음을 발견한다(이 발견으로 두 사람은 1978년 노벨상을 받는다). 그 배경음은 가령 텔레비전 화면에 생기는 작은 하얀 반점 스노 노이즈snow noise의 1퍼센트를 차지한다. 전파의 그 작은 속삭임은 빅뱅이 일어난 지 38만 년 후에 생겼을 것으로 보이는 우주의 화석 복사다. 우주의 '최초의 울음'인 것이다. 1992년에 위성 코비Cosmic Background Explorer, Cobe로 그 복사의 온도가 이론이 예측한 것처럼 우주의 어디 위치하느냐에 따라 아주 조금씩 변한다는 사실이 증명되고, 그 변이를 기록한 최초의 지도가 작성된다. 2008년 이후 유럽의 인공위성 플랑크가 그 복사를 더 정확하게 탐색하고 있다. 그 위성에 장착된 기구는 변이를 100만분의 1도 수준으로 (이전 도구들보다 10배 더 정밀하게) 탐지할 수 있다.

빅뱅이 일어난 순간, 우리가 오늘날 알고 있는 물질은 존재하지 않았다. 우주는 그때 입자들로 이루어진 무척 뜨거운 안개였을 거라고 추정된다. 원자, 하물며 분자는 아직 존재하지 않았다. 방정식에 따르면, 최초의 물질은 팽창이 시작된 지 3분 후에 형성된다.

과학자들이 직면한 문제는 시간의 영점에 다가갈수록 무슨 일이 벌어지는지 더욱 알지 못한다는 사실이다. 게다가 어떤 사람들은 짓궂게도 시간의 영점이 없다고 주장한다. 시간을 거슬러 올라갈수록 우주는 더 작아진다. 하지만 그 크기는 결코 영이 아니다. 그러므로 시간의 영점에는 도달할 수 없다. 이는 그 지점이 존재하지 않음을 증명한다.

이것은 우주가 팽창하는 단계가 시작되기 전에는…… 아무것도 없다고 주장하는 사람들에게 유리한 논거가 된다. 시간은 아직 흐르기 시작하지도 않았다. 하지만 아무것도 아닌 것도 이미 무언가다. 우리가 단지 그것을 묘사할 줄 모를 뿐이다. 지금은 인기가 조금 떨어진 어느 이론에서는 우주가 팽창과 수축을 반복하는 영원한 순환 주기에 들어서 있다고 본다. 우주는 어느 지점까지 부풀었다 뒤이어 수축해서 하나의 점으로 오그라들고, 새로운 빅뱅이 일어나 다시 커진다는 것이다. 그렇다면 그 순환 주기는 대체 언제 시작되었을까?

88

가장 낮은 온도는 몇 도일까?

지구상에서 기록된 가장 낮은 온도는 1983년 남극에서 측정된 섭씨 영하 89.2도라고 한다. 한편 프랑스의 최저 온도는 1985년 두Doubs주에서 측정된 섭씨 영하 41도다. 프랑스령 폴리네시아에서 맹위를 떨친 가장 무시무시한 추위는…… 섭씨 2.3도다. 하지만 존재할 수 있는 가장 낮은 온도는…… 섭씨 영하 273.16도다. 그 이하로는 절대로 내려갈 수 없다. 추위에는 한계가 있지만 더 위에는 한계가 없다는 것이 온도의 특징 중 하나다. 수백만 도에 이르는 온도도 존재한다.

온도는 더위나 추위에 대한 주관적인 감각을 객관적인 방식으로 나타내는 물리량이다. 역사적으로 살펴보면, 지식과 기술이 발달함에 따라 어느 시기가 되자 온도를 아주 차갑다, 차갑다, 따뜻하다, 뜨겁다, 아주 뜨겁다 따위보다 더 정확하게 규정할 필요가 있었다. 온도의 단위가 만들어진 것은 18세기다. 두 가지 단위가 지금까지 계속 사용되고 있다. 1742년 스웨덴의 물리학자이자 천문학자인 안데르스 셀시우스Anders Celsius가 고안한 단위와, 1714년 독일의 물리학자인 다니엘 가브리엘 파렌하이트Daniel Gabriel Fahrenheit가 개발한 단위다. 셀시우스, 즉 섭씨온도℃는 우리가 매일 사용하는 온도이고, 파렌하이트 즉 화씨온도℉는 미국에서 사용된다.

안데르스 셀시우스는 한편으로는 물의 끓는점을 기준으로 삼고 다른 한편으로는 물의 어는점을 기준으로 삼아 수은을 이용한 온도계를 개발했다. 그는 이 두 온도 사이를 100도로 나누었다.

한편 파렌하이트는 수은 온도계와 매우 비슷하지만 0도를 다른 지점에 둔 단위를 만들었다. 그는 0도 자리를 자신의 고향인 단치히(현재는 폴란드의 도시 그단스크—옮긴이)에서 1714년에 측정된 아주 낮은 온도로 정한다. 그래서 그 온도계로는 얼음이 용해되는 온도가 화씨 32도이고, 신체의 온도는 화씨 96도, 물의 끓는점은 화씨 212도다.

화씨온도 단위는 독일과 네덜란드, 영국에서 빠르게 채택된다. 이 단위에는 부인할 수 없는 심리적 이점이 하나 있다. 한겨울에도 온도가 거의 항상 영상이라는 점이다. 그런데 화씨 1도는 섭씨 1도와 똑같지 않다. 화씨 32도와 화씨 212도 사이는 180으로 나뉘는 반면에, 섭씨 0도와 섭씨 100도 사이는 100으로 나뉜다. 그래서 섭씨온도나 화씨온도를 서로 변환하려면 조금 복잡한 공식이 사용된다. 섭씨온도를 화씨온도로 변환하려면, 섭씨온도에 9를 곱한 다음 5로 나누고 거기에 32를 더해야 한다.

더 정확한 정의

당시 가령 기후학이나 야금술에 관계되는 모든 것은 섭씨와 화씨 두 단위로 충분했다. 하지만 지식이 증대하고 기술이 고도로 발달하면서 이들은 지나치게 불분명하고, 무엇보다 원자에 관련된 현실과 지나치게 멀어졌다.

그래서 온도의 세 번째 단위인 켈빈온도가 만들어졌다. 이 단위는 영국의 물리학자 윌리엄 톰슨William Thomson의 연구에서 유래한다. 그는 스물두 살에 글래스고 대학교 물리학과 정교수가 되고, 귀족 작위를 받아 윌리엄 톰슨 경이 되며, 뒤이어 영국의 세습 귀족 작위를 받아 켈빈 경이 된다. 바로 그가 절대 영도가 존재함을 '증명'했다. 절대 영도는 원자와 분자가 더 이상 움직이지 않고 진동하지 않는 상황이다. 원자와 분자는 절대 움직이지 않는다.

이리하여 켈빈 온도(1켈빈은 섭씨 1도와 같다. 이는 켈빈온도가 섭씨온도에 대해 '단순히' 273도 어긋나 있음을 뜻한다)는 과학에서 사용되는 온도 단위가 되었다.

현재 켈빈온도는 절대 영도와 특정한 압력 조건하에 있는 매우 순수한 물의 삼중점(액체, 고체, 기체) 온도가 보이는 차이의 273.16분의 1에 해당한다고 정의된다. 그런데 바로 이것이 약점이다. 켈빈온도('켈빈도'라고 말하지 않는다)에 대한 더욱 정확한 정의를 내릴 필요가 있을 때마다 그 특수한 물리학적 상황이 재현되어야 하기 때문이다.

다행히 자연은 모든 것을 잘 만들어놓았다. 자연에는 변치 않는 요소들이 있다. 그 예로, 기체의 분자 같은 미세한 입자 전체의 운동 에너지를 그 기체의 온도와 연결하는 볼츠만Boltzmann 상수가 있다. 원자 세계와 우리가 사는 세계 사이를 연결하는 변치 않는 붙임표인 것이다. 따라서 이 상수를 상당히 정확하게 측정하기만 하면 켈빈온도를 이론의 여지 없이 정의 내릴 수 있다. 많은 연구 팀이 더욱 정밀한 측정 방법을 개발하려고 노력 중이다.

89

인간이 없는 지구는 어떤 모습일까?

오래지 않아 70억에 이르는 인류는 단연 지구를 지배하는 종으로 자리 잡았다. 인류가 존재한다는 사실, 인류의 활동은 지구와 그 모든 생태계를 지속적으로 형성해왔다. 공업, 농업, 주거, 교통, 어업……. 인간의 가장 작은 활동 하나도 지구에 영향을 미친다.

지구는 오랫동안 그 광대함으로 인간의 활동을 완화하고 흡수하고 희석해서 결국 '소화'해냈고, 그 덕분에 인간의 활동으로 지구의 모습과 주기가 변하지 않을 수 있었다. 하지만 현재 지구의 역학은 더 이상 인간의 영향에서 벗어나지 못한다. 그 영향력이 너무 커 소화될 수 없기 때문이다. 인간은 지구의 총생산량 가운데 거의 40퍼센트를 제어하고 있다고 추정된다. 그리고 인간의 영향력이 줄어들었을 때 지구의 미래를 예측한 모든 시나리오에 따르면 지구의 상황이 개선될 거라고 한다. 그러므로 지구는 길든 것이 아니라 그저 이용되고 있을 따름이다. 가끔은 과도하게 이용되기도 한다.

물론 인류는 많은 자연 현상에 비하면 보잘것없다. 폭풍우, 태풍, 지진, 화산 폭발, 지진 해일, 홍수 등 연달아 일어나는 천재지변이 그 증거다. 그리고 자연은 인간이 등장하기를 기다렸다 빙하기와 간빙기를 번갈아 등장시키거나, 해수면 고도를 바꾸거나, 동식물 종들을 멸종시킨 것도 아니다. 우리가 흔적을 찾아낸 여섯 번의 대멸종 중에서 하나는 종의 90퍼센트를 멸종시켰고, 또 다른 대멸종은 공룡을 멸종으로 이끌었다(그래서 포유류가 마음껏 번성할 수 있었다).

세계의 지배자, 쥐

만일 마법의 지팡이로 마술을 부려 인간이 지구상에서 사라진다고 가정한다면, 가장 먼저 혜택을 보는 존재는 동물일 터이다. 멸종 위기에 처한 약 1만 5,500종은 말할 것도 없다. 동물 멸종의 주요한 이유는 자연적 서식지가 없어지는 것인데, 인간이 사라진다면 동물은 광대한 서식지를 되찾을 수 있을 터이다.

하지만 예전과 똑같은 상황으로 되돌아가지는 않을 것이다. 인간이 무언가를 심층적으로 변화시켰기 때문이다. 인간은 때로는 의도적으로, 때로는 의도하지 않은 채 종들을 한 대륙에서 다른 대륙으로 이동시켰다. 어느 영국인이 고향을 떠올리고 싶어서 오스트레일리아에 가져온 토끼 열두 쌍은 화재가 난 틈을 타 달아나서 반세기 만에 6억 마리로 불어났고 오스트레일리아 영토의 60퍼센트에 퍼져 정착했다.

동물 또는 식물 침입종은 전 세계에서 수백 개에 이르며, 이들은 토착종의 서식지를 점유한다. 반면에 심한 멸종 위기에 처해 있어 인간이 보호 구역에서 소수를 생존시키는 데 성공한 보호받는 일부 종들은 인간 보호자들이 사라지면 완전히 멸종할 위험이 있다. 그러고 나면 포유류 중에서 지배적인 종은 쥐류가 될 가능성이 크다. 들쥐와 생쥐가 새로운 지배자인 세상이라…….

인간이 지구에서 벌이는 활동의 또 다른 큰 영향은 기후와 연관된다. 화석 에너지가 연소하며 이산화탄소가 다량 배출되어 온실 효과가 '급등'했다. 온실 효과는 그 자체로는 생명이 출현하게 만든 축복이다. 하지만 대기에 이산화탄소를 다량 배출하는 것은 보일러에 석탄을 엄청나게 부어 넣는 것과 같다. 그 결과, 온도가 올라간다.

재정복

여러 연구로 인간이 지금 당장 이산화탄소를 배출하는 일을 완전히 중지하더라도 기후 온난화는 최소한 한 세기 동안 계속될 것이라는 사실이 밝혀졌다. 지구의 평균 온도가 상승한 결과 기후가 변화해 어떤 곳은 더 춥고 다른 곳은 더 더워질 것이다. 그리고 강수나 폭풍 같은 현상이 더 심하게 일어날 것이다.

인간이 지구상에서 사라진다면, 자연이 눈에 보이는 인간의 흔적을 전부 지워버리는 데 몇 년이 걸릴까? 자연계가 생기를 되찾고 공간을 '재정복'할 수 있는 속도는 놀랍다. 두 가지 사례가 이 사실을 증명했다.

첫 번째 예는 1978년 유조선 아모코 카디즈Amoco Cadiz호 때문에 기름띠가 생긴 다음 벌어진 상황이다. 그 인근 해변과 연안수를 후속 관찰한 결과, 생각했던 것보다 훨씬 빠르게 바다가 석유 덩어리를 완전히 청소하고 소화했음이 밝혀졌다. 두 번째 예는 우크라이나의 도시 프리피아트다. 이 도시는 체르노빌 발전소의 원자로 폭발로 심하게 오염되어 20년 전에 방치되었다. 출입이 금지된 그 지대는 현재 전혀 핵 사막이 아니다. 그곳에서는 동물과 식물이 놀랍도록 성장했다. 쥐류의 개체 수가 '폭발적으로 증가'한 다음, 늑대 같은 포식자가 출현했다. 그 도시의 건물들은 식물의 '공격'을 받아, 식물의 뿌리가 콘크리트 속으로 파고들었다. 그 파괴 과정은 느리게 진행되었지만 프리피아트는 끝내 '와해'되고 말 것이다. 지구에서 인간의 흔적을 지우는 데는 수천 년이 걸리겠지만, 지구는 그 일을 해내고 말 것이다.

90

물은 몇 도에서 끓기 시작할까?

물은 우리에게 갖은 고생을 시킨다. 겉으로는 단순해 보이지만 그러한 모습 뒤에는 과학자들에게 지독한 두통거리를 감추고 있다. 물은 몹시 흥분하면 놀라운 재주를 보일 수 있다. 예를 들어 물이 태양의 내부 온도보다 더 높은 온도에서 얼음으로 변할 수 있다는 사실이 최근에 밝혀졌다.

미국의 도시 앨버커키에 있는 샌디아Sandia 연구소의 '제트 기계Z machine' 속에서 연구자들이 물에 7만 기압보다 더 높은 압력을 가하자 놀랍게도 엄청나게 뜨거운 얼음 조각들이 생겼다. 온도와 압력을 변화해 얼음을 만드는 열한 가지 다른 방법이 이미 알려져 있었다. 이는 가련한 보통 인간인 우리가 알고 있는 물의 세 가지 상인 고체, 액체, 기체와 거리가 멀다. 그리고 우리는 물이 극단적인 조건에서 어떻게 반응할지 아직도 예견하지 못한다. 하지만 물이 파악하기 힘들다는 사실을 밝히는 데는 '제트 기계' 만큼 정교한 도구가 필요 없다. 물의 끓는점을 정하는 일도 생각만큼 간단하지 않기 때문이다.

"물은 표준 대기압에서 섭씨 100도에서 끓는다"라고 우리는 배웠다. 물은 왜 100도에서 끓고 0도에서 얼까? 18세기에 스웨덴 사람 안데르스 셀시우스가 섭씨온도 단위를 그렇게 정했기 때문이다. 게다가 애초에 섭씨온도의 0은 물의 끓는점을, 100은 어는점을 가리켰다. 그러나 1745년에 칼 폰 린네Carl von Linné는 그 둘을 바꾸자고 제안했다. 그리고 그 온도가 국제적으로 셀시우스(섭씨는 '셀시우스'의 중국 음역어에서 유래한다—옮긴이)라는 이름으로 불린 것은 1948년에 와서다.

그러는 동안 물이 끓기 시작하는 온도를 두고 많은 논쟁이 벌어졌다. 영국 유니버시티 칼리지 런던 소속 과학자 장하석은 흥미롭게도 그 끓는점을 정하게 된 역사를 되짚는다(『인데버Endeavour』, 2007년 3월호). 장하석은 그 이야기를 1770년대 스위스 제네바의 거리에서 시작한다. 그곳에서 당대 스위스 학자(기후학자이자 물리학자, 지질학자, 신학자, 사업가) 장앙드레 드 뤼크Jean-André de Luc는 봉인된 온도계가 하나 달린 납작한 작은 병을 흔들면서 거리를 누비고 다닌다. 그의 목적은 바로 물에 용해된 공기를 전부 빼내는 것이다. 다른 많은 사람처럼 그는 자신이 '진정한 끓음'이라고 부르는 것을 찾아내려 애쓴다. 그래서 4주 동안 하루 종일 그 작은 병을 흔든다. 그리고 그 '기체가 빠져나간' 물이…… 섭씨 112도에서 증발함을 확인한다.

5년 후 그는 런던에서 영국학사원Royal Society이 온도계의 기준점을 정하기 위한 최종 권고안을 제시하도록 의뢰한 어느 위원회에 참여한다. 그 위원회의 위원 일곱 명은 물의 끓는점을 변하게 만들 수 있는 모든 요인을 검토한다. 압력, 오염, 공기, 열원 등 무수한 '방해' 요인에 직면한 위원회는 끓는 물 바로 위에서 생기는 수증기의 온도를 끓는점의 기준 온도로 채택하기로 한다. 끓는 물 온도가 103도나 105도, 110도라도 수증기는 언제나 10분의 몇 도 오차로 100도다.

'안개상자'

1810년에 '표면 효과'를 밝혀 물의 끓는점에 대한 논쟁을 다시 불러일으킨 것은 프랑스의 물리학자이자 화학자인 조제프 루이 게이뤼삭Joseph Louis Gay-Lussac이다. 그는 다른 모든 조건이 동일할 때, 물이 담긴 용기의 성질에 따라, 가령 유리(101.2도)냐 금속(100도)이냐에 따라 끓는점이 변한다는 사실을 입증했다. 그 뒤를 이어 여러 연구자가 갖은 방법으로 점점 더 높은 끓는점을 얻으려 시도했고, 200도에 이르는 끓는점을 얻기도 했다. 다행히 끓는 물의 수증기 온도는 굳건하게 100도로 유지되었다.

하지만 얼마 안 가 그 온도도 변할 수 있음이 밝혀졌다. 스코틀랜드 기후학자 존 에이킨John Aitken은 증기가 '과포화 상태'가 될 수 있고 응결하지 않고도 끓는점보다 낮은 온도를 띨 수 있음을 증명했다. 에이킨은 공기 중에 존재하는 먼지가 응결이 시작하도록 돕기 때문에 중요하다고 지적한다. 이 현상은 박무, 안개, 구름 등이 생기는 핵심 원리이고…… 찰스 윌슨Charles Wilson은 그 원리를 이용해 1912년 물리학의 입자를 연구하는 도구인 '안개상자'를 발명했다. 과포화 상태인 증기로 가득 찬 그 상자를 입자가 통과하면 입자의 궤적이 보인다. 입자가 이동하면서 증기가 응결하게 만들기 때문이다.

결국 이 모든 연구로써 물의 끓는점은 고정되어 있지 않고, 물은 100도에서 끓는 경우가 드물다는 사실이 밝혀졌다. 역설은, 그 모든 측정이 그러한 유동적인 온도에 '맞춰진' 온도계로 이루어졌다는 사실이다. 이렇게 할 수 있는 이유는, 그 연구들로 인해 일부 조건들을 준수하면 재현 가능한 온도들을 얻을 수 있다는 사실도 증명되었기 때문이다. 따라서 온도계의 눈금도 매길 수 있는 것이다. 마침내 완전히 원점으로 되돌아왔다.

91

썰물 때 바닷물은 어디로 갈까?

아주 옛적부터 이 질문은 사람들의 마음을 들뜨게 했다. 썰물 때 바닷물은 대체 어디로 가는 것일까? 사람들은 지금도 여전히 이 질문을 던진다. 그리고 제시되는 답은 대부분 그 현상이 완전히 불가사의로 남아 있던 시절만큼이나 기발하다. 사람들은 흔히 밀물과 썰물이 컵에 담긴 물처럼 움직인다고 생각한다. 대서양을 접하고 있는 프랑스 서부의 항구 도시 브레스트가 밀물이 들어 만조일 때, 대서양 건너편에 있는 뉴욕은 썰물이 져서 간조 때라는 것이다. 이는 물론 사실이 아니다. 반면에, 브레스트가 만조라면 지구에서 그와 정반대 쪽에 있는 지점(월리스푸투나)도 이론적으로 만조 때일 것이다.

조수의 '역학'은 이론상 퍽 단순하다. 적어도 우리 현대인한테는 말이다. 여러 분야에서 과학을 그토록 많이 발전시킨 위대한 갈릴레이는 1616년에 조수가 생기는 이유가 지구의 자전 때문이라고 단언했다. 하지만 이는 사실이 아니다. 지구는 물론 자전하지만, 그 움직임 때문에 밀물과 썰물이 생기는 것은 아니다. 그로부터 거의 한 세기가 지나 바로 뉴턴이 만유인력 법칙의 전제들을 가지고 올바른 해답을 찾아낸다. 즉 모든 물체는 서로 끌어당기므로, 조수가 생기는 이유는 달과 태양 덕분이다. 달과 태양이 지구와 같은 쪽에 있거나 정반대쪽에 있으면 밀물이 든다. 달과 태양이 서로 90도를 이루면 썰물이 진다. 그러므로 우리는 정확한 장소와 주어진 날짜에 대해 대부분의 경우 조수의 높이를 계산할 수 있다.

조수 간만의 차

하지만 자세히 살펴보면 그 현상은 훨씬 더 복잡하다. 조수는 심할 수도 있고 약할 수도 있다. 예를 들어 사람들은 지중해에서는 밀물과 썰물이 생기지 않는다고 생각한다. 하지만 조수 간만의 차가 비록 40센티미터 정도로 작기는 하지만 조수는 엄연히 존재한다. 이러한 이유는 지중해가 거의 내해 같은 바다로서 대륙붕으로 분리된 연속적인 해양 분지들로 이루어져 있고, 지브롤터 해협으로 대서양과 연결되어 있으며, 동서쪽을 향해 나 있고 폭이 넓지 않기 때문이다. 따라서 많은 양의 물이 이동하기 쉽지 않다.

대서양 연안에는 세계에서 조수 간만의 차가 매우 큰 지점이 몇 군데 있다. 캐나다의 펀디만이나 프랑스의 몽생미셸섬이 그렇다. 그곳에서 바닷물이 빠져나가는 거리는 12킬로미터, 조수 간만의 차는 12미터까지 이를 수 있다. 조수가 그곳에서 더 심한 이유는 위치 때문이다. 먼바다에서 몽생미셸섬 해안으로 도달하는 조석파는 코탕탱반도에 부딪혀 반사되어 몽생미셸섬 주위로 곧바로 도달하는 조수를 강화한다. 더욱이 몽생미셸섬이 자리한 만 전체는 수심이 얕아(35미터), 조석파가 더욱 강해진다.

여기에서 조석파가 중요하다. 밀물과 썰물은 엄밀히 말하자면 물이 이동하는 것이 아니라, 사실상 수위의 차이다. 밀물이든 썰물이든 조수의 흐름은 무척 강할 수 있어 10노트knot, 즉 시속 약 20킬로미터가 조금 안 되는 속도까지 이를 수 있지만 말이다.

프랑스 해안에서 만조와 간조의 시차는 6시간이 조금 넘는다. 물이 대서양을 6시간 만에 가로질러야 한다면 120킬로미터밖에 가지 못할 터이다……. 이는 브레스트와 뉴욕 사이 거리인 약 5,400킬로미터에 훨씬 못 미친다. 바닷물 한 방울이 해양을 가로질러 세계를 일주할 수 있다 해도, 이는 해안에서 보이는 물의 움직임 때문이 아니라, 해류가 부리는 마법 덕분이다. 바다에 던진 병 하나가 아주 먼 거리를 이동할 수 있는 것은 반드시 물이 이동하기 때문만은 아니며, 그보다는 조석을 방해할 수 있는 바람 때문이다. 파도를 일게 하는 바람 말이다. 여기에서 해일을 일으킬 수 있는 해저 지진의 경우는 제외된다. 해저 지진은 예측이 불가능하다.

달과 태양이 함께 미치는 영향이 바닷물에 가해지면 물이 들어 올려지고, 바닷물의 질량이 크므로 그 상승의 세기는 강하다. 뉴턴의 법칙에서 말하듯 서로 당기는 물체가 '클'수록 인력이 강한 것이다. 그러므로 시속 600킬로미터로 이동하는 조석파를 일으키는 것은 바로 일시적인 물의 상승, 그리고 뒤이어 생기는 물의 하강이다. 그리고 조석파의 길이, 조석의 높은 지점과 낮은 지점 사이 시간 및 거리의 길이는 일반 파도의 길이보다 훨씬 더 크다.

결론적으로 말하면, 밀물 때 물은 아무 데로도 가지 않는다. 해양은 부풀었다 수축하기를 반복한다고 말할 수 있을 것이다. 물은 이러한 높이 변화 때문에 해안에서 조금 움직이며 내려가고 올라갈 뿐이다. 그렇다고 해도 그 움직임, 조수는 여전히 놀랍기만 하다.

92

고무는 어째서 탄성이 있을까?

고무는 본래 탄성이 있지 않다. 고무는 무르고 유연성이 있지만, 모양을 바꾸면 원래 형태를 되찾지 않는다. 고무에 탄성을 부여하는 방법이 발견된 것은 우연한 사고 덕분이다. 그 발명으로 발명가가 덕을 보지는 못했지만, 그 후손은 부유해졌다.

수 세기 동안 고무의 주요한 특질은 방수성이었다. 콜럼버스가 발견하기 이전 남아메리카 문명들에서는 이미 고무로 공과 신발, 재킷, 방수 케이프를 만들어 사용했다. 스페인의 정복자인 콩

키스타도르conquistador들은 그것을 모방하려 시도했으나 헛수고였다. 고무의 때는 아직 오지 않았다.

그 시대에 고무를 얻는 유일한 원천은 식물이었다. 고무는 우윳빛 액체인 라텍스를 분비하는 일부 식물들에서 채취되었다. 프랑스어로 고무를 뜻하는 단어 'caoutchouc'는 인디언의 말로 '나무'를 일컫는 cao와 '눈물을 흘리는'이라는 의미의 tchu에서 유래했다. 그러한 나무 중 가장 널리 퍼진 것은 파라고무나무Hevea brasiliensis다.

하지만 다른 식물들도 라텍스를 분비한다. 대표적인 예로는 멕시코에 서식하는 과율Parthenum argentatum이나 투르키스탄에 서식하는 고무민들레Taraxacum koksaghyz가 있다. 이 식물들의 라텍스는 파라고무나무의 라텍스보다 덜 순수해 수지를 함유하고 있어 사용하기 전에 고무와 분리해야 한다. 오늘날 천연고무의 거의 대부분은 동남아시아에 있는 재식 농원에서 생산된다. 파라고무나무의 줄기에 판 홈에서 모은 라텍스를 거르고 물에 희석하며, 고무 입자들을 응고시키기 위해 산성 물질로 처리한다. 그런 다음 그것을 롤러로 압착해 두껍거나 얇은 판으로 만든다.

고무가 늘어날 수 있는 이유는 고무를 구성하는 분자 자체가 늘어날 수 있기 때문이다. 주로 탄소와 수소로 이루어진 각 분자는 길쭉한 모양이며 제 안쪽으로 감겨 있다. 그 분자의 양 끝을 붙들고 잡아당기면 분자를 펼 수 있다. 그런 다음 손을 놓으면 분자는 처음 형태로 되돌아간다.

굿이어와 가황

그렇지만 그러한 특질은 각 분자에만 적용된다. 고무를 반죽하면 고무 분자들은 이동하지만 처음 위치로 되돌아가지 않는다. 생고무는 스파게티 요리와 같다. 고무가 탄성(힘을 받아 변형되었다가 가해지는 힘이 멈추면 처음 크기와 형태로 되돌아가는 성질)을 지니려면, 그 분자들 사이를 연결해야 한다.

찰스 굿이어Charles Goodyear가 1839년에 우연히 그 일을 해냈다. 그는 몇 년 전부터 고무를 더 견고하게 만들 방법을 찾아내려 애쓰고 있었다. 그러던 어느 날 고무와 황이 섞여 담긴 용기를 뜨거운 판 위에 실수로 엎질렀다. 그러자 그 재료가 견고해지긴 했지만 탄성이 생기는 것을 깨달았다. '가황'이 탄생한 것이다. 황 분자는 열을 받으면 고무의 신축성 있는 분자들 사이를 연결한다. 그러면 분자들은 어느 지점까지 늘어날 수 있지만, 황으로 만들어진 연결 때문에 항상 자신이 있던 처음 지점으로 되돌아간다. 더하는 황의 분량이 매우 중요한데, 황이 너무 많으면 신축성이 없어지고, 황이 충분하지 않으면 응집력이 부족해 고무의 수명이 짧아진다. 가황은 프랑스어로 '뷜카니자시옹vulcanisation'이라고 부르는데, 이는 로마 신화에 나오는 불과 금속을 지배하는 신이며 그 대장간이 시칠리아의 에트나산 아래에 있다는 불카누스Vulcanus의 이름에서 유래한다.

고무는 탄성을 지닌 유일한 재료는 아니지만, 탄성이 가장 높은 재료다. 예를 들어 강철로 된 용수철은 제 길이의 10퍼센트 이상 늘어날 수 없다. 반면에 고무는 원래 길이의 500퍼센트까지 늘어날 수 있고, 어떤 경우에는 1,000퍼센트까지 늘어난다. 후자의 경우 초탄성hyperelasticity을 지녔다고 말한다.

고무는 19세기에 와서야 '대중'에게 널리 알려졌다. 직물의 방수 가공 기법을 개발해 1823년에 최초의 비옷을 제조한 찰스 매킨토시Charles Macintosh나, 1830년에 고무를 입힌 천으로 매트리스를 만든 토머스 행콕Thomas Hancock이 발명 덕분에 빠르게 큰 재산을 축적한 것과 달리, 가황 기법을 발명한 굿이어는 빚을 잔뜩 진 채 사망했다. 그가 죽은 다음에야 그의 발명에 특허가 발급되었고, 그 후손이 그의 이름을 딴 타이어 회사를 세웠다.

1870년에는 라텍스로 만든 최초의 콘돔이, 1888년에는 존 던롭John B. Dunlop이 개발한 최초의 자전거용 고무바퀴가 출시되었다. 그리고 4년 후, 앙드레 미슐랭André Michelin과 에두아르 미슐랭Édouard Michelin이 고무를 분리할 수 있는 최초의 바퀴를 출시했다. 이들이 그 후에 이룬 발전은 참으로 대단하다.

93

어떤 식물은 왜 고기를 먹을까?

이러한 식물은 예로부터 언제나 사람들을 매혹했다. 또 항상 두려움의 대상이기도 했다. 19세기에는 사람을 집어삼킬 수 있다는 '마다가스카르의 나무'처럼 식인이라는 극단적인 환상까지 불러일으켰다. 어떤 육식 식물은 크기가 그리 작지 않고(그러한 식물의 벌레잡이잎은 폭이 30센티미터까지 이를 수 있다), '가시'가 장미의 가시보다 더 교활하고 위험한 것이 사실이다. 파리 잡는 끈끈이를 '발명'한 것이 바로 그 식물이다. 하지만 식물이 살려고 고기를 먹을 필요가 있다는 것이 그리 '자연스러워' 보이지는 않는다. 그 식물들의 기원에 대해서는 여전히 진화의 정상적인 산물, 식물과 육식 동물의 잡종, 식물로 변장한 동물, 자연의 돌연변이 등 여러 질문이 제기된다. 그중에는 "어째서 그런 식물은 더 많이 없는 걸까?"라는 질문도 포함된다. 우리는 최소한 한 가지는 알고 있다. 바로 그 '원인'이…… 질소라는 사실이다.

육식 식물 또는 식충 식물은 양분이 무척 부족한 환경, 대체로 수생 환경에 적응할 수밖에 없어서 출현했을 거라고 한다. 그 식물들은 잘 갖추어진 식사를 하려고 생장에 반드시 필요한 요소를 제공해줄 다른 원천을 찾아내야 했다. '정상적인' 식물은 자신이 취할 양식을 뿌리를 통해, 그리고 에너지는 광합성을 통해 얻는다. 그 식물들의 식사에 담긴 질소는 세포를 구성하는 '벽돌'을 만드는 데 중요하고, 그중에서 특히 단백질을 구성하는 아미노산이 중요하다.

무기 질소가 없으면 동물에게서 얻는 질소, 즉 이미 가공되어 식물의 '회로'가 더 쉽게 접근할 수 있는 질소를 활용해야 한다. 그 '녹색' 육식 생물들의 특징은 식물이 사용하는(하지만 식물보다는 조금 덜 효율적인) 체계와 육식 동물이 사용하는 체계(소화)를 모두 지녔다는 점이다. 육식 식물은 자신의 매력에 금세 넘어가는 곤충을 좋아하지만, 애벌레나 유충, 작은 양서류 동물, 심지어 작은 쥐류도 마다하지 않는다. 그러면서 가끔은 그 식물에 초기 형태의 '뇌'와 약간의 근육이 있다고 믿게 만들 정도의 전략을 펼친다. 식충 식물 약 600종 가운데 '파리지옥'이라 불리는 끈끈이귀갯과풀Dionaea muscipula은 집게덫처럼 기능한다. 단, 그보다 더 '지능적인' 방식으로.

'잠금장치'

파리지옥의 잎사귀는 이빨에 해당하는 것이 달린 양턱 모양이고 먹이 위로 갑자기 닫힐 수 있다. 두 장의 턱 잎사귀 안쪽은 접촉에 예민한 '털들'로 덮여 있다. 그런데 파리지옥은 낙엽이나 죽은 나뭇조각 위로 잎사귀를 닫고 싶지 않아 두 번째로 진동하는 접촉이 생기기를 기다렸다가 순식간에 먹이 위로 잎사귀를 닫는다. 하지만 이 방법은 제한된 횟수만 사용할 수 있다. 그 '잠금장치' 메커니즘은 아직도 대부분이 불가사의다. 소화 효소나 세균의 도움을 받아 이루어지는 먹이 소화에는 최소한 며칠이 걸린다. 파리지옥은 자신의 덫에 걸려든 동물의 골격만 남긴다. 어떤 식물은 다른 식물보다 식탐이 더 많아 실제로 소화 불량으로 고생할 수도 있다.

털 잎사귀가 존재하는 덫의 유일한 형태는 아니다. 다른 덫은 가끔 육식 식물 자신에게 도리어 '함정'이 되기도 한다. 자업자득인 것이다. 벌레잡이통풀이 그런데, 이 식물은 일부 파리나 나비의 애벌레에게 보육원으로 사용될 수 있다. 그런데 이는 그 주인 식물에 처참한 상황을 일으킨다. 애벌레는 제 부모 곤충의 유해로 양분을 섭취하고 성장해서 주머니처럼 생긴 덫의 벽을 뚫기 때문이다.

프랑스에서는 식충 식물을 직접 재배하거나 여러 식물원에서 감상할 수 있다. 물론 손가락이 위험할 일은 없겠지만, 그래도 조심해야 한다. 결국 그 식물은 실제로 육식을 하니까…….

94

비행기는 왜 하늘에 하얀 줄을 그릴까?

프랑스에서 이제 하얀 줄이 그려지지 않은 맑은 하늘은 더 이상 볼 수 없다. 그 줄들은 대체로 하늘에 쳐진 거대한 거미줄과 비슷한 뒤얽힌 무늬를 그리며, 그 무늬는 기후 조건에 따라 가끔은 오래 남아 있다 희미해지면서 사라지거나, 새털구름 유형의 '인공적인' 구름으로 변한다. 혹은 더 놀랍게, 그 줄들이 반대로 '야생' 구름을 해체하기도 한다. 이는 대기역학에서 심한 논란의 대상이며 아직 제대로 알려지지 않은 결과를 초래할 수 있다.

하늘에 그려진 그 줄무늬는 모두가 알고 있듯이 비행기의 엔진 때문에 생긴다. 엔진은 원유를 정제한 연료인 등유를 소비하는데, 등유는 자동차에 사용하는 휘발유보다 에너지를 더 많이 발산한다. 그러므로 비행기는 다른 일반 자동차처럼 이산화탄소 CO_2와 질소 산화물, 황 화합물, 탄소 그을음 입자, 그리고 가장 많은 화합물로서 수증기를 내뿜는다. 그때 우리가 겨울에 호흡할 때 '입김'을 내뿜거나 유리창에 김이 서릴 때와 같은 유형의 물리적 현상이 벌어진다. 바로 응결이다. 따라서 비행기가 뒤에 남기는 흔적은 바로 수증기가 작은 얼음 결정으로 변한 것이다.

날씨 예측의 지표

여객기가 운항하는 고도 8킬로미터에서 13킬로미터 사이 온도는 대략 섭씨 영하 50도다. 공기가 수증기를 저장할 수 있는 용량은 압력과 온도에 따라 달라진다. 공기는 따뜻할수록 수증기를 더 많이 함유하고 차가울수록 수증기를 덜 함유한다. 그래서 공기는 섭씨 0도보다 20도에서 수증기를 세 배 더 많이 함유할 수 있다.

엔진에서 배출된 따뜻하고 습한 기체는 대기의 차갑고 건조한 공기와 매우 빠르게 뒤섞인다. 수증기는 응결해서 작은 액체 방울들을 형성하기 시작하고, 그 물방울들은 금세 얼어붙어 작은 얼음 결정이 된다. 하늘이 맑으면 그 작은 결정들이 태양 빛을 받아 밝게 빛나며 하얀 줄을 이룬다. 그 물질성은 매우 강해 다른 하얀 줄 위에, 또는 가까이 다른 구름이 있다면 그 위에 그림자를 드리우는 모습을 가끔 볼 수 있다.

인공위성에서 관찰한 결과, 어떤 특정한 조건이 갖추어진 일부 지대에서 비행기 응결 구름이 급격히 많이 생기면 높은 곳에 뜨는 진짜 구름(새털구름)이 형성될 수도 있음이 밝혀졌다. 그러면 그날 대기는 차가워진다. 하지만 밤에는 반대로 따뜻해진다. 비행기가 배출하는 가스가 그 수증기 줄 덕분에 '눈에 잘 띄기'는 해도, 비행기가 배출하는 온실 효과 가스는 인간 활동 때문에 배출되는 온실 효과 가스 중에서 전혀 큰 비중을 차지하지 않는다. 하지만 비행기 배출 가스는 조만간 확실히 규제될 것이다.

엔진이 비행기구름을 생기게 만드는 유일한 원인은 아니다. 비행기의 날개 끝부분도 그곳에서 생기는 난류와 소용돌이 때문에 가끔 비행기구름을 만든다. 그래서 가끔 날개 끝에서 생기는 하얀 작은 줄들이 보인다. 하지만 그 줄은 엔진 때문에 생기는 줄보다 더 작고 희미하다. 한편 초음속 비행기가 음속 장벽을 통과할 때는 비행기 동체 주위로 응결 고리들이 생긴다. 이때 생기는 '구름'은 무척 희미하다.

하늘에 생기는 하얀 줄 역시 희미할 수 있지만, 아닐 수도 있다. 높은 곳에서 바람이 심하게 불면 하얀 줄이 상당히 빨리 흩어지고, 반대 경우라면 그 줄이 매우 조밀한 상태로 유지될 것이다. 그런데 그 줄을 관찰함으로써 앞으로 날씨를 어느 정도 예측할 수 있다. 공기가 많이 습한지 아닌지에 따라 하얀 줄의 모습이 다르기 때문이다. 공기가 습할수록 비행기구름은 조밀하고 더 오래 남아 있다. 공기 덩어리가 건조할수록, 즉 날씨가 맑으면 비행기가 남기는 줄은 더 가늘고 빠르게 흩어질 것이다. 이 예측 방법이 통하는지 한번 알아보길…….

95

해저 화산은 위험할까?

지구에서 프랑스의 정반대편에 있는 폴리네시아 남쪽으로 태평양에 흩어져 있는 무수한 산맥과 해구, 섬, 환초 가운데 프랑스 영토 두 조각이 떠 있다. 바로 그 월리스푸투나 제도(주민 약 1만 5,000명)에서 멀지 않은 사모아 제도 서쪽, 피지 북쪽에서 2005년에 미국과 영국, 오스트레일리아 연구자들은 자신의 직업 경력에서 가장 근사한 놀라운 경험을 했다. 하와이 대학교의 해양 조사선 '카이미카이 오 카날로아Kaimikai O Kanaloa, KOK'와 잠수함 '파이시스 5호Pisces V'에 승선한 그들은 매우 드문 광경을 목격했다. 바로 해저 화산의 탄생(부활)이다. 2001년에서 2005년 사이 오래된 분화구인 바일룰루우Vailulu'u 화산에서 화구구 하나(이것은 사모아 사람들에게 전쟁의 여신의 이름인 나파누아Nafanua라고 명명되었다)가 커지면서 다시 솟아올랐다. 하루에 적어도 20센티미터씩 화구구가 솟아오르게 만드는 이 분출은 놀랍게도 시각적으로 불투명한 상태에서 진행된다. 용암이 물에 닿아 무척 빨리 굳어진다 해도, 용암이 분출하면서 가스가 방출되어 주변이 '먼지'로 가득 차기 때문이다. 해수면 아래로 약 1,000미터 고도에서 출발한 나파우나는 10년 후 해발 고도 200미터 안짝에 이를 터이다. 어쨌거나 지금 추세로 보면 말이다.

해저 화산에 가까이 가본 사람들은, 해저 화산이 지상의 화산보다 소리를 덜 낸다고 대수롭지 않게 여겨서는 안 된다고 말한다. 해저 화산은 당연히 위험하다. 모든 해저 화산은 우리의 (아주 먼) 발밑에서 벌어지는 격렬한 활동을 드러내기 때문이다.

지구의 중심부 주위로는 (간단히 말하자면) 유동성의 마그마가 흐르며 회전한다. 그 위쪽으로는 더 차가워 고체인 조각들이 대기나 공기와 접촉한 상태로 떠다니는데, 이것이 바로 지각이다. 끓는 우유 위에 얇은 막이 생기는 것처럼 말이다. 이 막의 두께는 해저(평균 10킬로미터 미만)보다 대륙(약 35킬로미터)에서 더 두껍다. 이 막은 하나로 이어져 있지 않고, 아래쪽의 '액체' 위로 '표류하는' 판들로 나뉘어 있다. 지금은 판 구조론이라고 불리는 대륙 이동설에서 알프레트 베게너Alfred Wegener가 예측한 것처럼 말이다.

지구 중심부의 양상이 표현되는 형태 중 하나는 화산 활동이다. 화산은 내부의 압력이 배출될 수 있는 밸브다. 그 밸브들은 지상에만 달려 있지 않다. 천만의 말씀이다. '직접 관찰로 실시하는' 해저 화산 활동 연구는 사실상 1970년대 중반에 탄생했다. 그 시기에 처음으로 관찰 목적의 잠수가 심해 3,000미터까지, 특히 대서양에서 이루어졌다.

대서양 한가운데를 쭉 따라서 땅이 마치 거대한 지퍼처럼 매년 평균 2센티미터씩 양쪽으로 벌어진다. 그 최초의 '밸브' 덕분에 심층에 있던 마그마가 분출한다. 아이슬란드가 그 분출의 한 가지에서 생겨났다. 그 뒤 이루어진 탐사들로 인해 그러한 생성이 태평양에서 1년에 13~18센티미터까지 이를 수 있음이 밝혀졌다. 우리가 생각하기에는 미미하지만, 수 세기에 걸친 관점에서 보면 이로써 해양의 밑바닥이 완전히 교체된다.

지하의 용접기

해저 화산 활동의 또 다른 주요 형태는 떠다니는 판들의 가장자리가 아닌 그 아래에서 생긴다. 그러한 지점을 '열점'이라고 부른다. 이는 지하의 용접기(굴뚝으로 마그마가 올라옴)가 암석들을 위쪽으로 가져가려고 길을 뚫기 위해 열을 가하는 것에 비유할 수 있다. 하지만 그 용접기는 고정되어 있는 반면에, 지각 조각들은 움직여 섬들이 줄줄이 생긴다. 하와이의 섬들이 그 멋진 예다. 그 용접기는 가끔 꺼졌다가 이따금 다른 곳에서 다시 켜진다.

현재 여전히 활동 중인 열점 하나는 사모아섬 근처에 있다. 그곳은 주름이 가장 많이 진 해저 가운데 한 곳으로, 깊은 해구와 거대한 해저 산맥, 화산들이 결합되어 있다. 나파누아는 지구의 중심에서 벌어지는 활동을 각별히 잘 보여주는 현대의 증거 중 하나다. 붕괴, 사태, 폭발 등을 일으키는 화산은 해저 화산이라 할지라도 무시무시한 존재다. 바다 밑에서 활동 중인 분화구를 관찰할 수 있는 경우는 드물지만, 사화산이나 휴화산을 연구한 결과 해저 화산의 활동이 '과격'했을 수 있으며 가끔은 엄청난 지진 해일을 일으키기도 했다는 사실이 밝혀졌다.

하지만 해저 화산은 이로운 존재로 생명을 가져다주기도 한다. 수면 위로 드러나는 땅을 만들어낼 뿐만 아니라, 물 밑에서 배출하는 열과 물질, 기체로써 말이다. 이를 열수 원천이라고 부른다. 연구용 잠수함 한 대(프랑스 국립해양개발연구소의 빅토르 6000호)가 관심을 갖기 전에 그 누가 (북극 아래에 있는) 북극 해저 일부의 온도가…… 섭씨 25도일 거라고 상상이나 할 수 있었겠는가? 해저 화산은 이런 식으로 많은 생물이 유지되고 성장하는 데 기여한다. 불과 물은 가끔 이렇게 양립할 수 있다. 그리고 가끔은 그렇지 않다. 그에 대해 나파누아는 과연 뭐라고 말할까?

96

봄에 싹은 어떻게 틀까?

봄이 되면 식물은 겨울에 맞서 마지막 싸움을 벌이려고 색색의 깃발을 높이 쳐든다. 어느 지방에서는 봄이 지난해에 비해 한 달 늦게 시작되기도 한다. 은엽아카시아나 벚나무, 개나리를 선두로 색색 가지 봄 표현이 늘어난다. 하지만 봄의 기후 조건만 꽃이 피는 데 역할을 하는 것은 아니다. 온도 상승과 낮 시간이 길어지는 것이 중요한 요인이지만, 봄이 얼마나 화려하게 깨어나느냐는 그에 앞서 무엇보다 겨울이 어땠는지에 달려 있다.

가을은 나무가 추위 속으로 잠겨들도록 대비시켰다. 어떤 나무의 경우는 잎이 떨어지는 양상으로 나타났다. 수액의 순환을 거의 멈추고 잎이 성장해 나오는 구멍이 얼어붙지 않도록 작은 코르크 마개로 막히면서 나무는 느리게 기능했다. 작은 비늘에 감싸여 보호받는 눈의 초기 형태는 작년에 돋은 잎과 꽃 바로 옆에 지난봄에 형성되었고, 세포의 성장을 완전히 차단하는 휴면이라고 불리는 강력한 통제 현상 때문에 가을에 '동면'에 들어가 겨우내 동면했다. 식물은 식물 호르몬이라는 '묘약'의 작용으로 느리게 호흡하며 마치 잠든 것과 같다.

이 현상은 씨와 종자에서도 생긴다. 프랑스에서는 가을에 식물에 물을 많이 주어도 휴면 현상 때문에 씨와 싹이 성장하지 않는다. 이 기제로써 미래의 꽃이나 잎, 어린 나무도 보호받는다. 이들이 너무 일찍 밖으로 나오면 얼어버릴 위험이 있기 때문이다(그래도 이런 일이 가끔 생긴다).

하지만 엄밀히 말하면, 그 '잠자는 숲'을 깨우는 것은 봄이 아니라 추위다. 날씨가 오랫동안 충분히 춥지 않으면 식물은 휴면을 멈추지 않을 것이다. 그리고 때가 되었을 때 싹트는 눈의 개수가 매우 적을 것이다. 연구자들은 온대 기후 지방인 프랑스에서 휴면이 끝나려면 섭씨 5도 미만의 온도가 적어도 1,000시간(41일) 동안 유지되어야 한다고 추정한다. 그래서 실내 식물 중에서 온대 지방의 목본 식물 분재 같은 일부 식물을 최소한 60일간 냉장실(영하 1도 또는 영하 2도)에 두면 뒤이어 꽃이 훨씬 더 풍성하게 핀다.

그래도 추위에는 부정적인 측면이 있다. 너무 추우면 일단 식물이 동해凍害를 입어 세포나 눈이 터지고 식물의 일부가 손상될 수 있으며, 다른 한편으로는 수액을 운반하는 관 속에 기포가 형성될 수 있다. 수액은 얼면서 자기가 담고 있던 기체를 방출한다. 기체는 얼음에 거의 용해되지 않기 때문이다. 그러면 봄이 되었을 때 이 기포들이 수액의 순환을 방해하는 현상, 말하자면 나무의 물관이 막히는 색전증이 생긴다. 이로 인해 나무의 '생산성'이 저해된다.

겨울이 춥고 길면, 봄이 형형색색으로 향긋하다

겨울이 끝나면 온도는 올라가고 낮의 길이가 길어지며 땅이 따뜻해지고 물이 다시 순환한다. 식물의 뿌리는 양분과 무기물을 서서히 더 많이 받아들이고 머금어 '부풀어' 올라, '수액 펌프'가 다시 작동하기 시작한다. 물관이 압력을 받고, 수액 펌프는 차츰 식물 전체로 수액을 보낸다. 이것이 바로 잘 알려진 '수액 상승'이다. 양분이 풍부한 이 액체는 눈이 '발아'하게 만든다.

한편 꽃이 피는 날짜는 봄의 기후 조건에 좌우된다. 가령 파리가 중심지인 프랑스의 중북부 일드프랑스 지역은 개나리꽃이 2월 초부터 필 수도 있지만 3월 마지막 주에 필 수도 있다. 벚꽃은 2월 말부터 4월 초에 핀다. 꽃이 보통 가장 먼저 피지만, 이는 식물 종에 따라 다르다. 잎이 돋는 날짜는 겨울의 기후 조건에 영향을 덜 받고, 해마다 보통 2주 정도만 차이가 난다. 그러므로 깨어날 눈의 개수는 겨울의 기후 조건에 달려 있다. 겨울이 춥고(너무 추우면 안 되지만) 길면, 봄이 형형색색으로 향긋할 것이다.

97

무지개에는 색이 몇 개 있을까?

무지개가 달빛 덕분에 밤에도 생길 수 있다는 사실을 알고 있는가? 무지개가 활 모양이 아니라 완전한 원형이고 가끔은 그 전체를 볼 수 있다는 사실은? 태양을 등진 채로만 무지개를 볼 수 있다는 사실을 알고 있는가? 무지개가 일곱 가지 색이 아니라는 사실은? 또 그것이 매우 아름다운 착시 현상이라는 사실은? 무지개가 기하학 이론부터 광학, 파동역학에 이르는 여러 과학 분야에서 발전을 이루게 만든 시초라는 사실은 어떤가?

무지개는 태양 빛이 물로 이루어진 벽에 부딪혀 분산되는 현상이다. 물방울 하나하나가 프리즘 역할을 해서 빛을 분해한다. 실제로 백색광은 여러 색의 빛이 혼합된 결과물이다. 영국의 물리학자 토머스 영(1773~1829)이 세 가지 색(빨강, 초록, 파랑)의 빛을 혼합하면 백색광을 얻는다는 사실을 증명했다. 그는 이 색을 두 개씩 섞으면 서로 다른 세 가지 색을 얻는다는 사실도 밝혀냈다. 초록색과 파란색을 섞으면 청록색, 빨간색과 파란색을 섞으면 진홍색(또는 보라색), 초록색과 빨간색을 섞으면 노란색이 만들어진다.

무한한 색조 변화

무지개를 만들어내는 태양 광선은 매우 특별한 궤적을 그린다. 그 광선들은 공기-물 통과 과정에서 분해되도록 정확히 정해진 각도를 따라 물방울로 들어가야 한다. 그런 다음 물방울 속에서 굴절되고, 물방울에서 빠져나오며 다시 분해된다. 이렇게 나오는 빛이 무지개를 이룬다. 빨간색, 주황색, 노란색, 초록색, 파란색, 보라색이 분리되어 보이고, 빨간색은 무지개의 바깥쪽, 보라색은 안쪽에 위치한다.

그러니 무지개의 주요 색상은 일곱 개가 아니라 여섯 개다. 물론 이 주요 색상들 사이에 무한한 색조 변화가 존재한다. 보통 무지개색에 남색(파란색의 한 색조)을 더한다. 이 색은 아이작 뉴턴이 만들었는데, 그는 가시광선을 프리즘으로 분해한 최초의 인물이다. 당대 여러 학자처럼 연금술을 신봉한 그는 (당시 알려진) 일곱 행성, 일주일의 일곱 날 등과 숫자를 맞추려는 마음에서 무지개의 색을 일곱 개로 보았다.

물방울의 굵기가 관건

물방울의 굵기가 무지개의 모습을 결정한다. 물방울들이 굵을

수록 빛이 더 잘 분해되어 무지개는 밝고 색이 선명해진다. 물방울들이 작을수록 무지개는 희미해진다. 무지개의 모습을 결정하는 또 다른 중요한 요소는 하늘에 뜬 태양의 높이다. 태양이 지면과 이루는 각도가 42도 이상이면 무지개가 생기지 않는다. 물방울이 빛을 분해하는 각도가 정확히 정해져 있기 때문이다. 그래서 대낮에는 무지개를 볼 수 없고, 오전이나 오후 끝 무렵에만 볼 수 있다. 태양의 고도가 낮을수록 무지개는 더 높이 생긴다. 반대로, 태양의 고도가 높을수록 무지개는 납작해지고, 태양이 수평선 위로 42도보다 높이 올라가자마자 보이지 않게 된다.

흔히 두 번째 무지개가 함께 생긴다. 이 무지개는 첫 번째 무지개보다 덜 밝으며 더 높이 떠 있다. 두 번째 무지개의 색깔은 주요한 무지개의 색깔과 순서가 반대다. 두 번째 무지개를 만드는 광선이 물방울 안에서 한 번이 아니라 두 번 굴절하기 때문이다. 이 두 무지개 사이에 있는 하늘은 다른 곳보다 어두운데, 이를 '알렉산더의 어두운 띠'라고 부른다. 이 이름은 기원전 200년 즈음 이 띠를 묘사한 최초의 인물인 아프로디시아스Aphrodisias의 알렉산드로스 대왕을 기리기 위해서 지은 것이다.

무지개는 밤에도 존재한다. 물론 달이 거의 보름달에 가깝고 아주 밝아야 하며 지평선에 상대적으로 가까이 낮게 떠 있어야 한다. 달빛은 빗물과 접촉해 색이 거의 없고 희끄무레하며 한쪽 가장자리가 연붉은색인 무지개를 만들 수 있다.

우리가 땅바닥에 있을 때는 무지개의 지평선 위에 있는 부분만 보인다. 무지개가 이루는 완전한 원형을 볼 수 있는 것은 바로…… 비행기에서 내려다보거나, 높은 산꼭대기에 올라서서 비가 아래로 떨어지는 모습을 볼 때다.

무지개에 가 닿을 수는 없다. 우리가 다가갈수록 무지개는 물러서기 때문이다. 그렇지만 여러 전설에서는 무지개의 아래쪽에 금으로 된 가마솥이나 다른 보물이 있다고 전한다. 성경에서 무지개는 신과 노아가 이룬 화해의 열매로서 "다시는 물이 홍수가 되어 모든 동물을 쓸어버리지 못하게 하리라"라는 표시다. 중세 전통에 따르면, 세상의 종말이 오기 직전 40년 동안에 무지개가 전혀 생기지 않을 거라고 한다. 그러니 가까운 장래에 종말이 오지는 않을 터이다.

98

왜 모래성을 쌓을 수 있을까?

모래성은 모두를 꿈꾸게 만든다. 심지어 실험실에서 방정식을 가지고 연구하는 과학자들까지도. 모래성은 겉으로 단순해 보이지만, 그 뒤에 여러 힘을 개입시키는 엄청나게 기발한 물리학적 원리가 숨어 있기 때문이다. 따라서 그 원리를 이해하면 손재주가 조금만 있는 사람은 더 크고 단단하며 더 오래가는 모래성을 만들 수 있을 터이다.

모래성을 쌓아 올리려면 무엇이 필요할까? 물론 모래가 있어야 한다. 그런데 어떤 모래가 가장 적절할까? 알갱이가 작은 모래일까, 아니면 굵은 모래일까? 또 물도 있어야 한다. 그렇다면 가장 좋은 물은 어떤 것일까? 민물일까, 짠물일까? 모래를 많이 적셔야 할까, 아닐까? 물과 모래를 섞은 반죽을 꾹꾹 눌러 다져야 할까? 이 질문들에 답하려면 이 요소들 하나하나의 물리적 특성을 조금 더 알아야 한다.

먼저, 모래를 살펴보자. 모래는 암석이 침식해서 생긴 작은 실리카 알갱이로 이루어진다. 그 알갱이는 10분의 몇 밀리미터부터 1~2밀리미터까지 굵기가 서로 다를 수 있다. 작은 알갱이로 이루어진 재료가 모두 그렇듯이 모래는 고체이면서 액체다. 알갱이 하나하나는 고체지만, 모두 합쳐놓으면 액체처럼 작용한다. 이것은 모래가 건조할 때 이야기다. 모래가 약간 젖어 있으면 일종의 고무찰흙처럼 작용한다. 즉 모양을 빚을 수도 있고 건축 재료로 사용할 수도 있다. 대체 물이 모래에 무슨 일을 한 걸까?

습기가 없으면 모래알은 서로 부딪치며 미끄러지고 구를 수 있다. 그런데 소량의 물이 가해지면 모래알들 사이에 부착력이 생겨 서로 연결된다. 미시적인 인력(판데르발스 힘)이 한편으로는 물 분자들 사이에서, 다른 한편으로는 물 분자와 모래알의 실리카 표면 사이에서 작용한다. 물은 모래알과 가능한 한 많이 접촉하려 하고, 공기와는 가능한 한 덜 접촉하려 한다. 그 결과, 두 모래알이 연결된 모양은 모래시계를 닮아 양쪽 끝이 넓게 벌어져 있고 가운데는 좁고 얇다. 물 분자들은 모래알들 사이 좁은 틈에 배치되어 점점이 풀칠하듯 최대한 많은 접합 부위를 형성한다.

미시적 수준에서는 또 다른 힘도 작용하는데, 그것은 바로 모세관 힘이다. 알갱이가 아주 작을 때, 두 알갱이 사이의 연결은 알갱이가 서로 매달려 있기에 충분한 일종의 빨아들이는 힘을 만들어낸다. 그 힘은 우리가 발이 젖은 채로 건조한 모래 위를 걸을 때 무척 곤란하게 만든다. 모래는 젖으면 떨쳐내기 힘들어 모래알들이 살갗에 들러붙는다.

바닷물에 젖은 모래는 더 심하다. 이때는 모래가 건조해도 들러붙는 경향이 있기 때문이다. 왜 그럴까? 소금 때문이다. 그래서 바닷물로 만든 모래성이 더 단단하다. 모래가 차츰 증발하면서 물 대신 소금으로 이루어지는 결합이 생겨나 모래성의 응집성을 유지하기 때문이다. 그러다가 소금 결합이 차츰 파괴되면서 모래성이 점점 약해져 결국 우르르 무너져 내리게 된다.

제대로 다지기 위해 가볍게 두드리기

이제 모래성을 지을 때 눌러서 다지는 문제를 살펴보자. 이 과정은 모래알을 서로 최대한 가깝게 만드는 역할을 하며, 물이 더 많은 연결 고리를 만들게 한다. 그래서 성 전체가 더 단단해진다. 하지만 다지는 방식도 가지가지다. 지나치게 다지면 모래의 부피가 커지기 때문이다. 너무 심하게 압력을 가하면 한 곳은 다져지지만, 그 영향을 받아 다른 곳들의 조직이 갈라져 붕괴된다. 따라서 모래를 다지는 좋은 방법은 젖은 모래 위를 꾹 누르는 것이 아니라 톡톡 가볍게 두드리거나, 모래가 담긴 용기를 가볍게 두드려 그 진동으로 큰 부피의 모래알들이 동시에 서로 재조직되도록 만드는 것이다.

바닷물을 머금은 모래 해변을 걸을 때 다음과 같은 현상이 매번 생긴다. 발로 모래를 밟으면 발 주위로 둥글게 밝은 띠가 나타난다. 발의 무게 때문에 발 주위에 있는 모래가 덜 치밀해져 모래알들이 서로 멀어지면서 그 사이로 물이 스며든다. 중력의 영향을 받기 때문이다. 그 결과, 표면의 모래가 일시적으로 말라 밝은 띠가 생긴다. 발을 들어 올리면 모래는 다시 애초의 구성으로 돌아간다. 이제 이런 사실을 알았으니, 앞으로 해변에 갈 때는 당신의 흔적을 남기기 위해 잊지 말고 양동이를 가져가라.

99

과일과 채소의 차이는 무엇일까?

꽃은 그냥 예쁘라고 있는 것이 아니다. 꽃은 온대 지방에서 봄이 왔으며 식물이 재생함을 구체적으로 나타낸다. 세계 각지에서 꽃은 식물이 생식한다는 징표다. 형형색색으로 나타나며 가끔은 향기도 내는 징표 말이다. 그리고 식물의 생식은 동물계에서보다 훨씬 더 다양하다.

식물이 생식하기 위해서 펼치는 전략은 놀랍도록 기발하고 다양하다. '이론적으로' 가능하고 상상할 수 있는 모든 해결책이 실제로 적용된다. 종에 따라 영속하기 위한 규칙이 다르다. 더 나아가 같은 종 안에서도 시기와 '개체'에 따라 생식 방법에 차이가 난다. 이것은 여러 환경과 조건에 적응하는 식물의 뛰어난 능력을 나타내는 동시에, 인간이 식물을 유전적으로 개량할 수 있는 강력한 천연 도구가 된다.

어떤 식물은 유성 생식을 한다. 즉 새로운 '개체'를 만들어낼 씨가 수컷 세포(수술의 꽃가루) 하나와 (암술 안에 있는) 암컷 세포 하나가 가져오는 것들로써 형성된다. 하지만 식물이 그렇게 단순할 리가 없다. 어떤 식물은 수술과 암술을 동시에 지닌 꽃을 피우고, 다른 꽃들은 수술만 지니며, 또 다른 꽃들은 암술만 지닌다.

그런데 이것이 전부가 아니다. 수술과 암술을 모두 지닌 식물은 자가수정하거나, 바람이나 꽃가루 매개자인 곤충이 가져다주는 다른 꽃의 꽃가루를 받아야만 수정할 수 있다. 살구나무, 가지, 밀, 목화, 당귤나무, 담배 등이 그렇다. 수꽃(수술만 있음) 또는 암꽃(암술만 있음)을 지닌 식물들은 암꽃과 수꽃을 한 그루에 모두 지니거나 서로 다른 그루에 지닐 수 있다. 전자의 유형은 개잎갈나무, 밤나무, 옥수수, 개암나무, 소나무 등이고, 후자의 유형은 아스파라거스, 시금치, 대추야자, 미루나무, 버드나무 등이다. 다른 유형의 조합도 존재해 어떤 식물은 하나의 '개체'에 수술과 암술이 모두 있는 꽃과 둘 중 하나만 있는 꽃을 함께 지닌다. 또 '갖춘'꽃을 지닌 어떤 식물이 '안갖춘'꽃을 만나 수정하기도 한다.

천연 클로닝 작업실

끝으로, 식물의 세계에는 천연 클로닝 작업실도 있다. 이러한 클로닝 방식으로 생식하는 식물은 흔히 민들레로 불리는 금잠초를 비롯해 야생종 300개가 넘는다. 민들레의 꽃, 누구나 한 번쯤 후 하고 불어봤을 그 보송보송한 공에는 어머니 식물이 자연적으로 클로닝된 씨눈인 씨가 담겨 있다(박식하게 아포믹시스apomixis, 즉 무수정 생식이라고 부르는 현상). 식물이 자신을 클로닝하는 또 다른 방법은 영양 번식이다. 어떤 식물은 자기 뿌리에 부차적인 눈을 틔우는데, 이 눈은 개별적인 식물로 성장할 수 있다. 개밀, 은방울꽃, 붓꽃이 이렇게 생식한다. 꺾꽂이와 휘묻이 기법에서 일부 식물의 번식을 위해 이러한 특성이 활용된다.

이런 경우들을 제외하면, 일단 꽃이 수정된 다음 씨가 만들어진다. 씨는 암술이 변한 식물의 기관으로 에워싸여 보호받는다. 이것을 열매fruit라고 부른다. 그런데 여기에서도 식물의 세계는 장난을 친다. 프랑스어를 쓰는 사람한테는 배나 딸기가 '과일fruit'이고 가지나 녹색 꼬투리 콩은 '채소légume'이지만, 식물학적으로 보았을 때 가지와 녹색 꼬투리 콩은 모두…… '열매fruit'이기 때문이다(우리말로는 '과일[사람이 먹을 수 있는, 대개 수분이 많고 단맛 또는 신맛이 나는 열매]'과 '열매[식물이 수정한 후 씨방이 자라서 생기는 것]'를 구분하지만 프랑스어로는 모두 '프뤼fruit'라고 한다—옮긴이).

딸기는 '진짜' 열매가 아니라, 파인애플이나 무화과처럼 '가짜 열매'다. 딸기는 식물의 꽃받기가 변해서 만들어진다. 암술이 변한 것, 즉 열매라고 부를 만한 유일한 것은 딸기 표면에 퍼져 있는 노르스름한 작은 알갱이들이다. 그러한 관점에서 보면 사과나 배도 '가짜 열매'다.

따라서 프랑스어로 채소라는 용어는 식물학적으로 의미가 없다. 애초에 그 용어는 '콩과 식물'이라고 부르는 꼬투리가 있는 식물을 일컬었다. 그러다가 요리사들이 요리에 곁들여 먹는 식물을 채소라고 일컬으며 일반화되었다.

엄밀하게 말하자면 알뿌리나 덩이줄기, 뿌리, 잎 또는 '열매'라고 불러야 할 것이다. 그리고 완두콩이나 토마토, 피망, 올리브, 바닐라 꼬투리를 '열매'라고 해야 할 것이다. 하지만 우리가 현재 알고 있는 채소는 여전히 십중팔구 앞날이 창창하다.

100

지구 표면의 온도는 어떻게 잴까?

지구의 온도가 이상 변화한다는 사실을 어떻게 알까? 기후 변화가 생긴다는 사실은? 이는 단순히 우리한테 지구가 '독감에 걸렸는지' 알기 위한 온도계가 있기 때문이다. 그런데 지구는 비록 살아 있지만 이마를 짚어보거나 온도를 측정하는 도구를 적절한 장소에 놓도록 순순히 허락하지 않는다.

연구자-관찰자들은 지구를 잴 온도계를 '발명'하기 위해 어떤 방법을 찾아냈을까? 사실 유일한 방법은 대략적으로 신뢰할 만한 기준치를 찾아내는 것이다. 그 기준치는 지구의 평균 온도다. 인간의 신체 평균 온도는 섭씨 37.6도 정도다. 지구의 평균 온도는 섭씨 15도다. 어떻게 보면 이 수치는 아무런 의미도 없다. 우리 신체 온도와 약간 비슷하게, 알아야 하는 것은 바로 그 수치와 비교해서 생기는 차이다. 지구의 평균 온도는 그 절대적 수치가 중요하다기보다 어떤 눈금의 '영점'에 해당한다고 볼 수 있다. 그런데 평균 온도를 정하는 일은 학교에서 받은 모든 시험 점수를 더해서 배점 계수를 감안해 전체 수치를 정확하게 나누어 얻는 평균 성적처럼 계산하지 않는다. 얻어낸 수치가 어떤 의미를 지니기를 원한다면 말이다.

온도의 평균 계산은 겉으로 명백해 보이는 경우라 할지라도 그리 간단하지 않다. 예를 들어 하루 평균 기온부터 살펴보자. 이 수치를 얻으려면 정오부터 다음 날 정오까지, 자정부터 다음 날 자정까지, 또는 오후 4시부터 다음 날 오후 4시까지 24시간 동안 가장 낮은 기온과 가장 높은 기온을 잴 수 있다. 하지만 그렇게 하면 서로 매우 다른 여러 날의 평균 기온이 똑같을 것이다. 또 가령 3시간마다 평균 온도를 재어 그것으로 하루 평균 온도를 계산할 수도 있다. 하지만 이 방법으로 얻은 수치 역시 날씨가 서로 매우 달랐다 해도 똑같을 수 있다. 여기에 더해 주간 평균 기온,

월간 평균 기온, 뒤이어 연간 평균 기온도 계산해야 한다. 이 일도 마찬가지로 복잡하고 불확실하다.

1만 개 이상의 측정 지점

이 상황을 제대로 이해하려면 어떻게 해야 할까? 주저하지 말고 기후 수치를 다루는 '곡예사들' 중 한 사람이 뭐라고 말하는지 들어봐야 한다. 프랑스의 여러 전문가 중에서 프랑스 기상청Météo France의 연구센터에서 기후연구부서 책임자로 근무하는 세르주 플랑통Serge Planton의 말을 들어보자. "평균 기온을 정하는 데는 교정 모델들이 확실히 매우 중요합니다. 이 점에서 가령 제2차 세계 대전 이전과 이후가 확실히 구분되죠. 오로지 기온을 측정하는 방식 때문입니다. 일단 단일화한 장비를 갖춘 백엽상자가 일반화되었기 때문이고, 또 해수면 온도 측정 결과 때문이죠."

물은 지구 표면의 70퍼센트를 뒤덮고 있으므로 중요하다. 그리고 공기보다는 물속에서 온도를 측정할 때 오차가 적기는 하지만, 측정 방법이 결정적이다. 처음에는 양동이로 바닷물을 길어서 측정했다가, 선박에서 소방 시스템을 통해 바닷물의 온도를 지속적으로 측정했다. 그랬더니 제2차 세계 대전 후 바닷물의 온도가 섭씨 0.3도 낮아졌다. 그 이유는, 전쟁이 끝나기 전에는 그러한 측정 장비를 갖춘 미국의 전함이 주로 사용되었는데, 전후에는 장비를 갖춘 배의 유형이 훨씬 더 다양해졌기 때문이다. 자료에 편차가 생긴 것이지 바닷물의 온도는 낮아지지 않았다.

그렇다면 기후 전문가들이 사용하는 평균 온도는 믿을 만할까? 여러 전문가에 따르면 그렇다. 지구에는 측정 지점이 1만 개 이상 있는데, 이들은 매우 불균등하게 분포되어 있다. 하지만 관찰 지점 172개소만으로 충분히 제대로 된 근사치를 얻을 수 있다고 한다. 지리적으로 서로 멀리 떨어진 지대 사이에 상관관계가 높기 때문이다. 가외치加外値는 제거되고 다른 수치들은 가령 고도를 감안하기 위해 교정된다. 현재 신뢰할 만한 관측 지점은 약 3,000개 소다.

온도계 눈금의 이 '영점', 즉 평균 수치에서 시작해 그와 비교한 변이와 편차를 추적할 수 있다. 더욱이 측정 방법이 어디에서나 똑같다면 그 방법이 무엇인지는 별로 중요하지 않다. 중요한 것은 온도가 변동한 폭이지 그 절대 수치가 아니기 때문이다. 빙하기(10만 년)와 간빙기(2만 년에서 3만 년) 사이의 평균 기온 변동치가 4~7도에 불과하다는 사실을 알면, 정밀하게 측정하는 일(현재 10분의 1 오차)이 얼마나 중요한지 이해할 수 있다.

끝으로, '평균 온도'와 '기후 온난화'라는 용어 때문에 다음 사실을 잊어서는 안 된다. 미래에 무슨 상황이 벌어지든, 어떤 지역은 지금보다 더 더울 것이고 또 다른 지역은 더 추울 거라는 사실……. 그 변화가 가능한 한 덜 심각하게 만드는 것이 우리가 할 일이다.

창의력을 키우는 엉뚱한 과학 호기심

초판 1쇄 인쇄 | 2022년 10월 25일
초판 1쇄 발행 | 2022년 10월 30일

글쓴이 | 장뤼크 노티아스
옮긴이 | 이정은
펴낸이 | 조승식
펴낸곳 | 도서출판 북스힐
등록 | 1998년 7월 28일 제22-457호
주소 | 서울시 강북구 한천로 153길 17
전화 | 02-994-0071
팩스 | 02-994-0073
홈페이지 | www.bookshill.com
이메일 | bookshill@bookshill.com

ISBN 979-11-5971-444-3
정가 16,000원